海域大直径盾构隧道安全建造与智慧运维关键技术

包小华 陈湘生 杨小荣 著

中国建筑工业出版社

图书在版编目（CIP）数据

海域大直径盾构隧道安全建造与智慧运维关键技术／包小华，陈湘生，杨小荣著.—北京：中国建筑工业出版社，2023.12
ISBN 978-7-112-29271-4

Ⅰ.①海… Ⅱ.①包…②陈…③杨… Ⅲ.①水下隧道—隧道施工—盾构法—研究 Ⅳ.①U459.5

中国国家版本馆 CIP 数据核字（2023）第 190052 号

本书是作者及其团队成员在国家重点研发计划的基础上，结合多年对海域大直径盾构隧道建造技术的研究著写而成。书稿涉及的内容有很强的实用性和创新性，符合我国倡导的创新驱动发展战略的要求。

全书共有10章内容，分别是：第1章绪论，第2章珠海横琴软土地基处理关键技术，第3章海底隧道结构耐久性分析，第4章大直径小曲率盾构隧道抗震设计，第5章超大直径盾构始发与接收关键技术，第6章海底隧道典型地层盾构施工关键技术，第7章盾构掘进大数据智能预测预警研究，第8章隧道安全智慧运营关键技术，第9章智慧海底公路隧道示范，第10章海底隧道海洋生态环境影响评价。

本书适合隧道工程领域的科研人员、工程技术人员阅读。

责任编辑：张伯熙　　文字编辑：沈文帅
责任校对：张　颖　　校对整理：董　楠

海域大直径盾构隧道安全建造与智慧运维关键技术
包小华　陈湘生　杨小荣　著

*

中国建筑工业出版社出版、发行（北京海淀三里河路9号）
各地新华书店、建筑书店经销
北京建筑工业印刷有限公司制版
天津画中画印刷有限公司印刷

*

开本：787毫米×1092毫米　1/16　印张：19　字数：383千字
2023年11月第一版　　2023年11月第一次印刷
定价：93.00元
ISBN 978-7-112-29271-4
（41981）

版权所有　翻印必究
如有内容及印装质量问题，请联系本社读者服务中心退换
电话：（010）58337283　　QQ：2885381756
（地址：北京海淀三里河路9号中国建筑工业出版社604室　邮政编码：100037）

作者简介

包小华，教授，博士生导师，国家优秀青年科学基金获得者，深圳市海外高层次人才，深圳市高层次专业人才，深圳大学土木与交通工程学院副院长。从事岩土、隧道与地下结构方面的科研、教学与人才培养工作。主持和参与国家级科研项目11项，省市级科研项目5项，重大工程项目7项。在岩土、隧道与地下结构方面发表学术论文80余篇，近5年授权发明专利15项，美国专利2项，参编规程规范5部。研究成果获得教育部科学技术进步奖一等奖（第一完成人），中国岩石力学与工程学会科技进步奖一等奖（第一完成人），中国岩石力学与工程学会科学技术奖特等奖（第三完成人），教育部科学技术进步奖二等奖（第三完成人）。

陈湘生，教授，博士生导师，中国工程院院士，深圳大学土木与交通工程学院院长，隧道与地下工程、城市轨道交通工程、特殊岩土工程和建井工程著名专家，国务院政府特殊津贴获得者，国家级领军人才，深圳市高层次人才。担任科技部基础研究战略咨询委员会委员、交通运输部城市轨道交通运营管理专家、科技部和国铁集团川藏铁路科技攻关联合行动咨询委员会委员、国家川藏铁路建设专家咨询委员会委员、住房和城乡建设部科学技术委员会委员兼城市轨道交通分会主任委员。先后完成了包括国家科技攻关和国家自然科学基金在内的科研项目60余项，主持完成总投资额超过1670亿元的国家或省级重大工程项目60余项。先后获得国家科学技术进步奖3次，省部级奖励14次，中国土木工程詹天佑奖4次，茅以升科学技术奖1次，获第三届中国优秀科技创业奖。出版专著9部（独著5部），在国内外正式发表论文100余篇。

杨小荣，高级工程师，现任珠海华发集团城市运营板块下属企业高管，从事建设管理工作，多年奋斗在建设一线。主持的多项大型项目有：广州亚运城项目、珠海横琴新区市政BT项目、珠海中交横琴综合开发项目、珠海横琴隧道项目、珠海十字门隧道项目等，总投资额超过500亿元，以上项目曾获中国建设工程鲁班奖、中国土木工程詹天佑奖、广东省土木工程詹天佑故乡杯奖。

前　言

海底隧道作为连接隔海地区交通网络的媒介，正逐渐凸显其不可或缺的重要性。海底隧道不仅能够高效解决城市和地区的交通拥堵问题，还能积极推动经济的发展，促进社会文化的交流，扩大城市的规模。其带来的影响不仅仅局限于交通领域，更是在多个层面上发挥了巨大的作用，是现代城市化和地区发展中不可或缺的支柱之一。

珠海横琴自贸区是广东自由贸易试验区之一，横琴自贸区功能定位为促进澳门经济适度多元发展的新载体、新高地。交通基础设施是横琴发展的重大需求。其中，连接横琴与珠海的十字门水下超大直径盾构隧道（简称十字门隧道）是重大基础设施项目之一。该项目位于香洲区南湾片区和横琴新区，隧道北起湾仔南湾大道，以盾构施工向南穿越马骝洲水道后，衔接横琴岛琴海东路。隧道全长约2.7km，双向四车道，设计车速40km/h。盾构机外径约15.76m，为我国大陆地区最大直径的海底隧道，同时也是国内外首个上下双层预制、预留人行通道的隧道，运营管理要求高。隧道建成后能够有效分流横琴大桥现有车流，缓解横琴大桥的交通压力，为横琴打造全天候对外联络安全通道，进一步优化城市发展格局，对大湾区的道路交通网络完善有重要意义。

本书以十字门隧道工程为例，凝聚了岩土工程领域一线技术人员的理论与实践经验，全面剖析海底超大直径盾构隧道建造技术，旨在解决海底隧道工程在特殊地理位置和复杂地质条件下所面临的结构安全性和耐久性技术难题。通过优化工程区域深厚软土层设计，分析深厚软土场地S形盾构隧道的抗震安全性；通过对海域隧道混凝土结构的耐久性进行研究，提出了延长服役年限的维护保养措施；通过对超大直径盾构掘进以及穿越特殊地层的盾构施工技术进行研究，实现高精度的盾构始发与到达，保证施工的安全性；通过探索盾构掘进大数据应用技术，实现盾构掘进实时监测和数据分析；通过开发隧道结构健康安全检测与评价技术，保障隧道的运营安全；通过研究海底公路隧道安全智慧运营技术，建立智能化运维系统，提高效率与安全性；通过开展海底隧道海洋生态环境影响评价，全面了解海底隧道建设和运营对海洋生态环境的影响程度，提出科学合理的保护和修复措施，实现海底隧道工程与海洋生态环境的协调发展。通过上述研究，可为类似海域隧道结构的设计与施工提供重要的技术支持和经验积累，同时，也为类似工程提供有益的参考。

在现代城市化进程中，地下空间开发与盾构技术的发展已成为城市建设的必然选择。盾构工程面临着诸多挑战，但通过不懈的科技创新与经验总结，我们必定能在地下空间开发与盾构技术领域迈向更大的进步，为人类社会的可持续发展贡献一份力量。正如国家一直倡导的创新驱动发展战略，本书所涉及的技术和内容，正是我国科技创新的一个缩影。通过对大直径盾构隧道建造和运维的深入研究，我们在海洋工程领域实现了一系列的突破，为我国在海洋工程领域的影响力和竞争力注入了新的活力。正是这些技术创新的助推，使得我国从一个海洋大国逐步迈向海洋强国的行列，不仅在国际上崭露头角，也在实现国家繁荣富强的梦想中发挥着巨大作用。希望本书能为广大读者、工程师和研究者提供有益的指导与启示，共同推动地下空间开发与盾构技术领域的不断进步。

本书主要著者为包小华、陈湘生、杨小荣，其他参与撰写人员还有崔宏志、沈俊、沈翔、曹香鹏、董欣欣。此外，在本书的编写过程中郭桂钦、于海洋、李栋、姚进、陈曦、祝志恒、周海洋、刘伟、李东洋、彭鹏、武贤龙、李颖鹏、李浚弘、袁槐岑等，为本书的资料收集、编排、绘图以及校核工作付出了大量的时间和精力，在此向他们表示衷心的感谢。本书得到了国家重点研发计划重点专项"大型桥隧结构灾后快速检测评估技术与装备研发"中的课题项目"隧道灾害快速检测评估技术及系统装备"（2019YFC1511104）与国家重点研发计划重点专项"城市地下空间结构韧性体系关键技术"（2022YFC3800900）的资助，同时，还得到了珠海华保开发建设有限公司、深圳大学、珠海市规划设计研究院、上海隧道工程有限公司的大力支持。

限于编者水平，书中难免有不足之处，恳请专家与读者批评指正。

目　　录

第 1 章　绪论 ··· 1
　1.1　海底隧道概述 ·· 1
　1.2　海底隧道研究内容 ·· 4
　1.3　本章小结 ·· 7

第 2 章　珠海横琴软土地基处理关键技术 ·· 8
　2.1　工程地质特征 ·· 8
　2.2　软土物理力学性质 ··· 10
　2.3　固结压缩过程中软土的孔隙结构演化 ··· 17
　2.4　软土地基处理技术 ··· 33
　2.5　本章小结 ·· 41

第 3 章　海底隧道结构耐久性分析 ··· 43
　3.1　水文条件 ·· 43
　3.2　高性能混凝土结构使用寿命设计分析 ··· 47
　3.3　全寿命周期无损监测与管理养护策略 ··· 50
　3.4　耐久性监测传感器工程应用 ·· 52
　3.5　本章小结 ·· 58

第 4 章　大直径小曲率盾构隧道抗震设计 ·· 60
　4.1　区域地质构造特征 ··· 60
　4.2　海底淤泥质砂土液化特性研究 ·· 61
　4.3　饱和地层—隧道动力响应特征与机理研究 ··· 78
　4.4　高烈度地震区盾构隧道的地震响应 ··· 90
　4.5　三维海底 S 形曲线隧道地震响应分析 ·· 99
　4.6　盾构隧道管片性能劣化对地震响应的影响 ··· 111
　4.7　本章小结 ·· 126

第5章 超大直径盾构始发与接收关键技术 ·················· 128
- 5.1 隧道工程概况 ·················· 128
- 5.2 超大直径盾构装备基本概况 ·················· 128
- 5.3 盾构装备现场组装与维护 ·················· 136
- 5.4 盾构泥水系统 ·················· 146
- 5.5 超大直径盾构始发掘进控制技术 ·················· 153
- 5.6 超大直径盾构到达掘进控制技术 ·················· 159
- 5.7 本章小结 ·················· 163

第6章 海底隧道典型地层盾构施工关键技术 ·················· 164
- 6.1 软土地区隧道施工重点 ·················· 164
- 6.2 盾构穿越南北岸大堤施工技术 ·················· 166
- 6.3 穿越海域水底段施工技术 ·················· 174
- 6.4 穿越孤石及北岸花岗岩段施工技术 ·················· 184
- 6.5 下穿对澳门供水/电管施工技术 ·················· 187
- 6.6 盾构施工测量与监测 ·················· 190
- 6.7 本章小结 ·················· 199

第7章 盾构掘进大数据智能预测预警研究 ·················· 200
- 7.1 概述 ·················· 200
- 7.2 基础方法 ·················· 201
- 7.3 掘进预测工程应用 ·················· 204
- 7.4 本章小结 ·················· 223

第8章 隧道安全智慧运营关键技术 ·················· 225
- 8.1 隧道入口段照明动态控制 ·················· 225
- 8.2 隧道曲线段照明优化 ·················· 230
- 8.3 火灾情况下的废气排散分析 ·················· 244
- 8.4 本章小结 ·················· 254

第9章 智慧海底公路隧道示范 ·················· 255
- 9.1 隧道衬砌质量检测 ·················· 255
- 9.2 基于FDTD的隧道衬砌脱空正演模拟 ·················· 261
- 9.3 隧道智能系统平台终端研发 ·················· 275
- 9.4 本章小结 ·················· 279

第10章 海底隧道海洋生态环境影响评价 ························· 280
   10.1 隧道工程各阶段环境影响分析 ····························· 280
   10.2 海洋生态环境影响预测与评价 ····························· 285
   10.3 海洋生态环境保护措施 ··································· 289
   10.4 本章小结 ··· 291

参考文献 ··· 292

第1章 绪 论

1.1 海底隧道概述

海底隧道具有生态环保、不占用水面航道、稳定可靠、可使用范围广、可实现性强等特点,是长距离水下交通的最佳选择。距今为止,水下隧道已经有一百多年的历史,世界上已经建成多处水域长大隧道。英国在1843年完成了第一条盾构隧道——泰晤士河底隧道,自此各国纷纷开始兴建海底隧道。如日本、英国、美国和法国等发达国家在隧道施工技术及相关学术研究上均处于世界领先地位。尤其是日本,凭借其特有的国情,为盾构隧道的设计施工等方面提供了巨大的推动力,1942年,日本在本州的下关和九州的北九州市之间修筑了一条长6.3km的海底隧道——关门海峡隧道,是世界上最早的海底隧道。挪威是世界上海底隧道最多的国家,其拥有较长的海岸线及大量的峡湾与岛屿,因此修建了较多的海底隧道。20世纪70年代末以来,已建成约20多条海底隧道,总长约13km。在我国的香港特别行政区,香港海底隧道是三条间断的海底隧道,包括港九中线隧道、港九东线隧道和西线隧道,它们越过维多利亚海湾,把香港岛与九龙半岛相连。

目前,全球范围内已建成近百座跨海和海峡隧道,其中许多备受瞩目。国际上著名的长大海底隧道包括日本的青函海峡隧道,英国、法国的英法海底隧道以及丹麦的伊斯图罗伊隧道等(表1-1-1)。这些先进的工程项目不仅在技术和经验上为海底隧道建设提供了重要的借鉴,同时也为国际交流与合作提供了有利契机。随着技术的不断进步,海底隧道将在全球交通和物流领域继续发挥着关键的作用。

国内外部分著名海底隧道 表1-1-1

国家	隧道名称	隧道长度(km)	隧道类型	特点	建成年份
日本	青函隧道	53.85	铁路	世界第一长的海底隧道	1988
英国、法国	英法海底隧道	50.50	铁路	世界第二长的海底隧道	1994

续表

国家	隧道名称	隧道长度（km）	隧道类型	特点	建成年份
德国、丹麦	费马恩海峡隧道	18.10	公路	世界上最长的沉管隧道	建设中
中国	青岛胶州湾第二隧道	15.89	公路	世界最长的海底公路隧道	建设中
土耳其	马尔马拉隧道	13.60	铁路	世界首条横跨欧洲与亚洲的海底隧道，海底段全球埋深最大	2013
丹麦	伊斯图罗伊隧道	11.238	公路	法罗群岛规模最大的基础建设项目	2020
中国	金塘海底隧道	10.87	铁路	承受水压最高的海底隧道	建设中
中国	狮子洋隧道	10.80	铁路	中国里程最长、建设标准最高的第1座水下铁路隧道	2011
日本	东京湾跨海公路	9.61	公路	日本第四长的公路隧道	1997
中国	厦门翔安海底隧道	6.05	公路	中国大陆第1座海底隧道	2010
韩国	巨加跨海大桥	3.7	公路	世界最深的海底隧道	2010
日本	卡门隧道	3.604	公路	日本首条海底隧道	1942
日本	关门隧道	3.461	公路	世界最早建设的海底公路隧道	1958
德国	新易北河隧道	3.325	公路	6车道高速公路隧道	1975

  自改革开放以来，中国迅速进行了史上最大规模、最快速度的城市化进程。跨海通道的兴建对于实现我国东部沿海区域一体化具有不可替代的重要作用。随着沿海经济持续高速发展和海洋开发战略需求，连接各大沿海经济区的海底隧道建设正进入高潮。例如，香港红磡海底隧道已通车，每日车流量达40万辆（次），是全球最繁忙的海底隧道之一。琼州海湾、台湾海峡等海底隧道项目也在建或规划中。中国当前的海底隧道工程呈现出跨度长、规模大、要求高的特点。然而，海底隧道所在海洋环境复杂，且中国位于地震带，地震是影响海底隧道安全性的重要因素。国家发展规划明确提出支持海岛交通等项目建设，提高海洋防灾减灾能力。因此，研究海底隧道的建造与运维关键技术，对于我国城市化和海洋经济开发战略具有紧迫的需求。

  目前，海底隧道的抗震研究仍然存在着诸多待解决的科学问题和技术瓶颈。许多海底隧道工程多位于高烈度地震区域，海底地层在波浪荷载等海底复杂环境作用下，其初始超孔隙水压力和有效应力处于动态变化过程。海底隧道涉及复杂的多场、多相和多种介质耦合作用，因此，当海底隧道工程遭遇地震灾害作用时，海底地层与隧道结构的相互作用要比陆地地层复杂得多。

  在海底软土地层中修建的沉管隧道和盾构隧道是两种常见的海底隧道建设方

法，它们分别具有不同的特点和适用条件。

（1）沉管隧道

沉管法是一种应用广泛的水下通道建设方法。在该法中，预制的沉管通过陆地上的加工制作，通过浮船或浮筒将沉管运输至施工地点后，借助水下的重力或填充物的浮力，实现沉管的缓慢下沉至水底。在整个下沉过程中，准确的定位系统确保沉管精准放置，以实现通道的准确对接。该方法可用于建设多种类型的通道，如道路、桥梁和地铁等。沉管法施工对水下环境影响较小，不干扰水体生态和生物。相较于传统开挖隧道方法，沉管法施工速度快，可在短时间内完成通道建设，同时适用于不同地质条件。预制沉管在施工前经过严格质量控制，保障通道长期稳定性和可维护性。国内外典型的沉管隧道如表1-1-2所示。

国内外典型的沉管隧道　　　　　　表1-1-2

工程名称	修建时间（年）	所属国家	特点
MAAS隧道	1942	荷兰	第一条沉管隧道
DEAS隧道	1959	加拿大	首创水力压接法
博斯普鲁斯海峡隧道	2013	土耳其	贯通欧亚大陆
宁波甬江水下隧道	1993	中国	我国第一条用沉管法
港珠澳大桥海底隧道	2009	中国	世界最长最大的海底公路隧道
大连湾海底隧道	2022	中国	中国北方首条跨海沉管隧道
深中通道海底隧道	2022	中国	世界最长最宽钢壳沉管隧道

（2）盾构隧道

盾构隧道是一种通过推进盾构机在地下进行掘进，将隧道开挖至预定位置的方法。在海底软土地层中，盾构隧道可以采用不同的方式进行，如使用泥浆平衡盾构或土压平衡盾构。它具有施工效率高、安全性好等优势而被广泛应用。1965年5月中国大陆第一条越江隧道——跨越黄浦江的打浦路隧道开始修建，它全长2761m，隧道江底段长约600m，于1971年6月建成通车。狮子洋隧道位于广州—深圳—香港（广深港）高速铁路客运专线东涌站—虎门站区间内，隧道全长10.8km，其中盾构隧道长9340m，隧道内径为9.8m、外径为10.8m，两隧间共设23个联络通道。狮子洋隧道是世界首座时速350km的铁路水下隧道，也是我国首座特长水下隧道。

汕头海湾隧道全长6.68km，设计时速60km，设计为分离式双向六车道。汕头海湾隧道是我国首条地处8度地震烈度区的大直径盾构海底隧道。作为我国首座最大直径泥水盾构过海公路隧道，汕头海湾隧道具有"大、浅、高、硬、险"五大施工技术难点。

1.2 海底隧道研究内容

目前，国内外在海底隧道设计方面已有较多研究，主要涉及地层稳定性、隧道结构耐久性、隧道抗震、防排水体系、隧道通风等方面。

1. 地层稳定性

海相软黏土是一种广泛分布的土体，几乎存在于全球大部分地区。它形成于海洋沉积物的沉积作用，具有一系列独特的特性，如高含水率、大孔隙比、剪切强度低、胶结性弱以及压缩性高和结构性强。随着城市化进程的推进，可供建设新设施的土地越来越少，因此在许多城市中，不可避免地需要在海相软黏土沉积地层上修建各种工程设施。在不利地质条件下，这些海相软黏土会展现出特殊的工程特性。在外部应力的作用下，土体结构极易受到破坏，在软土地层内修建的海底隧道等结构物的稳定性会受到一定程度的影响。

海底隧道开挖会导致土层的沉降和变形，可能影响附近地表建筑物、道路等结构的稳定性，甚至导致地面沉降。软土的强度和稳定性较低，隧道的开挖和支护会对土体的稳定性造成影响。软土中的水含量较高，可能导致涌水问题。隧道施工过程中，地下水可能渗入隧道，影响施工和隧道的稳定性。因此，为保证此类结构的稳定性，必须对软土在力学作用下的力学特性进行全面的研究，为后续工程的安全建设以及已建工程稳定运营提供保障。

2. 隧道结构耐久性

海底隧道建设是一项高造价且长周期的工程，然而在实际应用中，浅水区海底隧道面临着复杂多变的海洋环境，包括频繁的水位波动、高盐海水侵蚀、热—水—力的耦合作用等一系列挑战。这些问题在很大程度上影响了隧道结构耐久性，导致部分隧道在 15~20 年的使用周期内就出现衬砌劣化和钢筋腐蚀等问题。因此，准确预测海洋腐蚀环境中隧道衬砌的劣化程度，合理评估隧道的服役性能成为亟待解决的问题。

近年来，在海底隧道领域取得了显著研究进展，聚焦于技术创新、地质环境、运营维护和国际标准等方面。随着科技不断进步，施工技术不断创新，未来可持续性和环保将成为主要关注点，研究将更加注重隧道工程对海洋生态系统的影响评估和生态恢复策略。数字化技术和自动化系统的应用将进一步提升隧道建设和运营的效率，实现智能化管理。此外，随着全球化进程的加速，跨海通道的规划和建设将涉及更复杂的国际合作方式和法律体系。同时，海底隧道在能源传输和信息通信方面的潜力也将被进一步挖掘，为跨领域合作和创新开辟更广阔的前景。总之，海底隧道研究正处在令人瞩目的发展阶段，将为全球交通和经济发展带来深远影响。

3. 隧道抗震

海底隧道以及其他跨海工程通常位于海洋大陆架边缘,所处的海洋工程地质环境异常复杂。海底土层呈多孔多相介质,岩体则是裂隙饱水介质。相比于陆域隧道,海底隧道的衬砌结构不仅要承受有效覆盖层荷载,还要应对来自海水的静荷载,导致其受力情况异常复杂。我国渤海湾、台湾海峡、琼州海峡等沿海区域,位于全球三大主要地震带之一的环太平洋地震带,地震活动频繁。近年来,环太平洋地震带发生多次强震,这些地震对全球造成了严重影响,对社会稳定造成了巨大威胁。仅在2022年,中国发生3.0级及以上地震次数就有数百次。许多海底隧道位于高烈度地震区域,海底地层在波浪荷载等海底复杂环境作用下,初始超孔隙水压力和有效应力处于动态变化过程。海底隧道涉及复杂的多场、多相和多种介质耦合作用,当海底隧道遭遇地震灾害作用时,海底地层与隧道结构的相互作用要比陆地地层复杂得多。我国近年来大量已建、在建和规划中的海底隧道都面临地震威胁,特别是强震荷载的影响。此外,近海重大交通工程投资巨大,建设工期长。一旦这些工程中断交通,将对广大地区的经济产生巨大不利影响。因此,我国的海底隧道需要特别关注抗震问题,这也是必须要解决的关键技术难题。由于我国水下隧道发展时间不长,学者对相关问题研究的案例较少,目前对海底隧道的抗震研究仍然存在着诸多待解决的科学问题和技术瓶颈。因此,对海底隧道在强地震作用下的破坏机理进行深入研究,具有重要意义。

4. 防排水体系

海底隧道位于深海之下,面临高水压环境和缺乏天然出口的特殊情况,因此其渗水问题在施工和运营阶段相较于其他隧道更加严峻,也因此增加了维护处理的复杂性。在海底隧道的设计中,防水排水是至关重要的考虑因素,同时也是控制运营成本的重要组成部分。海底隧道的设计原则是注重防水为主,兼顾防水排水相结合,以此为基础采取相应的技术措施。另外,海底隧道的结构方案必须充分考虑外部水压力的作用,由于外部水压较大,水荷载会对隧道的施工和运营安全带来显著挑战。国内外部分海底隧道的防排水结构体系见表1-2-1。

国内外部分海底隧道的防排水结构体系　　　　表1-2-1

国家	隧道名称	隧道长度(km)	水深(m)	衬砌类型	允许排水量 [$m^3/(m \cdot d)$]
中国	厦门翔安海底隧道	8.695	70	全封堵+排导式	全封闭,局部少量渗水
中国	胶州湾海底隧道	7.80	42	排导式	0.25
日本	青函公路隧道	53.85	140	排导式	0.2736

续表

国家	隧道名称	隧道长度（km）	水深（m）	衬砌类型	允许排水量 [m³/(m·d)]
日本	新关门隧道	18.713	29	全封堵+排导式	—
挪威	Byfjord 海底隧道	5.80	最低点位于海面下223m	排导式	进口：0.046 出口：0.258
挪威	Mastrafjord 海底隧道	4.40	最低点位于海面下132m	排导式	进口：0.072 出口：0.012
挪威	埃林索伊—瓦勒德里伊岛隧道	7.658	100	排导式	0.432
丹麦	斯多贝尔特大海峡隧道	82.9	20	排导式	0.143

5. 隧道通风

由于长大海底隧道位置特殊且结构狭长，隧道的通风是特长水下隧道建设面临的主要问题之一。隧道是一种与外界直接连通的相对封闭的构筑物，由于隧道内机动车尾气的排放或隧道内发生火灾的情况，释放的 CO、烟雾等将导致隧道内空气质量的下降与能见度差，进而影响行车安全，因此，对隧道通风与照明的研究十分必要，适宜的通风方式可大大减少隧道的运营成本。国内外部分水下隧道通风方案如表1-2-2所示。

国内外部分水下隧道通风方案　　　　表1-2-2

国家	隧道名称	隧道长度（km）	最大通风区段长度（km）	通风方案
中国	港珠澳大桥海底隧道	6.8	6.0	单竖井排出式纵向通风
中国	青岛胶州湾隧道	7.8	4.07	2竖井分3段纵向通风
中国	上海长江隧道	8.1	8.0	单竖井排出式纵向通风
中国	武汉长江公铁隧道	4.6	3.3	单竖井送排式纵向通风
中国	武汉东湖湖底隧道	6.5	2.7	自然通风+竖井分段纵向通风
挪威	Rogfast 隧道	27	10.0	3竖井分4段纵向通风
德国、丹麦	费马恩海峡隧道	18.1	18.1	射流风机纵向通风

海底隧道建设过程中，在软土地层中进行隧道施工是一个具有挑战性的任务，软土地层的物理性质和工程特点将增加施工的复杂性。尽管我国在海底软土地层的隧道修建过程中积累了丰富的经验，但对于超大直径小曲率隧道的修建还缺乏相关经验。本书以十字门隧道工程为依托，十字门隧道工程作为城市中心区的近海工程，周边环境复杂，环境保护要求高。区域地层多为深厚淤泥质软土地

层，物理力学性能差，对隧道施工及后期运营影响大，且隧道采用超大直径盾构小曲线半径下穿马骝洲水道，水压最大约 0.6MPa，局部穿越软硬不均地层及周边基坑锚索区域，施工问题多，解决难度大。因此，通过对十字门隧道工程的研究可为我国海域隧道建设与运营提供有益参考。

1.3 本章小结

海底隧道作为连接两岸交通的跨海通道设施，相比于方式具有非常明显的优势，本章从海底隧道的发展历程以及在施工运维过程中所面临的问题进行了介绍：

（1）海底隧道具有生态环保、不占用水面航道、稳定可靠、可使用范围广、可实现性强等特点，是长距离水下交通的最佳选择。在全球范围内具有明显的优势，已建成了多个重要工程，以满足经济发展和城市化进程的需求。在海底地层中修建的沉管隧道和盾构隧道是两种常见的海底隧道建设方法，它们分别具有不同的特点和适用条件。

（2）在海底隧道的施工运维过程中会面临着地层稳定性、耐久性、抗震、排水、通风等方面的问题，这些问题均会影响到海底隧道的施工安全性和运营稳定性，特别是软土地层中进行隧道施工，软土的高含水率、大孔隙比、剪切强度低、胶结性弱以及压缩性高和结构性强的特点会严重影响海底隧道修建与运维。

第2章 珠海横琴软土地基处理关键技术

软土具有天然含水率高、可压缩性强、力学强度低等特点，易造成地基基础沉降过大、不均匀沉降和基底失稳等事故。软土层的物理力学性质存在一定的变异性，导致软土工程设计参数的选取存在困难。为了保证软土工程设计参数的相对可靠，可通过统计分析既有工程资料中软土层的物理力学性质指标，为相应区域软土工程的设计提供参考。此外，天然软土具有开放、聚集、弱胶结的结构，这种土体结构对扰动十分敏感。本章全面研究了土体微观结构及其在扰动（如机械载荷）下的演变。结果有助于预测海相软土在力学扰动作用下的力学特性，建立双结构框架下结构性土的微观力学模型。

2.1 工程地质特征

根据十字门隧道场地内所揭露地层的地质时代、成因类型、岩性特征、风化程度等工程特性及区域地层资料，将场地内岩土层分为人工填土；第四系海陆交互相沉积层、第四系花岗岩残积层；燕山期花岗岩。各岩土层描述如下：

1. 人工填土

素填土：褐黄、灰褐色等杂色，主要由黏性土、砂粒不均匀混花岗岩块石、碎石等组成，块石、碎石含量约为40%，陆地钻孔大部分顶部0～0.3m为混凝土路面。该层系近10年内回填而成，块石粒径多为5～30cm，局部粒径1.0m以上，埋藏深度大部分在1.0～5.0m，最深处达9.8m。

2. 第四系海陆交互相沉积层

该层由淤泥、粉质黏土、粗砂、淤泥质土及砾砂组成。

（1）淤泥：灰黑色，含少量贝壳碎片，局部含少量粉细砂，臭味，呈饱和、流塑状态。勘察钻孔均遇到该层。层底埋藏深度5.20～23.20m，相当于高程−19.80～−7.77m，揭露厚度5.20～16.70m，平均厚度为8.57m。

（2）粉质黏土：褐黄、灰白色、褐红色，摇振无反应，稍有光泽，干强度及韧性中等，局部不均匀含10%～20%的砾砂，饱和、可塑状态，局部夹薄层粗砂。勘察钻孔均遇到该层。层底埋藏深度10.20~41.00m，相当于高程−47.54~−12.47m，揭露厚度2.00~18.00m。

（3）粗砂：褐黄色，灰白色，灰褐色，主要成分为石英，砂质不纯，颗粒不均匀，含10%~20%的黏性土，局部含少量淤泥质，呈饱和、稍密~中密状态。层底埋藏深度13.10~34.00m，相当于高程−40.28~−14.37m，揭露厚度0.90~13.00m。

（4）淤泥质土：灰黑色，呈饱和、流塑~软塑状态，质稍纯，具臭味，局部含较多砂。层底埋藏深度16.80~32.50m，相当于高程−39.04~−17.85m，揭露厚度1.10~10.30m。

（5）砾砂：褐黄色，灰白色，呈饱和、稍密~中密状态，底部局部呈密实状，砂质较纯，主要成分为石英，含15%~20%的黏性土，土心多呈散状，局部呈泥土状，局部夹薄层黏土。层底埋藏深度21.00~45.00m，相当于高程−51.54~−20.64m，揭露厚度0.80~19.20m。

3. 第四系花岗岩残积层

砂质黏性土：褐黄、灰白、粉红色，由花岗岩原地风化而成，原岩残余结构隐约可辨，摇振无反应，光泽反应稍有光泽，干强度及韧性中等，呈饱和、可塑~硬塑状，局部含少量石英碎石。层底埋藏深度27.20~56.10m，相当于高程在−59.82~−23.51m，揭露厚度1.40~16.50m。

4. 燕山期花岗岩

呈锈黄色、灰白色、斑点状黑色，主要矿物成分为石英、长石及黑云母，中粗粒结构，块状构造。勘察揭露的花岗岩，按其风化程度分为全风化花岗岩、强风化花岗岩及中风化花岗岩三带：

（1）全风化花岗岩：属极软岩，褐黄、灰白色，硬塑土状，原岩结构可辨，节理裂隙发育，岩体基本质量等级为Ⅴ类，岩芯呈土柱状，用手易折断，合金钻具可钻进，吸水易软化崩解。揭露厚度1.10~25.00m，平均厚度5.67m。该层遇中等风化花岗岩球状风化体，俗称"孤石"。

（2）强风化花岗岩：属极软岩，褐黄、斑点状黑、灰白色，原岩结构易辨识，节理裂隙很发育，岩体完整程度为极破碎，岩体基本质量等级为Ⅴ类，岩心大部呈土夹中风化碎岩块状，用手易折断，干钻困难。勘察钻孔均遇到该层，层底埋藏深度29.60~72.80m，相当于高程−76.52~−25.91m，揭露厚度0.20~7.50m。

（3）中风化花岗岩：属较软岩，锈黄色、灰白色、青灰色、斑点状黑色，部分矿物风化明显，粗粒结构，块状构造，节理裂隙较发育，岩体完整程度为较破碎~较完整，岩体基本质量等级为Ⅳ类，岩芯呈短柱状、局部碎块状，金刚石钻具可钻进。受钻孔深度控制，揭露厚度6.00~7.40m。

近海城市中心区的工程环境复杂且环境保护要求高。该区域地层主要由深厚的淤泥质软土组成,其物理力学性能较差,对隧道施工以及隧道后期运营的沉降影响较大。因此,对该地区软土层的物理力学性质进行研究,可为相应区域软土工程的设计提供参考。

2.2 软土物理力学性质

2.2.1 物理力学指标统计

在试验样本量较少或取样质量不符合要求的情况下,得到的软土层力学性质参数可能存在较大的偏差。为了确保软土工程设计参数的相对可靠性,可以通过统计分析既有工程资料中软土层的物理力学性质指标,为相应区域软土工程的设计提供参考。这种方法可以弥补样本数量不足或取样质量不佳所带来的不确定性。通过综合分析不同工程项目中的软土数据,可以获得更广泛的软土特性信息,从而为软土工程的设计和施工提供更准确的参数和建议。因此,在软土工程中,除了进行必要的现场勘察和试验室试验外,还应充分利用已有的工程资料,通过统计分析软土的物理力学性质指标,以提高设计参数的可靠性,并更好地指导软土工程的规划和实施。

物理性质指标主要包括天然含水率、天然密度、颗粒相对密度和界限含水率,力学性质指标主要包括压缩系数、压缩模量和剪切强度参数。天然含水率采用烘干法测得,天然密度采用环刀法测得,界限含水率采用液塑限联合测定仪(76g锥、10mm液限)测得。压缩系数、压缩模量通过固结压缩试验测得,剪切强度参数通过直剪试验(包括快剪和固结快剪)测得。天然密度和力学性质测试采用原状或轻微扰动土,并按照《土工试验方法标准》GB/T 50123—2019 的要求进行。珠海横琴软土层物理性质指标统计结果见表 2-2-1,力学性质指标统计结果见表 2-2-2。

珠海横琴软土层物理性质指标统计结果　　　　表 2-2-1

地层	统计参数	ω_0(%)	ρ_0(g/cm³)	G_s	e_0	ω_L(%)	ω_P(%)	I_P(%)	I_L
淤泥	平均值	63.3	1.61	2.65	1.701	49.2	27.9	21.3	1.66
	标准差	5.7	0.03	0.01	0.139	2.1	1.3	1.9	0.142
	变异系数	0.089	0.021	0.004	0.082	0.043	0.047	0.088	0.086
淤泥质土	平均值	46.3	1.73	2.69	1.274	43.0	25.3	17.8	1.18

续表

地层	统计参数	ω_0（%）	ρ_0（g/cm³）	G_s	e_0	ω_L（%）	ω_P（%）	I_P（%）	I_L
淤泥质土	标准差	3.9	0.04	0.01	0.107	1.6	0.9	0.7	0.14
	变异系数	0.085	0.025	0.005	0.084	0.037	0.034	0.040	0.122

珠海横琴软土层力学性质指标统计结果　　表2-2-2

地层	统计参数	α_{1-2}（MPa⁻¹）	E_s（MPa）	c_q（kPa）	φ_q（°）	c_{cq}（kPa）	φ_{cq}（°）
淤泥	平均值	1.54	1.78	5.6	2.8	15.0	13.1
	标准差	0.26	0.21	0.9	0.5	1.9	2.1
	变异系数	0.168	0.117	0.155	0.189	0.125	0.160
淤泥质土	平均值	0.94	2.5	9.1	4.9	18.4	16.0
	标准差	0.16	0.3	2.5	0.9	1.8	0.8
	变异系数	0.171	0.132	0.279	0.182	0.097	0.049

1. 天然含水率

对于淤泥和淤泥质土，天然含水率的平均值 ω_0 分别为 63.3% 和 46.3%，液限 ω_L 的平均值分别为 49.2% 和 43.0%，塑性指数 I_P 的平均值分别为 21.3% 和 17.8%，液性指数 I_L 的平均值分别为 1.66 和 1.18。天然含水率普遍大于液限，液性指数 $I_L > 1.0$，处于流塑状态，符合《岩土工程勘察规范》GB 50021—2001 关于软土的判定。

2. 天然孔隙比

对于淤泥和淤泥质土，天然密度 ρ_0 的平均值分别为 1.61g/cm³ 和 1.73g/cm³，天然孔隙比 e_0 的平均值分别为 1.701 和 1.274。天然孔隙比大于1，符合《岩土工程勘察规范》GB 50021—2001 关于软土的判定。

3. 压缩性

对于淤泥和淤泥质土，压缩系数 α_{1-2} 的平均值分别为 1.54MPa⁻¹ 和 0.94MPa⁻¹，压缩模量 E_s 的平均值分别为 1.78MPa 和 2.5MPa，压缩系数远大于 0.5MPa⁻¹，属于高压缩性土。

4. 抗剪强度

对于淤泥和淤泥质土，快剪条件下，黏聚力 c_q 的平均值分别为 5.6kPa 和 9.1kPa，内摩擦角 φ_q 的平均值分别为 2.8° 和 4.9°。固结快剪条件下，黏聚力 c_{cq} 的平均值分别为 15.0kPa 和 18.4kPa，内摩擦角 φ_{cq} 的平均值分别为 13.1° 和 16.0°。两种试验条件下的剪切强度参数均较小，但固结后的强度参数稍高。此外，统计结果显示，颗粒相对密度 G_s 的变异性很小，而天然含水率 ω_0、天然密

度 ρ_0 和界限含水率的变异性稍大。

2.2.2 物理力学指标相关性

1. 物理性质指标相关性

选择具有一定变异性的天然含水率 ω_0 和天然密度 ρ_0，考察与其他物理性质指标的统计关系。对于饱和软土，$e = \omega G_s$；由于 G_s 的变异性极小，$e—\omega$ 关系固定。此外，液性指数 I_L 反映土层软硬程度，在此主要分析 ω_0、ρ_0 与天然孔隙比 e_0、液限 ω_L 和液性指数 I_L 的关系。

淤泥和淤泥质土物理性质指标相关性见图 2-2-1 和图 2-2-2。根据分析结果，e_0、ω_L、I_L 与 ω_0 均为线性正相关，ρ_0 与 ω_0 为线性负相关，相关性强（$R^2 \geqslant 0.8$）。对淤泥，ω_L、I_L 与 ρ_0 呈线性负相关，相关性强（$R^2 \geqslant 0.7$）。对于淤泥质土，I_L 与 ρ_0 为线性负相关，ω_L 与 ρ_0 为指数负相关，相关性较强（$R^2 \geqslant 0.7$）。

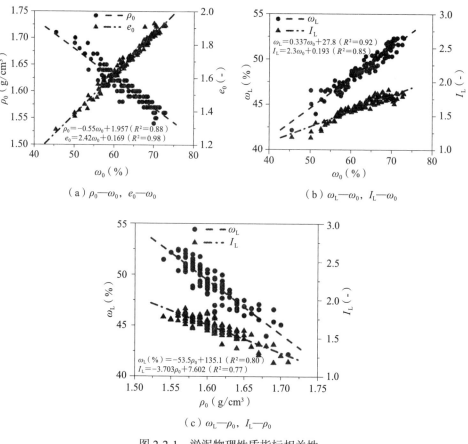

图 2-2-1 淤泥物理性质指标相关性

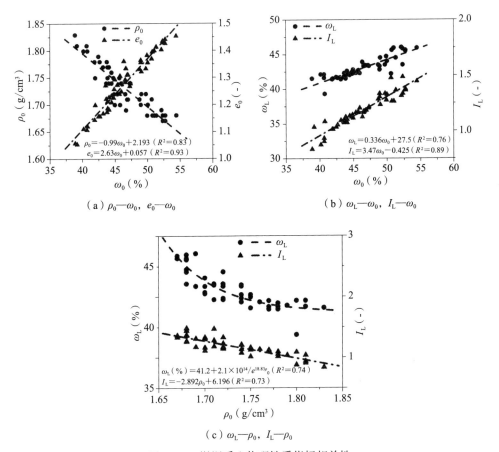

图 2-2-2 淤泥质土物理性质指标相关性

2. 压缩性质与物理性质指标的相关性

压缩系数 a_{1-2} 和压缩模量 E_s 反映土的可压缩性,分析其与天然含水率 ω_0、天然密度 ρ_0 及液性指数 I_L 的相关性。淤泥和淤泥质土压缩性质参量与物理指标相关性见图 2-2-3 和图 2-2-4。对于淤泥,压缩系数 a_{1-2} 与 ω_0、I_L 为指数正相关,与 ρ_0 为线性负相关,相关性较强 ($R^2 \geq 0.7$)。压缩模量 E_s 与 ω_0、I_L 为线性负相关,与 ρ_0 为线性正相关,相关性较强 ($R^2 \geq 0.6$)。对于淤泥质土,压缩系数 a_{1-2} 与 ω_0、I_L 为线性正相关,与 ρ_0 为线性负相关,压缩模量 E_s 与 ω_0、I_L 为线性负相关,与 ρ_0 为线性正相关,相关性较强 ($R^2 \geq 0.7$)。

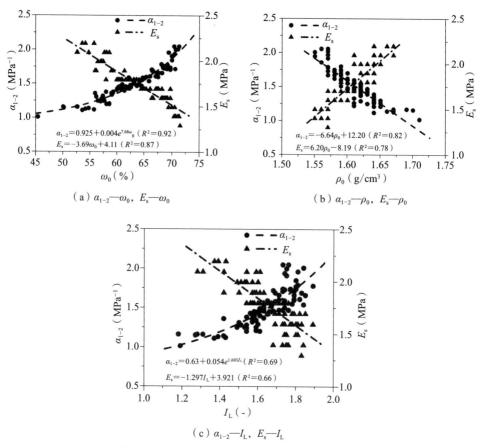

图 2-2-3 淤泥压缩性质参量与物理指标相关性

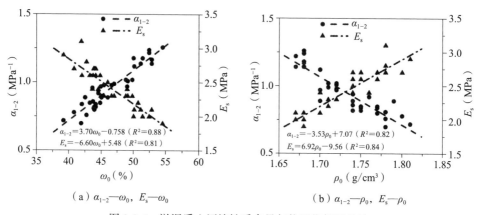

图 2-2-4 淤泥质土压缩性质参量与物理指标相关性

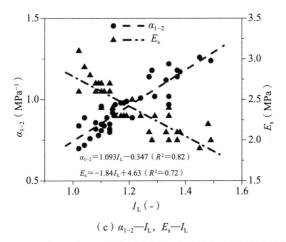

（c）a_{1-2}—I_L，E_s—I_L

图 2-2-4　淤泥质土压缩性质参量与物理指标相关性（续）

3. 强度参数与物理性质指标的相关性

软土工程设计通常采用快剪强度指标，在此分析快剪强度参数（黏聚力 c_q、内摩擦角 φ_q）与天然含水率 ω_0、天然密度 ρ_0、液性指数 I_L 的相关性，统计分析结果见图 2-2-5 和图 2-2-6。对于淤泥，c_q、φ_q 与 ω_0、I_L 为线性负相关，与 ρ_0 呈线性正相关，相关性较强（$R^2 \geqslant 0.7$）。对于淤泥质土，c_q 与 I_L、φ_q 与 I_L 为指数负相关，c_q、φ_q 与 ρ_0 呈线性正相关，c_q、φ_q 与 ω_0 呈线性负相关，且相关性较强（$R^2 \geqslant 0.6$）。

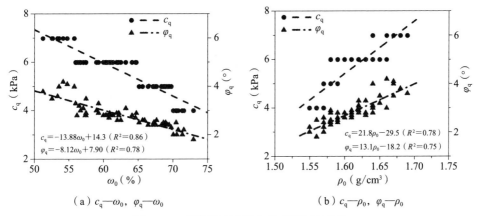

（a）c_q—ω_0，φ_q—ω_0　　　　　　（b）c_q—ρ_0，φ_q—ρ_0

图 2-2-5　淤泥强度参数与物理指标相关性

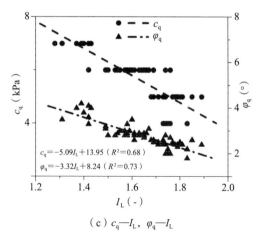

（c）c_q—I_L，φ_q—I_L

图 2-2-5 淤泥强度参数与物理指标相关性（续）

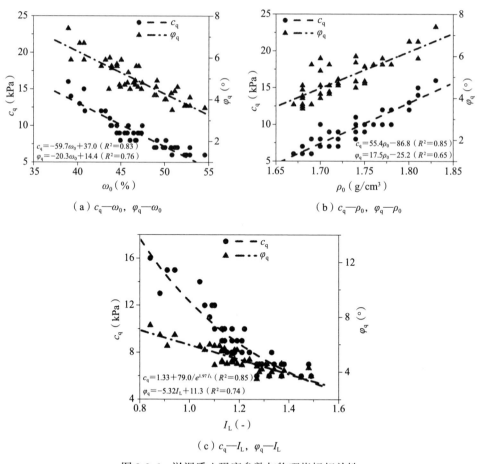

图 2-2-6 淤泥质土强度参数与物理指标相关性

2.3 固结压缩过程中软土的孔隙结构演化

2.3.1 试验设计方案

1. 土样与制备

研究所采用的海相软土来自中国广东省珠海市横琴区十字门隧道施工现场。首先,将薄壁取样器静力压入土层(深度为8~12m),从钻孔中取出土柱。将取样器两端密封,仔细包装,减少运输过程中对土柱的干扰。然后,通过室内试验确定土体的一些理化性质。在所有情况下,测试都使用风干土。XDR试验鉴定出土体的基本矿物为石英、高岭石和伊利石。土体的粒径分布如图2-3-1所示,据观察,它由黏土和淤泥颗粒组成。土体相对密度为2.73,液限和塑性限分别为60.3%和26.1%。烘干土的液限和塑限分别为51.6%和29.5%。根据统一的土体分类体系,研究使用的土体为无机(I_L,烘干土/I_L,风干土>0.75),可归类为高塑性黏土(CH)。

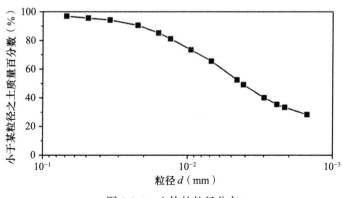

图 2-3-1 土体的粒径分布

每类试验均采用三类试样,即原状样、重塑样和重沉积样。对于原状样,使用尺寸合适的取土钻从薄壁取土器中提取土柱,缓慢推出,将这些原状土柱立即用于物理力学和微观试验。对于重塑样,将原状土风干(或60℃烘干)后粉碎,调配到与液限相同的含水量;由于目标孔隙比很大,制成的重塑样的初始孔隙比可能互相稍有差异,且与原状土不同。对于重沉积样,先将原状土加水搅拌成泥浆,再采用自行设计的固结装置加压到最大25kPa竖向压力,沉淀固结成土柱;将这种沉积—再固结样称为重沉积样。研究中的重塑样与Burland定义的相同,而重沉积样符合Carrier和Beckma的定义(尽管在力学载荷而不是自重荷载下沉积固结）。用于固结压缩试验和微观试验的试样尺寸为直径61.8mm、高度20mm，用环刀切取。用于三轴试验的试样尺寸为直径39.1mm、高度80mm，用切土器和三瓣膜制样。制样过程中，尽量不扰动土柱的原有状态。

2. 固结压缩试验

固结压缩试验（OCT）采用传统固结仪，对固结仪进行系统变形校正。固结压缩试验安排见表2-3-1，包括三类试样，每类试样包含三个样品。试验前，将试样在侧限条件下抽真空饱和。试验过程中，将固结室内注满水，维持试样的饱和。对于每类试样，将三个样品中的两个进行加载—卸载—再加载循环，直到有效竖向应力达到400kPa（表2-3-1，OCUR_1和OCUR_2），另一个样品分级加载到有效竖向应力600kPa（表2-3-1，OC_3），每个加、卸载阶段均维持24h。记录所有荷载下的稳定变形，根据系统变形进行修正，得到试样变形。

试验安排　　　　　　　　　　　　表2-3-1

试验类型	原状	重塑	重沉积
OCT		OCUR_1、OCUR_2、OC_3	
TST		CD50，CD100，CD200	
MIP、SEM		OC50、OC100、OC200、OC400，As-prepared	

3. 三轴剪切试验

三轴剪切试验（TST）使用GDS三轴仪。力学和微观试验安排见表2-3-1，三类试样各包含三个样品。首先，将样品在有效围压25kPa下饱和，检查B值。然后，将三个样品分别在有效围压50kPa、100kPa、200kPa下固结24h。最后，采用0.008mm/min的轴向速度进行剪切。剪切过程中，允许试样上下端同时排水（固结排水剪切CD）。轴向应变超过20%时，结束三轴剪切试验。

4. 微观测试

为了研究软土的微观结构及其在固结压缩过程中的演化，开展MIP和SEM测试。MIP和SEM试验安排见表2-3-1，分为三类试样，每类试样包含四个样品。采用固结仪制备用于MIP和SEM测试的样品。首先，将试样在侧限条件下抽真空饱和。然后，将每类试样的四个饱和样品分别在有效竖向应力50kPa、100kPa、200kPa和400kPa下进行固结。固结过程中，固结室内注满水。试样变形稳定后，清除固结室内的水，快速卸载。由于试样内部吸力的建立，这种不排水卸载过程可以抑制试样的回弹。最后，将试样从试样环中推出。

从初始和固结后的饱和试样上切取边长0.5～1mm的立方体样品，立即冷冻干燥处理（使用液氮和真空冷冻干燥机）。同时，测定试样的含水量和干密度。

2.3.2 压缩试验结果分析

1. 压缩性质参数

三类试样的固结压缩曲线见图 2-3-2。对于特定类型试样，压缩曲线的一致性良好。有效竖向应力 σ'_v 超过 100kPa 时，e—$\log\sigma'_v$ 为线性；σ'_v 为 25～200kPa 的卸载—再加载循环产生一个滞回圈。试样压缩性质参数的确定方法见图 2-3-3。压缩指数 C_c 通过 $\sigma'_v > 100$kPa 的试验数据线性拟合，回弹指数 C_r 为 e—$\log\sigma'_v$ 滞回圈对角线斜率的绝对值。鉴于 Casagrande 方法的主观性，采用另一种广泛使用的方法确定试样的有效屈服应力 σ'_y：试样在屈服前和正常固结状态下，压缩曲线为线性，在此取低压力的线性段（$\sigma'_v < 12.5$kPa）与正常固结线（NCL）相交处的有效竖向应力作为有效屈服应力。

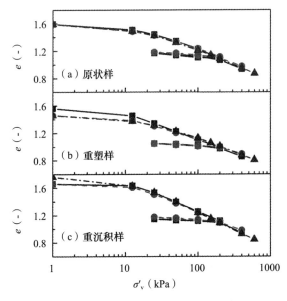

图 2-3-2 三类试样的固结压缩曲线

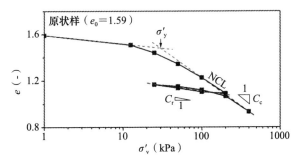

图 2-3-3 试样压缩性质参数的确定方法

三类试样的压缩性质参数和有效屈服应力见图 2-3-4。图中汇总了三类试样的初始孔隙比 e_0 和压缩性质参数（C_c、C_s 和 σ'_y），可以发现，e_0 最小的重塑样的压缩性质参数（C_c、C_r 和 σ'_y）显著小于原状样。e_0 最大的重沉积样具有比原状样更大的 C_c；然而，其 C_r 和 σ'_y 略小于重塑样。总体上，C_c 随试样初始状态的变化而稍有变化（超出原状样 ±10%），而重构（重塑和重沉积）样的 C_r 和 σ'_y 显著小于原状样。

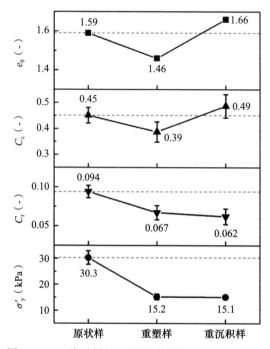

图 2-3-4 三类试样的压缩性质参数和有效屈服应力

2. 三轴剪切强度

三轴固结排水剪切试验获得的剪切曲线见图 2-3-5，所有应力—应变曲线均为应变硬化型，试样均为延性破坏。对于结构性软土，这种剪切应变硬化特征可能是由于原状土的颗粒间胶结在高于 σ'_y 的有效固结压力下被破坏。低围压时，天然结构性软土在剪切时可能表现出应变软化特征。

应变硬化情况下，采用轴向应变 $\varepsilon_a = 15\%$ 对应的偏应力作为试样的剪切强度 q。三类试样的 q—p' 关系（p' 为有效平均应力）见图 2-3-6（a）。q—p' 关系线性拟合得到斜率 M' 和截距 C'。对于重塑样和重沉积样，试验数据直接拟合得到很小的负截距 C'；此时，设定 $C' = 0$，重新拟合 M'。原状样具有较大的 C'，体现了原状土的结构性。最后，分别通过式（2-3-1）和式（2-3-2）计算三类试样的有效强度参数（即有效黏聚力 c' 和有效内摩擦角 φ'）。

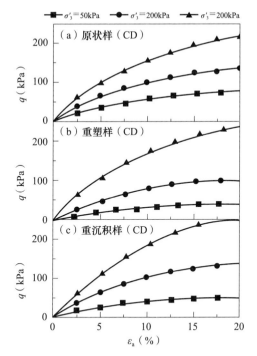

图 2-3-5 三轴固结排水剪切试验获得的剪切曲线

$$\sin\varphi' = 3M'/(6+M') \quad (2\text{-}3\text{-}1)$$
$$c' = c'(3-\sin\varphi')/(6\cos\varphi') \quad (2\text{-}3\text{-}2)$$

三类试样的有效强度参数见图 2-3-6（b）。与原状样相比，重塑样和重沉积样的有效黏聚力 c' 下降为零，而有效内摩擦角 φ' 一定程度增加（均高出原状样）。由此可知，软土天然结构破坏导致有效黏聚力丧失，有效内摩擦角增加。

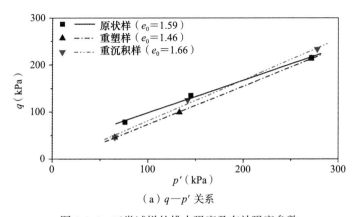

(a) q—p' 关系

图 2-3-6 三类试样的排水强度及有效强度参数

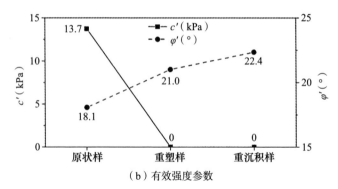

（b）有效强度参数

图 2-3-6　三类试样的排水强度及有效强度参数（续）

3. 微观结构

图 2-3-7 给出孔隙比相近的原状样和重塑样的孔径曲线，其中，累积曲线为累积注汞量乘以土颗粒密度（$e_{in} = V_{in} \times \rho_s$），而分布曲线为注汞变化量乘以土颗粒密度（$de_{in}/d\log D = dV_{in}/d\log D \times \rho_s$）。可以看出，初始饱和的原状样和重塑样均具有双孔结构，代表两类孔隙的双峰形孔径分布曲线为特征，图 2-3-7（a）中，第一组孔隙（$D < 200$nm）代表集合体内孔隙（小孔），第二组孔隙（$D > 200$nm）代表集合体间孔隙（大孔）。图 2-3-8 给出孔隙比相近的原状样和重塑样的 SEM 图像。这些黏粒集合体和集合体间孔隙（大孔）可从高倍放大率的 SEM 图像中识别出来。图 2-3-7（a）还显示，对于孔隙比相近的两个饱和初始试样，孔径分布曲线中的第一组孔隙重叠。重塑后，第二组孔隙的峰值高度（数量）和峰值（平均）孔隙直径减小；这种由于土体原始结构破坏导致的孔径分布变化也可以从 SEM 图像中（图 2-3-8）观察到：与原状土相比，重塑土结构更加致密和均匀，图 2-3-7（a）中曲线显示大孔的平均孔径更小。

不同竖向压力下固结后三类试样的孔径分布曲线见图 2-3-9。可看出，当有效竖向应力逐渐增加到 400kPa 时，孔径分布曲线的双峰特征逐渐消失。所有情况下，第一组孔隙的孔径分布曲线重合，孔径 $D < 100$nm 最明显。相反，随着有效竖向应力增加，第二组孔隙的孔径分布曲线的峰值左移。这说明小孔在压缩时保持不变，而大孔随着有效竖向应力的增加而被逐步压缩。随着集合体在高压力下开始合并，孔径分布曲线将逐渐变成单峰形。

根据 SEM 图像（放大 2000 倍）（图 2-3-10）也可观察固结压缩过程的孔隙结构变化。随着有效竖向应力增加，试样结构变得更致密和均匀，其中原状土变化最明显。这是因为原状土的颗粒间胶结在重构后（重塑和重沉积）被破坏，重构样相对致密和均匀的初始孔隙结构在压缩时变化更慢（图 2-3-8）。需指出，原状土的集合体在重塑后保持完整，而在制成泥浆时完全分解；尽管泥浆固结后双孔结构得到重建［图 2-3-9（c）］，但与相近孔隙比的原状样和重塑样相比，重沉积样的大孔尺寸更大。

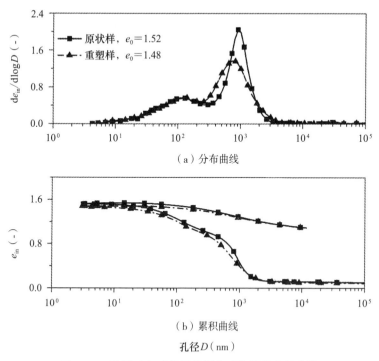

(a) 分布曲线

(b) 累积曲线

孔径 D (nm)

图 2-3-7　孔隙比相近的原状样和重塑样的孔径曲线

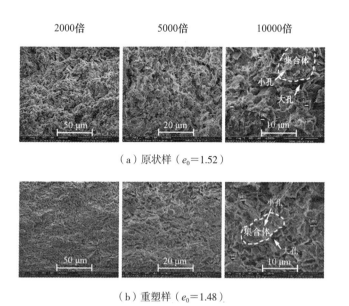

(a) 原状样 ($e_0=1.52$)

(b) 重塑样 ($e_0=1.48$)

图 2-3-8　孔隙比相近的原状样和重塑样的 SEM 图像

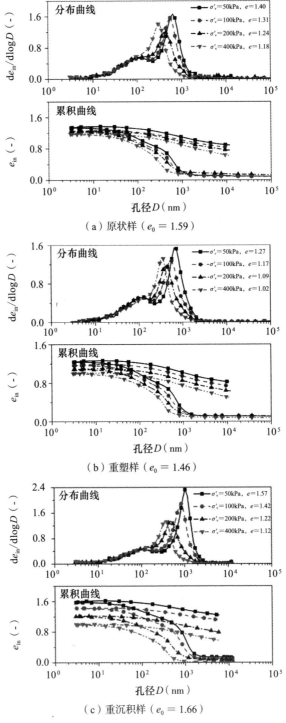

图 2-3-9 不同竖向压力下固结后三类试样的孔径分布曲线

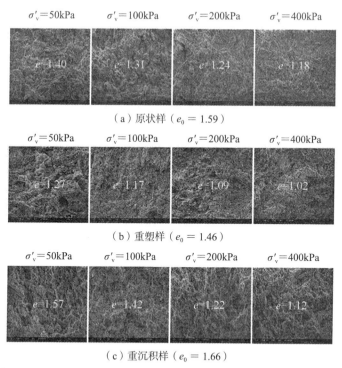

图 2-3-10 固结压缩过程的孔隙结构变化 SEM 图像（放大 2000 倍）

2.3.3 软土的宏观与微观表现

1. 固结压缩过程孔隙结构演化

为了定量描述固结压缩过程中三类试样的孔隙结构演化，根据压汞试验结果确定大孔孔隙比 e_M 和小孔孔隙比 e_m。一般认为，大孔被汞液完全充满后，汞液才开始进入小孔；退汞后，汞液只残留于大孔。因此，大孔孔隙比（$e_M = V_M/V_s$，其中 V_M 和 V_s 分别为大孔和土颗粒的体积）等于一个注汞—退汞循环后的压汞孔隙比。小孔孔隙比（$e_m = V_m/V_s$，V_m 为小孔的体积）则为总孔隙比和大孔孔隙比之差（即 $e_m = e - e_M$）。图 2-3-11 给出两个饱和初始试样 e_M 和 e_m 的确定方法作为示例。注汞孔隙比 e_{in} 略小于总孔隙比 e，是由于压汞测试无法探测孔径 $D < 3nm$ 的黏土片层间孔隙。还可以看出，总孔隙比相近时，两个饱和初始试样具有相同的 e_m；然而，饱和初始重塑样具有更密实和均匀的微观结构，这表明重塑样具有数量较多、平均孔径较小的大孔。

根据如图 2-3-11 所示方法，确定三类试样固结后的 e_m 和 e_M。为同时考虑总孔隙比 e 的变化，孔隙结构演化通常以 e_M/e 或 e_m/e 表征；后者被 Alonso 命名为微观结构状态变量 ξ_m，而前者在本研究中对应地称为宏观结构状态变量 ξ_M。在大多数情况下，大孔决定了土体的水力—力学行为，因此，本研究中将主要关

注 ξ_M（$\xi_M = 1 - \xi_m$）。图 2-3-12 给出三类试样的 ξ_M 和 ξ_m 与有效竖向应力的关系。可以看出，对于特定初始试样状态，ξ_M 随着有效竖向应力的增加而减少。对于特定有效竖向应力，重塑样的 ξ_M 比原状样略小，而重沉积样的 ξ_M 比原状样大很多，见图 2-3-12（a）。尽管如此，随着有效竖向应力逐渐增加到 400kPa，三类试样 ξ_M 的差异逐渐减小。在更高的应力下，ξ_M 可能达到相同值。

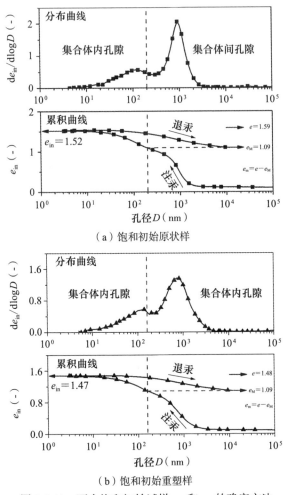

图 2-3-11 两个饱和初始试样 e_M 和 e_m 的确定方法

图 2-3-12 还表明，对于重沉积样，$\sigma'_v > 100\text{kPa}$ 内 ξ_M 随着有效竖向应力的增加而线性下降（半对数坐标）。如前所述，重沉积样对应于宏微观结构均被完全重构的极限状态。因此，以 ξ_M—$\log\sigma'_v$ 和 ξ_m—$\log\sigma'_v$ 关系定义两条临界状态线，称为重沉积样固结线（RSCL），见式（2-3-3）和式（2-3-4）。

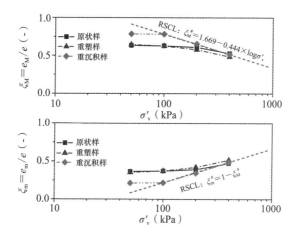

图 2-3-12 三类试样的 ξ_M 和 ξ_m 与有效竖向应力的关系

$$\xi_M^{\#} = \beta_{\xi_M}^{\#} - \alpha_{\xi_M}^{\#} \log \sigma_v' \quad (2\text{-}3\text{-}3)$$

$$\xi_m^{\#} = 1 - \xi_M^{\#} \quad (2\text{-}3\text{-}4)$$

式中，$\alpha_{\xi_M}^{\#}$ 和 $\beta_{\xi_M}^{\#}$ 为拟合参数。重沉积样的状态参数均采用 # 标记，区别于重塑样的标记 *。

根据 ξ_M 和 ξ_m 的定义可知，最松散的孔隙结构对应 $\xi_M = 1$，最密实的孔隙结构对应 $\xi_M = 0$。最松散的孔隙结构可通过泥浆自然沉降而获得，而最密实的孔隙结构可通过高压固结获得。此外，对于特定总孔隙比 e，认为具有较大 ξ_M（即较大 e_M）的土体具有更强的结构性，因为大孔所占比例更高；对应地，对于特定 ξ_M，具有较大总孔隙比 e（即较大 e_M）的土体具有更强的结构性。因此，对于特定初始状态，ξ_M 随有效竖向应力的增加而逐渐减小的过程体现了试样原始结构的逐渐破坏和演化。在低压力（$\sigma_v' <$ 100kPa，图 2-3-12）和高压力下，ξ_M 和 ξ_m 随有效竖向应力的变化较缓慢；因此，采用 van Genuchten 提出的形式，构造公式描述 ξ_M 和 ξ_m 随有效竖向应力的演化，见式（2-3-5）、式（2-3-6）：

$$\xi_M = \xi_{M,ini} [1 + (\sigma_v'/\alpha_{\xi_M})^{1/(1-\beta_{\xi_M})}]^{-\beta_{\xi_M}} \quad (2\text{-}3\text{-}5)$$

$$\xi_m = 1 - \xi_M \quad (2\text{-}3\text{-}6)$$

式中，$\xi_{M,ini}$ 为初始状态的 ξ_M；α_{ξ_M} 和 β_{ξ_M} 为拟合参数。

鉴于试验数据有限，根据式（2-3-3）估算 $\sigma_v' =$ 1000kPa、2000kPa 的 ξ_M，用于拟合式（2-3-5）中的参数；拟合得到的 ξ_M 和 ξ_m 演化曲线见图 2-3-13，相应参数见表 2-3-2。尽管符合 ξ_M 和 ξ_m 在高压下（如 $\sigma_v' >$ 1000kPa）相同的假设，但由于数据有限，认为相关参数在 $\sigma_v' <$ 1000kPa 有效。此外，对于三类试样，参数 β_{ξ_M} 数值相近（$\beta_{\xi_M} = 0.42 \pm 0.02$），而参数 α_{ξ_M} 和 $\xi_{M,ini}$ 随试样初始状态的变化较明显。

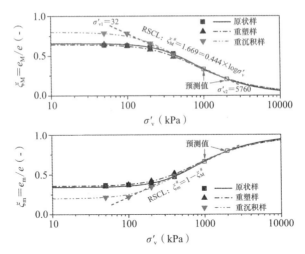

图 2-3-13　拟合得到的 ξ_M 和 ξ_m 演化曲线

宏观结构状态变量 ξ_M 随有效竖向应力的演化参数　表 2-3-2

试样	$\xi_{M,ini}$ (—)	α_{ξ_M} (kPa)	β_{ξ_M} (—)
原状样	0.67	498	0.44
重塑样	0.64	427	0.41
重沉积样	0.80	275	0.40

注：演化曲线在 $\sigma'_v < 1000$ kPa 是有效的。

2. 宏观压缩行为

由图 2-3-2 可知，对于给定初始状态，可压缩性随着有效竖向应力的变化而变化，直到进入正常固结线。这种非线性压缩行为源于压缩过程微观结构的改变，特别是土颗粒天然胶结的破坏。图 2-3-14 汇总显示了三类试样在连续固结过程中的压缩曲线（卸载过程未显示）。对于给定有效竖向应力，重沉积样获得最大的孔隙比，而重塑样获得最小的孔隙比。预计当有效竖向应力达到 1000kPa 时，这些压缩曲线会收敛。同样，可定义 e—$\log\sigma'_v$ 关系的 RSCL，见式（2-3-7）。

$$e^{\#} = e_1^{\#} - C_c^{\#} \log\sigma'_v \tag{2-3-7}$$

式中，$C_c^{\#}$ 为重沉积样的屈服后压缩指数；$e_1^{\#}$ 为 $\sigma'_v = 1$kPa 重沉积样的孔隙比。由式（2-3-7）拟合的 RSCL 见图 2-3-14。

对于重塑样，压缩曲线在 $\sigma'_v > 50$kPa 为线性，可建立 e—$\log\sigma'_v$ 关系的固有压缩曲线，相关公式见式（2-3-8）。

$$e^{*} = e_1^{*} - C_c^{*} \log\sigma'_v \tag{2-3-8}$$

式中，C_c^{*} 是重塑土的屈服后压缩指数；e_1^{*} 为 $\sigma'_v = 1$kPa 重塑样的孔隙比。由式（2-3-8）拟合的 ICL（重塑土的固结压缩曲线），见图 2-3-14。

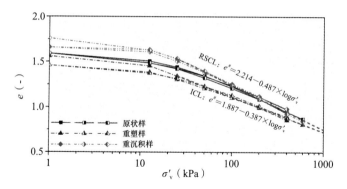

图 2-3-14　三类试样在压缩固结过程中的压缩曲线

为了将三类试样的压缩行为与黏土固有压缩行为和原位沉积压缩行为进行对比，进一步采用 Burland 定义的孔隙指数 I_v 对压缩曲线进行归一化，见式（2-3-9）。

$$I_v = (e - e^*_{100})/C^*_c \tag{2-3-9}$$

式中，C^*_c 是某黏土的固有压缩指数；e^*_{100} 是该黏土 ICL 上 $\sigma'_v = 100\text{kPa}$ 对应的孔隙比。

I_v 是衡量土体结构密实程度的指标，I_v 越大，结构越松散。Burland 定义表明，黏土的固有压缩行为可使用 I_v—$\log\sigma'_v$ 关系进行归一化，并给出 I_v—$\log\sigma'_v$ 关系表示的 ICL，见式（2-3-10）。

$$I_v = 2.45 - 1.285\log\sigma'_v + 0.015(\log\sigma'_v)^2 \tag{2-3-10}$$

根据 Burland 提出的经验相关性，给出了式（2-3-9）中的参数 C^*_c 和 e^*_{100} 的计算式，见式（2-3-11）和式（2-3-12）。

$$C^*_c = 0.256e_L - 0.04 \tag{2-3-11}$$

$$e^*_{100} = 0.109 + 0.679e_L - 0.089(e_L)^2 + 0.016(e_L)^3 \tag{2-3-12}$$

式中，e_L 为液限含水率时试样的孔隙比。

根据图 2-3-14，本研究所使用软土的 $C^*_c = 0.387$。然后，通过反算得到 e_L，并通过式（2-3-12）确定 e^*_{100}。

图 2-3-15 给出三类试样的归一化压缩曲线。其中，Burland 确定的 ICL 和沉积压缩线（SCL）作为参考。SCL 描述了天然沉积原状黏土的固有 I_{v0}—$\log\sigma'_{v0}$ 关系。可以看到，所有 I_v—$\log\sigma'_v$ 曲线向上穿过 ICL，然后在 ICL 和 SCL 间变动。重塑样的 I_v—$\log\sigma'_v$ 曲线稍高于 ICL，原状样的 I_v—$\log\sigma'_v$ 曲线位于 ICL 上方，近似与 ICL 平行。相同应力状态下，孔隙指数的差异反映土体的天然结构差异。重沉积样的 I_v—$\log\sigma'_v$ 曲线略高于原状样、远低于 SCL，表明重沉积后微观结构得到部分恢复，但与天然黏土的沉积条件不同。与图 2-3-14 类似，有效竖向应力增加到 100kPa，重沉积样的 I_v—$\log\sigma'_v$ 曲线向原状样曲线靠拢。有效竖向应力进

一步增加时,三类试样的压缩曲线均趋近于ICL。

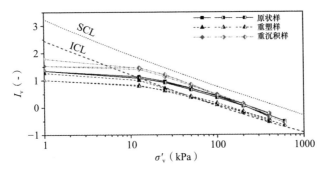

图 2-3-15 三类试样的归一化压缩曲线

另外,土体的非线性压缩行为可通过压缩指数 C_c 的演化描述。对于特定初始状态,有效竖向应力 $\sigma'_{v,i}$ 时的压缩指数通过式(2-3-13)计算。

$$C_c(\sigma'_{v,i}) = -(e_{i+1}-e_i)/(\log\sigma'_{v,i+1}-\log\sigma'_{v,i}) \quad (2\text{-}3\text{-}13)$$

式中,e_i 为加载试件的孔隙比;$\sigma'_{v,i}$ 为加载第 i 阶段的 σ'_v。

图 2-3-16 为试样连续固结过程 C_c 的演化。对于特定初始状态,C_c 随着有效竖向应力的增加而增加,表明试样逐渐进入正常固结状态。重塑样和重沉积样的 C_c 在 $\sigma'_{v,i} > 50\text{kPa}$ 随有效竖向应力的变化而稍有变化,原状样的 C_c 在 $\sigma'_{v,i} > 100\text{kPa}$ 范围稍有变化。有效竖向应力增加到 400kPa 时,三类试样的 C_c 很接近,且随着有效竖向应力的进一步增加可能更接近。本质上,这种宏观压缩性的非线性演化是由于土体初始结构(特别是颗粒间胶结)逐渐破坏以及土体颗粒排列方式逐渐趋于相同(如孔径分布曲线和 SEM 图像所示)所致。

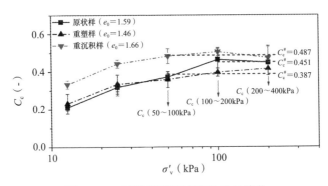

图 2-3-16 试样连续固结过程 C_c 的演化

3. 微观压缩行为

土体压缩行为可进一步在微观层面上描述。图 2-3-17 给出了两类孔隙的孔隙比(e_M 和 e_m)与有效竖向应力(σ'_v)的关系。

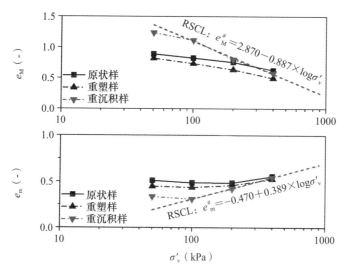

图 2-3-17 两类孔隙的孔隙比（e_M 和 e_m）与有效竖向应力（σ'_v）的关系

可以看到，对于特定初始状态，e_M 随有效竖向应力的增加而减小，而 e_m 总体上随有效竖向应力的增加而增加。与 ξ_M 和 ξ_m 类似，e_M 和 e_m 随着有效竖向应力的增加而逐渐趋于一致。此外，三类试样固结到特定有效竖向应力时，重沉积样获得最大的 e_M 和最小的 e_m，且其 e_M 和 e_m 在 $\sigma'_v > 100\text{kPa}$ 与有效竖向应力为线性相关（半对数坐标）。因此，可基于 e_M—$\log\sigma'_v$ 和 e_m—$\log\sigma'_v$ 关系定义重沉积压缩曲线（RSCL），见式（2-3-14）和式（2-3-15）。

$$e_M^{\#} = e_{M0}^{\#} - C_{c,M}^{\#}\log\sigma'_v \tag{2-3-14}$$

$$e_m^{\#} = e_{m0}^{\#} - C_{r,m}^{\#}\log\sigma'_v \tag{2-3-15}$$

式中，$C_{c,M}^{\#}$ 是重沉积样屈服后的大孔压缩指数；$C_{r,m}^{\#}$ 是描述屈服后 $e_m^{\#}$ 随有效竖向应力的变化；$e_{M0}^{\#}$ 和 $e_{m0}^{\#}$ 为拟合参数；拟合的 RSCL 见图 2-3-17。

与 ξ_M 和 ξ_m 不同的是，e_M 和 e_m 之间关系复杂，因为大孔和小孔之间存在相互作用。可以看到，随着有效竖向应力逐渐增加，大孔的孔径和 e_M 逐渐减小。然而，e_m 与有效竖向应力非单调关联，尽管小孔的孔径分布曲线不随有效竖向应力变化（见图 2-3-9 第一孔隙率）。低压下（如 $\sigma'_v < 100\text{kPa}$），大孔被压缩，$e_M$ 减小，同时 e_m 略有减小；这可能是由于初始松散的黏粒集合体稍有调整。当集合体间孔隙压缩到一定程度时（如 $\sigma'_v > 100\text{kPa}$），两类孔隙相互作用使 e_m 增加，这可能是由于黏粒集合体开始相互融合所致。图 2-3-18 给出了不同有效竖向应力下 e_m 与 e_M 之间的关系。对于特定初始状态，$\sigma'_v < 100\text{kPa}$，$e_m$ 随 e_M 的减小而稍有减小；$\sigma'_v > 100\text{kPa}$ 情况下，这一趋势反转。对于三类试样，$\sigma'_v > 200\text{kPa}$，$de_m$ 与 de_M 的比值（孔隙比耦合系数 $I_c = de_m/de_M$）相当。因此，正常固结状态下，可根据 C_c 估算大孔压缩指数 $C_{c,M}$，见式（2-3-16）。

$$C_{c,M} = C_c(1+I_c) \qquad (2\text{-}3\text{-}16)$$

例如，由 $C_c^\#$（0.487，图 2-3-14）计算 $C_{c,M}^\#$ 为 0.97，比 MIP 分析（0.89，图 2-3-17）略小。由于大多数情况下大孔控制着黏性土对水—力学载荷的响应，因此式（2-3-16）有助于研究正常固结黏土的水—力学特性。

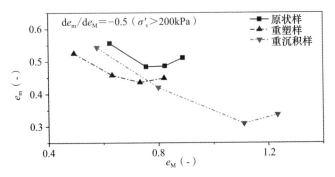

图 2-3-18　不同有效竖向应力下 e_m 与 e_M 之间的关系

4. 剪切强度与孔隙结构间的关联

为了定量研究孔隙结构演化对三轴剪切强度的影响，估算 MIP 测试中相应应力下（$\sigma_v' = $ 50kPa、100kPa、200kPa、400kPa）试样的三轴排水剪切强度，见式（2-3-17）～式（2-3-21）。

$$q = M'p' + c' \qquad (2\text{-}3\text{-}17)$$
$$M' = 6\sin\varphi'/(3-\sin\varphi') \qquad (2\text{-}3\text{-}18)$$
$$c' = 6c'\cos\varphi'/(1-\sin\varphi') \qquad (2\text{-}3\text{-}19)$$
$$p' = (1+2K)\sigma_v' \qquad (2\text{-}3\text{-}20)$$
$$K = 1-\sin\varphi' \qquad (2\text{-}3\text{-}21)$$

式中，K 为侧压系数。以上计算中采用如图 2-3-6（b）所示有效黏聚力 c' 和有效内摩擦角 φ'。

三类试样的 q 与 e_M 和 ξ_M 的关系见图 2-3-19。可以看出，对于特定初始状态，q 随 e_M 的减小而指数增加。重塑样和重沉积样的 q 随 ξ_M 的减小几乎呈线性增加，而原状样的 q 随 ξ_M 的减小呈非线性增加。此外，对于特定 e_M 或 ξ_M，重沉积样的 q 最大、重塑样的 q 最低。当 e_M 或 ξ_M 逐渐减小，三类试样的 q—e_M 和 q—ξ_M 关系逐渐趋同。另外，在 $\sigma_v' < $ 100kPa（$p' < $ 75～79kPa），重塑和重沉积样需要较高的平均有效应力才能达到与原状样相同的 q，这是由于原状样的土颗粒胶结在其完全破坏前，提供了很大比例的抗剪强度。在 $\sigma_v' > $ 200kPa（$p' > $ 149～159kPa），相同应力水平下 q 的差异变得不太明显，这可能是由于土颗粒胶结在屈服后几乎被完全破坏，土颗粒排列的差异对排水强度的贡献不大。可以预见，很高压力下三类试样的 ξ_M 或 e_M 与土颗粒排列趋于相同，q 也将趋于相同。

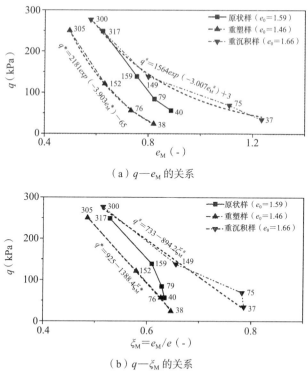

图 2-3-19 三类试样的 q 与 e_M 和 ξ_M 的关系

2.4 软土地基处理技术

由于地质条件的限制，当软土地基不经过处理或者未处理完全时，对于后续工程施工会带来严重的安全隐患。依托十字门隧道工程，着重分析了跨海隧道端头典型软土地基施工时，对地基加固的处理方案比选和优化。主要分析软土地基中块石、CFG 桩的处理方案和抛石处理方案。先期堆载预压措施对路基软土的处理受周边环境影响较大，周边土变动使路基沉降，而选择水泥搅拌桩复合地基的方式处理软土地基是合适的，但当地层中存在大块砾石时可行性不高。通过加固效果和经济效益两个方面对方案进行对比，为同类型工程保证基础设施工程质量和运营安全作为参考。

2.4.1 初步方案比选

十字门隧道工程共分三段，分别为北岸段隧道、跨海段隧道、南岸段隧道，采用单洞双向 4 车道规模，设计速度 40km/h，规划为城市次干路，为左右双线。

项目在设计的时候就发现南岸道路现已沉降 0.5～1.0m。该道路在设计之初，路基已经经过堆载预压处理，道路下沉是因为道路两侧地块开发时开挖的深基坑对道路已固结路基产生了影响，从而使道路路基重新变成了动态的固结状态，随着时间推移，在道路上部荷载的作用下缓慢自发固结，从而产生了沉降。

图 2-4-1 为地质钻孔图。对南岸道路地质钻孔可知：路基下普遍存在淤泥质土，厚度约 10m。淤泥质土含有有机质及少量贝壳碎屑，流塑状，不能作为路基的直接持力层。从沉降历史可知，若道路路基不被扰动，在进行堆载预压处理后，路基会处于相对的稳固状态，但是当道路两侧出现深基坑开挖或者其余大规模动土的情况，会使道路路基再次处于未固结状态，从而再有沉降。综合分析，对南岸道路路基再次进行软基处理后，才可将它作为道路持力层，保证路基稳定，使工后沉降满足规范要求。

图 2-4-1　地质钻孔图

本段隧道范围存在人工填土、软土、残积土和风化岩等特殊性岩土。人工填土层埋深较浅且存在大量孤石，主要为原道路施工回填的块石（图 2-4-2），粒径 50～120cm。块石呈褐黄、灰褐色等杂色，主要由黏性土、砂粒、花岗岩块石、碎石、混凝土块等组成。花岗岩块石、碎石及混凝土块含量为 10%～80%。该层是近 10 年内回填而成，埋藏深度变化较大（0.4～14.1m），局部地段埋藏较深。块石、碎石全线段均有分布，密实程度不均匀，结构呈松散状态，自稳能力差，北岸工程上层还存在残留 CFG 桩，对加固软土地基和盾构隧道的开挖影响比较大。软土层厚度较大，一般有含水率高、孔隙比大、压缩系数大、剪切强度低、土体渗透系数高、摇变性和蠕动性均较强的特点。而且在隧道施工过程中如止水措施不到位、施工时地面堆载太大时，会导致软土失水固结，砂土颗粒随抽排地下水流失，导致地面沉降，对道路路基影响很大。

南岸道路原来的真空联合堆载预压措施对路基软土的处理受周边环境影响较大，当周边环境有较大土方变动时，会对路基产生影响，会使路基继续沉降，沉降值不能满足规范要求（次干路一般路段工后沉降不大于 50cm）。南岸道路在隧道项目设计开始时已经沉降超过了 50cm，在隧道项目实施工程中再次发生沉降。综合考虑为了保证南岸道路路基工后沉降满足规范要求，采用桩基础处理深层软基，保证隧道项目完成后沉降满足规范要求。在初期，提出三种复合地基方案并进行比选，初步方案比选如表 2-4-1 所示。考虑城市中污染控制要求和后期盾构隧道开挖时刀盘的磨损等因素，最终考虑选择水泥搅拌桩复合地基方案对南岸软基进行加固。

图 2-4-2 原道路施工回填的块石

初步方案比选　　　　　　　　　　　　表 2-4-1

复合地基方案	优点	缺点	施工工期	造价
水泥搅拌桩	加固效果好、工艺成熟	施工环境要求较为严格、质量难以控制	工期较长	造价较高
挤密砂石桩	加固效果较好、适应工作环境能力较强	质量难以控制	工期较短	造价相对较低
管桩	加固效果好、质量易于控制	需要大型设备、噪声污染严重	工期较短	造价较高

工程中所采用的水泥搅拌桩呈正三角形布置，间距 1.2m，桩顶标高根据处理范围不同略有区别，基本在 1.6~2.2m 变化。水泥土搅拌桩采用湿法施工，桩径为 500mm，桩顶铺设 50cm 厚中粗海砂褥垫层。项目正式实施之前对进行软土地基加固的区域进行选点试桩，试桩选取点如图 2-4-3 所示。现场选取三个作业点进行试桩，在试桩的过程中发现均在钻进 1m 左右遇到孤石，无法继续钻进，需要对原地基加固方案进行优化处理。

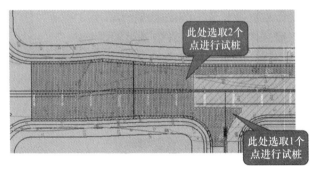

图 2-4-3 试桩选取点

2.4.2 软土地基施工优化

考虑上述水泥搅拌桩施工困难以及后续隧道开挖，综合分析软土地基加固方案的技术可行性和经济合理性，需要对施工方案优化，根据项目概况和地质条件提出四种不同的优化方案，具体内容如下：

（1）高压旋喷桩＋引孔机引孔

将全线地基加固范围内水泥搅拌桩全部变更为高压旋喷桩，桩径、桩长保持原设计不变，桩间距由原来的 1.2m 调整为 1.4m。在打桩之前用引孔机在所需打桩点上打孔，使孔冲破人工填土层。高压旋喷桩施工速度相对较快，施工占地小，振动小，施工工艺成熟，加固效果好，但是大面积采用高压喷旋桩，势必会大幅度增加工程造价。

（2）换填＋单轴搅拌桩

将整个范围全部换填处理，换填开挖按照 1∶1 放坡开挖，靠近围护结构一侧按直槽开挖计算，换填深度为 5m。换填完成后采用单轴搅拌桩加固。土层中多为前期回填的抛石、建筑垃圾，对 5m 以内进行翻挖处理，翻挖剔除块石后进行单轴搅拌桩加固施工，5m 以外遇到孤石则采用局部引孔。此方案与（1）内容相比造价低，且能保证搅拌桩成桩质量，但是翻挖速度较慢，土石方运输较为困难。

（3）单轴搅拌桩＋引孔机引孔

地基加固仍按照原设计桩长和桩径进行水泥搅拌桩施工，如遇到孤石无法施工时，采用引孔机引孔处理，使孔冲破人工填土层。优点是加固效果好，且单轴搅拌桩造价较低。但当土层厚度大，块石、碎石含量过高，会造成搅拌桩成桩的难度大，产生断桩或缺桩现象。

（4）换填＋高压旋喷桩＋单轴搅拌桩

对现场存在因孤石无法进行水泥搅拌桩的情况分两部分处理：第一部分为在雨水管道埋设区域将水泥搅拌桩优化为高压旋喷桩进行施工；第二部分为在雨水

管道以外区域将水泥搅拌桩优化为开挖换填处理，换填开挖按照1∶1放坡开挖，靠近围护结构一侧按直槽开挖计算，换填深度为5m，换填完成后采用单轴水泥搅拌桩加固。本方案地基加固效果好，造价相对低，但翻挖速度较慢，土石方运输较困难，施工工艺要求较高。

根据效果预测和经济效益对比分析，方案经济性对比如表2-4-2所示。

方案经济性对比　　　　　　　　　　　表2-4-2

类别	名称	造价（万元）
原方案	单轴搅拌桩	730
方案一	高压喷旋桩	1558
	引孔机引孔	
方案二	换填	1050
	单轴搅拌桩	
方案三	单轴搅拌桩	1113
	引孔机引孔	
方案四	换填	1034
	高压喷旋桩	
	单轴搅拌桩	

2.4.3　CFG桩地基加固措施

在北岸隧道施工时发现人工填土层有CFG桩，对加固软土地基和后期盾构隧道开挖会产生较大的影响。根据原道路设计方案显示：CFG桩长21.2m，C15强度，桩顶位于地表下1.4m，桩底位于粉质黏土层。CFG桩落入盾构端头加固区范围共有154根，在盾构段端头加固区外盾构掘进路径上另有42根。设计阶段根据原道路设计方案深入调查了三轴搅拌桩直接施工的可能性，经调研国内类似案例发现：对三轴搅拌桩机针对性设置后，可以处理20MPa以下强度的岩体结构。在进场施工后，在现场全回转钻机清理锚索工序中，对挖出的CFG桩取心检测强度，发现其强度远超道路图纸设计强度（检测强度最大达53.5MPa），从而导致三轴搅拌桩机无法正常施工，如图2-4-4所示。

如果不清除盾构接收加固区CFG桩，在三轴搅拌桩无法施工的位置需要改为高压旋喷桩施工，加固效果差，给盾构接收增加风险，因此不建议采用该方案。当盾构接收加固区内CFG桩被清除，可选的清障方案有：搓管机下套筒（冲抓斗取土）、振动锤下套筒（旋挖钻取土）、振动锤下套筒（冲抓斗取土）、全回转钻机锤下套筒（冲抓斗取土）四种方案，CFG桩处理优化方案如表2-4-3所示。

盾构接受加固区外CFG桩清除时，可选择用旋挖钻直接开挖，通过下压、扭矩磨碎桩体带出和冲孔机冲击成孔，将桩体冲碎。出渣方案比选如表2-4-4所示。

图2-4-4　三轴搅拌桩现场施工图

CFG桩处理优化方案 表2-4-3

方案	综合单价（元）	优缺点
搓管机下套筒（冲抓斗取土）	635	下套筒速度一般，噪声很小，对周边环境影响小，且造价较省
振动锤下套筒（旋挖钻取土）	900.9	下套筒速度一般，旋挖钻取土石噪声大，速度慢，造价一般
振动锤下套筒（冲抓斗取土）	808	下套筒速度一般，冲抓斗取土石噪声小，速度较快，造价一般
全回转钻机锤下套筒（冲抓斗取土）	1986.7	下套筒速度快，噪声很小，对周边环境影响小，但造价最贵

注：综合单价包含打套筒施工、筒内出渣土、CFG块体外运、土方回填，套筒采用12mm壁厚，清障完取出重复使用。

出渣方案比选 表2-4-4

方案	综合单价（元）	优缺点
旋挖钻直接开挖通过下压、扭矩磨碎桩体带出	396.3	速度慢，噪声大，造价相对较低
冲孔机冲击成孔，将桩体冲碎，通过循环护壁泥浆出渣	452.7（未计加深冲孔量）	速度慢，噪声大，场地泥浆较多影响环境，由于CFG桩底以下仍为软土，冲孔可能使下部桩体向下沉而导致加深冲孔，施工造价高

注：加固处清障后需回填土方，并注浆加固以防止盾构掘进中冒顶。

综合考虑方案技术可行性及工程经济合理性，在加固区内采用功效高、效果好的搓管机清理 CFG 桩，在加固区外选择旋挖钻的方式清理 CFG 桩。

2.4.4 加固区内抛石处理

如图 2-4-5 所示，在施工中使用了"钻探＋跨孔弹性波 CT 法"进行了综合检测。在北岸工作井端头加固区范围内，发现了抛石现象，主要分布在近地表的 7m 深度范围内，约占探测深范围内土层面积的 22%。抛石粒径主要集中在 0.375～0.5m。考虑抛石可能对工程施工造成影响，建议在抛石较为集中的地段采取预防措施，确保工程施工顺利进行。

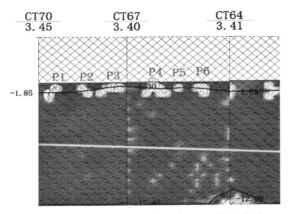

图 2-4-5　隧道北岸工作井段跨孔 CT 检测成果

经过现场局部试挖，挖出抛石尺寸为 0.5～1.2m（图 2-4-6）。

图 2-4-6　现场测量抛石尺寸

针对上述问题，提出三个方案比选：

(1)方案一

小路钻+全回转清障。采用小路钻,1m 间距布置 72 个测点,通过钻探判断是否存在抛石。若能顺利钻进地面以下 7.5m,则标记该处为无抛石;若遇到无法进尺的情况,则标记为有抛石,需要进行后续处理。由于小路钻探并未完全覆盖所有区域,该方案可能无法排除抛石遗漏的可能性。方案一处理示意图见图 2-4-7。

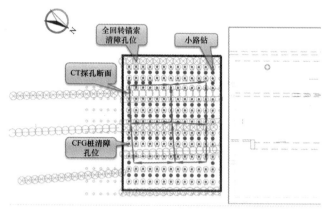

图 2-4-7 方案一处理示意图

(2)方案二

翻挖。针对加固区范围(长 19m、宽 25.2m、深 7.5m,共计 3591m^3),采用露天翻挖的方法,将抛石暴露并用挖机清除和外运。将较大的抛石用镐头机破碎后挖出外运。翻挖要分条分块进行,每条区块翻挖清障后立即进行土方回填并分层压实,再开挖另一条块。方案二的优点是清障效果较好,能够将抛石彻底清除,因此是一个可行的处理方法。方案二处理示意图见图 2-4-8。

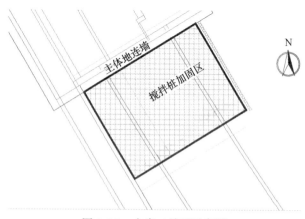

图 2-4-8 方案二处理示意图

(3)方案三

直接施作搅拌桩,并对遇石处进行高压旋喷桩改换。由于抛石分布分散且位置随机,该方案采用搅拌桩加固,对于遇石无法进行搅拌施工的区域,进行标记后跳过,并待搅拌桩全部加固完毕后,再对跳过的空白区(未加固区)进行高压旋喷桩的替换。由于抛石分布的随机性,高压旋喷桩替换量无法精确计算,必须根据现场搅拌桩跳过的空白区域数量据实结算,尤其在抛石量较大时,该方法并不经济。此外,旋喷桩的单价较高,当抛石量较大时,该方法亦不经济。搅拌桩机每次下钻若遇到抛石,则需要另换位置施工,导致工效降低。而对于后边未加固区,进行旋喷引孔施工,工序较多且工效较慢。采用旋喷进行固结时,抛石并未清除,仍然存在于地下,可能导致加固体的均匀性和整体性相对略差。

综上所述,方案三虽可实施,但需要综合考虑经济性和施工效率,以确保工程加固效果和安全性。通过表2-4-5可知,方案二优于其余两种方案,但方案二在施工过程中对周边的扰动相对较大,需加强监测和保护,以确保施工安全。

抛石处理方案比选　　　　　　　表 2-4-5

内容	方案一	方案二	方案三
方案	采用小路钻+全回转清障	翻挖	直接施作搅拌桩,并对遇石处进行高压旋喷桩改换
效果	对小路钻能探明的抛石,用全回转可以清除干净。但由于抛石的随机性,不能排除有遗漏抛石的可能,需进行补充清理	清除较干净	仅采用旋喷固结,抛石未清除,仍然存在于地下,加固体的均匀性和整体性相对略差
经济性	暂无法估计,需据实结算	较好	暂无法估计,需据实结算
优缺点	速度较慢,造价无法估计,需据实结算	速度快,但扰动较大,需加强监测和保护	边加固边试探,工效低,速度较慢,造价无法估计,须据实结算
建议	不推荐	推荐	不推荐

2.5 本章小结

本章基于十字门隧道工程场地条件与区域构造特点,研究了海相软土物理性质、压缩性质以及基于软土条件的地基处理方案,有助于确保十字门隧道工程在淤泥质软土地基上的安全施工。得到相关结论和建议如下:

(1)对珠海横琴地区软土体的天然含水率、天然密度、颗粒相对密度和界限含水率等物理性质指标以及压缩系数、压缩模量和剪切强度参数等力学性质指标进行了相关性研究。发现该地区软土层普遍处于流塑状态，需要采取谨慎的处置措施。

（2）该区域天然软土为结构性软土，在扰动下可导致结构强度丧失，诱发地层与结构变形。相比于扰动土，低应力下原状土具有稍低的压缩性和稍高的剪切强度；在工程应力水平低时，可适当利用天然软土的结构强度。

（3）本构模型通常建立在宏观层面，无法描述土体的微观力学行为。为解决这一问题，建立双结构框架下结构性土的微观力学模型，全面研究土的微观结构及其在扰动下的演变，可以对海相软土在力学扰动作用下的力学特性进行预测。

（4）由于地质条件的限制，当软弱地基不经过处理或者未处理完全的时候对于后续工程施工会带来严重的安全隐患。对跨海隧道端头典型软土地基施工时地基加固的处理方案进行比选和优化。通过加固效果和经济效益两个方面对方案进行对比，为同类型工程保证基础设施工程质量和运营安全作为参考。

第3章 海底隧道结构耐久性分析

十字门隧道工程位于马骝洲水道下游,东接澳门水道,属于海底工程,隧道周边环境复杂,结构设计使用寿命为100年,因此对结构耐久性要求较高。同时,工程地处马骝洲水道入海口,受周期性"咸潮"影响,腐蚀性介质既来自外部海洋大气环境,又来自洞内海洋性大气环境,还有外部水土的作用。综上所述,本项目需要进行较完善的结构耐久性监测,一方面监测隧道管片的应变,在隧道发生较大变形前发出预警;另一方面对腐蚀性介质监测,对氯离子浓度的监测尤为重要,可以保障结构不受氯离子侵蚀。此外,对钢筋锈蚀监测可以保障隧道结构安全,避免在氯离子侵蚀下管片的钢筋笼发生锈蚀,从而产生结构破坏风险。

3.1 水文条件

3.1.1 水赋存特点

1. 地表水

工程勘察场地大部分钻孔位于马骝洲水道内,地表水为海水,主要受大气降水影响较大,大气降水时水位上升,未降水时水位随之下降,水位不太稳定,最大水位差约2.50m。水道宽约700m,水深0.2～15.0m,流量较大,主要接受大气降水及互通河流的补给,受季节性影响较大,雨季流量突然增大,最大水位差约为2.500m。

2. 地下水

场地属于珠江三角洲滨海滩涂地貌,地形稍有起伏,地下水位有一定波动。根据勘察结果揭露,勘察期间测得地下水初见水位埋藏深度0.90～2.00m,相当于标高1.11～3.39m;勘察期间测得地下水稳定水位埋藏深度0.70～1.60m,相当于标高1.31～3.69m。

场地地下水动态变化具有季节性,主要受降雨季节支配。每年4～9月份,大气降水丰沛，是地下水的补给期，水位明显上升；而当年 10 月至次年 3 月为地下水的消耗期，地下水位随之下降，估算年变化幅度 1.00～1.50m。

3.1.2 地下水赋存方式及补给与损耗

拟建场地地下水根据其赋存方式分为：第四系土层孔隙水，基岩裂隙水。地下水的主要补给来源以大气降水为主，地下水位变化受季节影响明显。

1. 第四系土层孔隙水

第四系土层孔隙水在拟建场地内主要赋存的地层为素填土、淤泥、粉质黏土、粗砂、淤泥质土、砾砂及砂质黏性土，它们与大气降水和地表水联系密切。粗砂及砾砂的地下水为承压水，具有微承压性；其他土层的地下水为潜水。为确定场地内饱和砂层的渗透性，在南岸及北岸布置钻孔进行抽水试验。根据抽水试验结果，测得场地承压水位埋深为 2.80～3.50m，相当于标高 0.03～0.75m。建议项目场地的承压水位标高按黄海高程 0.80m 考虑为宜，估算年变化幅度 1.00～1.50m。

2. 基岩裂隙水

基岩裂隙水主要是花岗岩各风化带裂隙水，它具如下特征：地下水的分布受赋存岩体裂隙发育程度的影响较大，具明显的各向异性特点，属非均质渗流场，在节理裂隙较发育的地段，裂隙水赋存较丰富，且透水性较强。

3. 地下水补给与损耗

本场地属亚热带海洋性气候区，地下水的主要补给来源以大气降水为主，地下水位变化受季节影响明显。每年 4～9 月是地下水的补给期，当年 10 月至次年 3 月为地下水排泄期。其中，第四系土层孔隙水的补给来源有大气降水、地势高的山体地段地下水下渗、海洋水体补给，其天然水力坡度不大，属浅循环地下水。基岩裂隙水主要靠大气降水及上层地下水的垂直越流补给。地下水的排泄方式主要为大气蒸发及向侧面海洋渗流。

依据隧道区间周边地形情况，地下水一般由稳定水位高的地方流向稳定水位低的地方，或由地势高的地方流向地势低的地方。

3.1.3 水土腐蚀性评价

1. 场地环境类型

按照《岩土工程勘察规范》GB 50021—2001（2009 年版）规定，地下水对建筑材料的腐蚀性评价针对不同的环境类型、含水层渗透性能、浸水条件等有着不同的规定。根据本工程的特点，结合本隧道区间地下水特征，地下水的腐蚀性评价具体条件如下：

珠海市属湿润地区，分布地层主要有弱透水层和强透水层，含水量一般在

20%~30%或大于30%，且为隧道工程，因此评价地下水对混凝土结构的腐蚀性按Ⅰ类环境类型评价。浸水条件：本隧道区间埋入地面以下处于长期浸水环境，区间两端埋深浅或局部陆地段围护结构上部处于干湿交替环境，评价地下水对钢筋混凝土结构中钢筋的腐蚀性条件按长期浸水和干湿交替考虑。

2. 地下水及地表水腐蚀性评价

根据水质分析结果，参照《岩土工程勘察规范》GB 50021—2001（2009年版）的要求进行水质对建筑材料的腐蚀性，评价结果见表3-1-1与表3-1-2。

综合评价为：勘察场地属Ⅰ类环境，拟建场地内地表水水质对混凝土结构有微腐蚀性；对钢筋混凝土结构中钢筋在长期浸水条件下及干湿交替条件下均有微腐蚀性。

地下水腐蚀性评价表　　　　表3-1-1

孔号	分析项目	指标		水对混凝土结构的腐蚀性			水对钢筋混凝土结构中钢筋的腐蚀性	
		单位	含量	Ⅰ类环境	强透水性地层	弱透水性地层	长期浸水	干湿交替
DZK11 里程 YK1+572.60	SO_4^{2-}	mg/L	216.14	弱	/	/	/	/
	Mg^{2+}	mg/L	115.43	微	/	/	/	/
	NH_4^+	mg/L	0.14	微	/	/	/	/
	OH^-	mg/L	0.00	微	/	/	/	/
	总矿化度	mg/L	1335.81	微	/	/	/	/
	pH	—	7.35	/	微	微	/	/
	侵蚀性 CO_2	mg/L	25.40	/	弱	微	/	/
	HCO_3^-	mmol/L	3.66	/	/	/	/	/
	Cl^-	mg/L	492.40	/	/	/	微	弱
DZK93 里程 YK0+750.00	SO_4^{2-}	mg/L	264.17	弱	/	/	/	/
	Mg^{2+}	mg/L	121.5	微	/	/	/	/
	NH_4^+	mg/L	0.22	微	/	/	/	/
	OH^-	mg/L	0.00	微	/	/	/	/
	总矿化度	mg/L	1504.70	微	/	/	/	/
	pH	—	7.30	/	微	微	/	/
	侵蚀性 CO_2	mg/L	8.47	/	微	微	/	/
	HCO_3^-	mmol/L	4.14	/	/	/	/	/
	Cl^-	mg/L	525.23	/	/	/	微	中等

详勘地表水质分析评价表　　　　表 3-1-2

孔号	分析项目	指标		水对混凝土结构的腐蚀性		水对钢筋混凝土结构中钢筋的腐蚀性	
		单位	含量	Ⅰ类环境	强透水性地层	长期浸水	干湿交替
DZK25 附近地表水	SO_4^{2-}	mg/L	72.05	微	/	/	/
	Mg^{2+}	mg/L	7.29	微	/	/	/
	NH_4^+	mg/L	0.07	微	/	/	/
	OH^-	mg/L	0.00	微	/	/	/
	总矿化度	mg/L	355.98	微	/	/	/
	pH	—	7.13	/	微	/	/
	侵蚀性 CO_2	mg/L	12.70	/	微	/	/
	HCO_3^-	mmol/L	2.21	/	/	/	/
	Cl^-	mg/L	42.67	/	/	微	微
DZK82 附近地表水	SO_4^{2-}	mg/L	48.03	微	/	/	/
	Mg^{2+}	mg/L	12.15	微	/	/	/
	NH_4^+	mg/L	0.11	微	/	/	/
	OH^-	mg/L	0.00	微	/	/	/
	总矿化度	mg/L	312.62	微	/	/	/
	pH	—	7.23	/	微	/	/
	侵蚀性 CO_2	mg/L	4.23	/	微	/	/
	HCO_3^-	mmol/L	2.12	/	/	/	/
	Cl^-	mg/L	45.96	/	/	微	微

3. 土的腐蚀性评价

由于勘察场地地处亚热带地区，雨水充沛，地下水埋深相对较浅，土体经过雨水和地下水的充分淋溶作用，基本无可溶盐存在，且场地未受污染，地下水的腐蚀性基本上可代表土的腐蚀性，故勘察未取土样做腐蚀性分析试验，场地土的腐蚀性可按地下水的腐蚀性考虑。根据本区已有地质资料及对土层的分析，本段隧道地下水水位以上的土层对混凝土结构有弱腐蚀性（腐蚀介质为 SO_4^{2-} 及侵蚀性 CO_2），对钢筋混凝土结构中钢筋在长期浸水条件下有微腐蚀性，在里程 YK1＋572.60 附近，在干湿交替条件下有弱腐蚀性，在里程 YK0＋750.00 附近，在干湿交替条件下有中等腐蚀性。对钢结构的腐蚀性等级可按照弱腐蚀性考虑。

3.2 高性能混凝土结构使用寿命设计分析

3.2.1 在服役期中的离子变化规律

研究监测混凝土中的氯离子电位在温湿度耦合作用下的变化规律,在 Ag/AgCl 电极标定阶段(包括溶液环境标定及混凝土埋入环境标定),通过正交试验的方法采集 Ag/AgCl 电极的电位,变量包括:温度、湿度、Cl⁻ 浓度、pH。测试温度、湿度、pH、Cl⁻ 浓度对 Ag/AgCl 电极响应电位的影响。

发现 Ag/AgCl 电极测量混凝土结构在服役过程中的离子变化规律。对开发的传感器进行了重复性测试、准确度测试,校准传感器。通过使用温度循环箱试验,建立在不同的温度、湿度情况下,不同离子浓度下,采集并汇总相应的电极电压数据,建立电极在不同温度、湿度耦合使用下的离子浓度测量模型。温度循环以及在线监测系统见图 3-2-1。

图 3-2-1 温度循环以及在线监测系统

每次将 Ag/AgCl 电极与参比电极移至去离子水后,采集的电压 V_{R-A} 大多回落至 70~80mV。两电极在 NaCl 溶液与去离子水中循环重复放置,相当于 Ag/AgCl 电极所在环境不断经历氯离子浓度升高再降低,在氯离子浓度频繁且大幅度变化下,V_{R-A} 依旧保持着较好的稳定性,电极在各组浓度 NaCl 溶液中采集的电压值数据变异系数(CoV)均小于 15%(一般 CoV 小于 15% 即可认为数据离散性良好),如图 3-2-2 所示。因此证明 Ag/AgCl 电极具有良好的可重复使用性能。

电极准确性测试见图 3-2-3。从图中可以看出:环境中的 M_{Cl^-}(NaCl 浓度)显著地影响 V_{R-A},随着溶液中的 M_{Cl^-} 从 0.02mol/L 增长至 0.5mol/L,V_{R-A} 亦显

著增长了 38.7%。且 V_{R-A} 与 M_{Cl^-} 之间呈明显对数关系，将 x 轴改为对数坐标轴，对 4 组不同 pH 环境下的测试结果进行线性拟合，拟合曲线的 R^2 值皆大于 0.99。因此可认为 V_{R-A} 与 M_{Cl^-} 之间呈良好的对数线性关系，证明 Ag/AgCl 电极可以作为传感器对环境中的氯离子浓度进行监测。

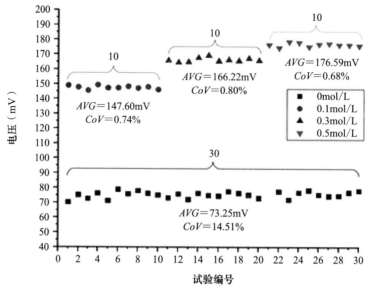

图 3-2-2　电极重复性测试

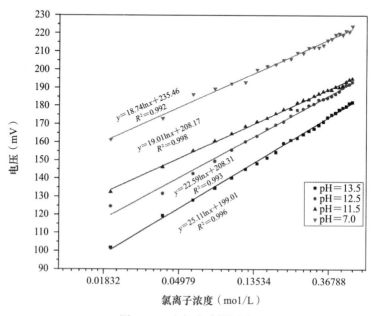

图 3-2-3　电极准确性测试

在温湿度耦合作用测试中,在两组试块内温度相同的情况下,V_{R-A} 随着湿度的升高而升高,且湿度与电压间的关系基本呈线性关系。Nernst 方程中并未涉及电极环境中的相对湿度,因此,湿度并非直接通过影响 Ag/AgCl 电极的自身电位而改变电压值。但环境湿度会对结构的电阻造成影响,湿度升高后混凝土试块内的自由水含量增加,自由水存在结构的孔隙内,降低了混凝土试块的电阻,显示出电压值的降低。在两组试块内湿度相同的情况下,V_{R-A} 随着温度的升高而降低。根据 Nernst 方程,Ag/AgCl 电极电位与环境温度呈正相关,而 V_{R-A} 为参比电极与 Ag/AgCl 电极电位之间的差值,与 Ag/AgCl 电极电位是负相关,因此两电极间的电压值随着温度的升高而降低,符合 Nernst 方程。但需要注意的是:在 40℃以下时,温度对电压值的影响较弱,电压值随温度的升高变化并不明显。以 40℃为分界点,在温度大于 40℃时,温度对两电极电压值的影响显著增强,电压值随着温度的升高迅速下降。

3.2.2 温湿度变化规律及机理

传统温湿度传感器无法应用于含水环境,为精确监测现浇混凝土结构内部温湿度,将传感器的结构优化,开发出用于混凝土环境的温湿度传感器。

开发一种隔水透气的混凝土埋入式传感器保护装置及测量系统,通过使用高精度温湿度传感器测量混凝土内部温湿度状态,用水泥基材料将传感器预封闭。

埋入式传感器保护装置见图 3-2-4。包括传感器组件,以及包裹于传感器组件外围的壳体。壳体包括柔性基材层,以及设置于柔性基材层两侧的水泥砂浆层。传感器组件包括管壁均布有透气孔的套管、设置于套管两端的端盖、包裹于套管外表面的纱网、设置于套管内的传感器,传感器的导线外露于壳体并与外部电控装置连接。以此结构设计的埋入式传感器保护装置,具备良好的隔水性和透气性,同时也为传感器提供了一个安全的工作空间,有效地延长了传感器寿命,同时也方便对传感器周围的环境进行检测。相关测试结果表明了此传感器的准确性。

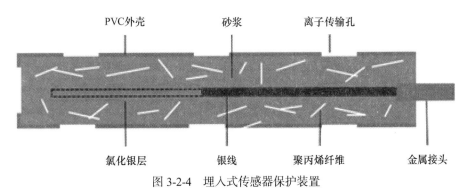

图 3-2-4 埋入式传感器保护装置

3.3 全寿命周期无损监测与管理养护策略

3.3.1 服役混凝土结构中的传感器替换

为实现结构耐久性百年监测目标，在优化传感器结构，延长传感器使用寿命的基础上，还须具备成熟的传感器替换技术，防止结构内传感器的意外损坏。故提出一套服役结构监测过程中的传感器替换方案。

提出一种延长结构监测寿命的传感器替换方法，对服役阶段构件进行打孔以及埋入新电极传感器。首先，使用冲击钻头在结构适当位置，钻三个深度为10cm，直径分别为10mm、30mm、20mm的孔，如图3-3-1所示。然后，清理内部砂浆碎块后，将Ag/AgCl电极、温湿度传感器、参比电极分别放入三个孔内。最后，将配置好的水泥砂浆分三次灌入孔中，保证完全填充。通过对比新旧传感器采集数据趋势的一致性，判断传感器的替换后的工作性能，证明可通过传感器替换的方式延长结构监测寿命。

图 3-3-1　传感器替换

传感器替换整体思路为：在结构适当位置钻孔，将耐久性传感器插入孔中，填充水泥砂浆。由图 3-3-2 可知，新旧传感器在温度循环过程中呈现的电压值差异较大，这是由于新传感器使用的封装材料与原试块材料不同导致的，故产生电压的明显差异。

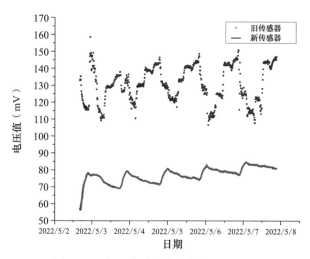

图 3-3-2　新旧传感器数据变化趋势对比

在埋入半年后，旧传感器电压值依旧呈现出一定的规律性变化，但旧传感器电压值随温度波动更剧烈。

3.3.2 混凝土结构在线监测平台

研究过程中需要密集采集温湿度、电压值等信号，须搭建一套信号采集系统，并接入4G/5G物联网系统。服务端实现数据分析，阈值检测，并进行邮件短信等实时告警功能。实现混凝土结构监测的数据采集—传输—存储—分析—告警的功能。

通过使用STM嵌入式处理器、高精度16位AD转换器、485通信协议及4G网络通信模组，研发建立隧道混凝土结构耐久性监测平台。

主要实现以下功能：

（1）信号读取

1）8路无源电压信号拾取，测量范围-500~1000mV，测量精度1mV。

2）4线法阻抗检测，其中2路施加正弦交流电（电压1~5V，精度0.1V，电流200~2000mA，精度0.1mA），检测另两路之间的电压电流值。有效电压1~4V，电流0.1~10mA，正弦交流频率50Hz~1kHz。

3）4线数字信号读取：Modbus协议，读取温湿度，地址由读取指令配置。

4）支持4路应变片。应变片为1/4桥，常规应变片测量精度；可适配不同规格的应变片。

5）支持采集频率可调：每次读取上述所有的数据（1min完成）；两次读取间隔时间1~5000min。

（2）数据存储及传输：支持插入USB设备，将数据存储在USB设备中，临时保存数据，支持FAT32文件系统。支持远程读取存储器里的数据；支持485总线进行数据传输。协议采用Modbus；支持串口232，调试接口；支持命令读取采样数据。

（3）云存储：支持数据传入云存储服务器。服务器由甲方提供。提供数据访问界面，提供数据显示的界面，提供数据导出为Excel文件的操作界面。

经过测试，所开发的监测系统达到了预期要求。电压、温湿度等传感器检测的信号均可以准确采集，并立即传输到耐久性监测平台保存，也可以在平台上进行数据的检索及显示。

3.4 耐久性监测传感器工程应用

3.4.1 耐久性测试

1. 管片生产阶段耐久性测试

隧道衬砌每管环由 10 块衬砌管片拼组而成，衬砌管片厚度 650mm，宽度平均为 2000mm，通过斜螺栓连接在一起，管环间错缝拼装。根据项目要求，隧道衬砌管片的混凝土保护层厚度需达到 40mm，而保护层厚度正是使结构不受氯离子侵蚀的主要保障。在本项目中，在衬砌管片的钢筋笼吊入模板前，采集了

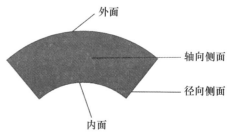

图 3-4-1 衬砌管片保护层厚度测量示意图

钢筋笼最外层钢筋的外边缘距模板内边缘的距离，以此作为衬砌管片的实际保护层厚度。如图 3-4-1 所示，当钢筋笼吊入模板后，分别采集了衬砌管片钢筋笼 4 个方向的最外层钢筋外边缘至钢模板内壁的距离，包括：外面、内面、轴向侧面以及径向侧面。

保护层厚度统计表如表 3-4-1 所示。保护层厚度共有采样数据 2088 个，最小值为 43mm，平均值为 56.92mm，中位数为 58mm，满足保护层厚度大于 40mm 的要求。因此本项目的衬砌管片从生产上符合耐久性标准要求。

保护层厚度统计表　　　　　　　　　　表 3-4-1

采样数据（个）	最大值（mm）	最小值（mm）	平均值（mm）	中位数（mm）	标准差
2088	87	43	56.92	58	9.177

2. 结构耐久性监测方案

海底隧道管环总数为 470 环，考虑隧道在两端的管环皆在陆地上，耐久性风险较低，且前后两端的各 20 个管环内置钢板，因此，在隧道的前 85 环以及最后 85 环并未设置科研检测管环。为了保障隧道结构的耐久性安全，在隧道中间的 300 环管环中，每隔 20 环设置 1 环科研管环进行耐久性监测（图 3-4-2）。为保证监测结果可靠性，在每个科研管环内选择两块管片埋入耐久性监测传感器。

为实现结构耐久性监测，采用预埋传感器的方式在每个科研管片中放置全套的耐久性传感器。包括 Ag/AgCl 电极、MnO_2 固体参比电极、阳极梯、温湿度传感器以及应变片，从而对隧道衬砌管片进行钢筋锈蚀、氯离子浓度、温湿度以及

应变变形的监控。在科研管片钢筋笼吊入模板之前,将整套传感器分别绑扎在钢筋笼的适宜位置,然后,完成科研管片的浇筑,实现传感器的预埋工作。在完成浇筑、拆模、养护后,衬砌管片被安装在指定位置,当隧道整体结构施工完毕、完成接电工作后,可找到对应科研管片,将数据采集装置连接至传感器。

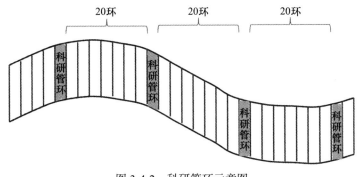

图 3-4-2　科研管环示意图

3.4.2　传感器生产及安装

1. 传感器的生产开发

搜博 S78 系列温湿度传感器内部使用了 SHT20 芯片,具有较高的温湿度测量精度,内置 RS485 通信端口并支持 MODBUS—RTU 通信协议。本项目使用防水 PVC 外壳将温湿度传感器的外壳替换,此外,在传感器内部电路板上覆涂防水胶,保障传感器在混凝土浇筑养护过程中不会因接触水而发生损坏。

氯离子传感器使用 Ag/AgCl 电极,具有自身电位与所在环境氯离子浓度呈线性关系的特点,可以根据电极电位反推环境中氯离子的浓度,而电极电位可通过测量电极与参比电极间的电位差获得。为了使脆弱的 Ag/AgCl 电极更加适用实际工程,将定制的 Ag/AgCl 电极插入塑料试管,再在试管内填充塑料纤维水泥砂浆,待水泥水化凝固后再投入使用。通过该方式形成的水泥砂浆外壳具有较高的强度,内部掺入的聚合物纤维极大提高了外壳的韧性,此外,由水泥砂浆材料制备的传感器在混凝土结构中应用时具有良好的界面兼容性。

阳极梯可以用于钢筋的锈蚀监测,判断钢筋的锈蚀概率。利用半电池电位法采集阳极梯中每个阳极钢筋段与参比电极间的电位差,当阳极梯的电位显著增长时即代表该段阳极钢筋较大概率发生锈蚀。梯状结构垂直布置于管片结构中,各深度的阳极钢筋电位发生变化,可以反映管片结构发生锈蚀的位置。阳极梯的制备是将定制的钢筋与导线利用铜端子连接后用锡焊焊接,再裹上一层金属胶,并用电工胶布二次密封,防止连接处发生锈蚀。然后,将封装好的钢筋件与铝合金梯架组装,浇入塑料纤维水泥砂浆,待水泥水化凝固后产生强度。

使用了日本进口应变片，具有体积小、精度高的优点。由于应变片本身易损，因此除了在每只应变片上覆涂多层胶外，在每个科研管片安装 4 个应变片。耐久性监测传感器见图 3-4-3。

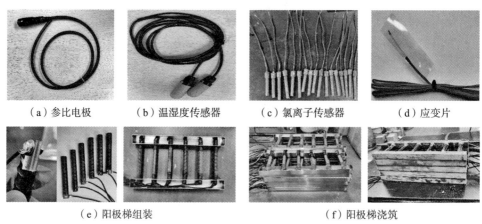

（a）参比电极　　（b）温湿度传感器　　（c）氯离子传感器　　（d）应变片

（e）阳极梯组装　　　　　　　　　　（f）阳极梯浇筑

图 3-4-3　耐久性监测传感器

2. 传感器的安装

在将传感器安装在管片钢筋笼的过程中主要面临两个问题：

一方面，如何将传感器绑扎固定牢固。在管片混凝土浇筑过程中（图3-4-4），拌和完成的混凝土在储存罐中通过气阀操控浇入下方的钢模中。在该过程中，大量的混凝土从空中浇下灌入模板，如果无法保证传感器绑扎牢固，极易在该过程中被流动的混凝土冲散。此外，在浇筑后还有振捣的工序，施工人员将振动棒插入混凝土中振捣，如果不能保证传感器绑扎牢固，传感器亦会被损坏。

图 3-4-4　浇筑混凝土

另一方面，传感器的绑扎过程中还需要注意密封问题。绑扎在钢筋笼上的传感器在浇筑过程中是直接接触搅拌混凝土的，如果不能做好密封防水，在浇筑后传感器会失效。另外，在管片的养护工序中，所有管片将放入水池中进行水下养护，如图 3-4-5 所示。该过程将持续 28d，因此，如传感器的密封防水出现问题，容易对传感器造成损坏。

图 3-4-5　管片水下养护

如图 3-4-6 所示，对较脆弱的传感器（如 Ag/AgCl 电极、应变片、参比电极），使用电工胶布将传感器整体绑扎在对应钢筋上。对部分出现松动的钢筋，也使用电工胶布对钢筋搭接点进行加固。为保证传感器密封性，使用电工胶布对传感器与导线的接线处紧密缠绕封装。此外，在管片中埋入的所有传感器留出的线头都使用密封袋封存于一个接线盒中，为了使该接线盒尽可能贴近管片内表面从而最终方便打开，使用多根铁丝将接线盒绑扎固定，将接线盒固定在钢筋笼内表面。

（a）绑扎传感器　　　（b）绑扎阳极梯　　　（c）粘贴应变片　　　（d）绑扎参比电极

（e）绑扎接线盒　　　　　　　　　（f）入模钢筋笼

图 3-4-6　传感器的安装与绑扎

为避免传感器在管片浇筑混凝土的过程中有损坏，传感器在钢筋笼上绑扎的点位亦是经过谨慎考虑，各套传感器被固定在钢筋笼中靠近两边的位置，同时在钢筋上也选择与钢筋并排绑扎的方式，使钢筋在混凝土浇筑过程中挡在传感器之前接受冲击，防止混凝土浇筑时直接对传感器造成冲击，而损坏传感器。

3.4.3 信号采集系统开发

1. 信号采集系统

开发的结构耐久性监测信号采集系统，如图 3-4-7 所示。其主要功能包括信号采集、储存、传输。

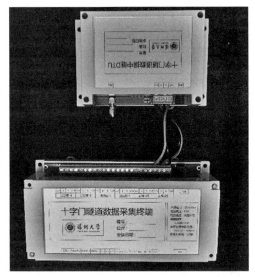

图 3-4-7 十字门隧道耐久性监测信号采集系统

2. 各通道测试结果

（1）温湿度通道测试

项目中使用较为成熟的 RS—485 接口温湿度传感器，经测试接入采集设备后可准确采集温湿度数据，并显示。

（2）电压通道测试

采集 Ag/AgCl 电极与参比电极间的电压值，进而可以根据电压值计算结构内氯离子浓度。在测试过程中，使用恒定电压模组接入设备的电压采集通道，经长期测试，设备可以稳定采集恒定电压值。

（3）应变通道测试

为校准信号采集系统应变通道，进行钢筋拉拔测试。将两块应变片紧邻粘贴于钢筋中点，默认两应变片在拉拔试验过程中产生应变相同。试验前，将一块应变片连接在信号采集板,将另一块应变片连接在东华信号采集仪作为校准工具。试验过程中,采用位移控制,分级加载的方式进行测试,每次拉伸位移为0.5mm,每次拉伸过程结束,位移保持60s,再进行下一次拉伸。

应变通道测试结果如图3-4-8所示。当前云平台上显示数值皆为采集的原始电压值,后续调整为各物理量实际值,因此,本结果为微应变—电压图。对采集数据进行线性拟合,可看出信号采集系统采集的电压值数据与购买的东华信号采集仪采集的应变值呈明显线性关系,R^2值为0.9986,可以认为该采集系统应变通道数据基本准确。

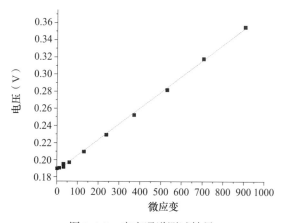

图3-4-8 应变通道测试结果

(4)电阻率通道测试

电阻率通道前后进行两次测试,将信号采集系统的电阻率通道与采购的神州华测H1电阻率仪进行对比测试。第一次将两仪器分别接入到10kΩ的标准电阻板进行测试,采集电阻率数据,第二次采用混凝土构件开展原位测试(图3-4-9),使用两仪器分别测试构件同一位置的电阻率数据。通过对比两次试验中采集的电阻率数据,证明电阻率通道正常工作。

图3-4-9 电阻率通道原位测试

3.4.4 物联网云平台

物联网云平台登录页面如图3-4-10所示。该平台用于十字门隧道项目耐久性监测数据的存储与显示，支持数据传入云存储服务器，可进行数据访问，提供数据显示，提供将数据导出为 Excel 文件的功能。通过该平台可实现监测数据的实时上传、存储和在线监测，避免数据监测人员日常的线下工作，同时，也避免数据的丢失，提高了数据的安全性。支持阈值报警功能，当所监测的数据达到设置阈值时，该平台可通过短信与微信及时报警。

图 3-4-10 物联网云平台登录页面

3.5 本章小结

本章针对结构耐久性监测，开发了适用于混凝土工程的传感器，优化了传感器的设计，创新性地加强了安装牢固性和防水密闭性，实现了结构耐久性的无线监测。得到相关结论和建议如下：

（1）改造开发了一套用于结构耐久性监测的传感器，使传感器更加适用于混凝土工程。在阳极梯以及 Ag/AgCl 电极的制备过程中，使用掺入聚合物纤维的水泥砂浆作为阳极梯各阳极钢筋的封装材料以及 Ag/AgCl 电极的外壳材料，提高了传感器强度以及与混凝土材料的兼容性。

（2）在传感器的埋入过程中，在提高传感器安装的牢固性以及防水密闭性上进行了创新。一方面选择背向混凝土流动的方向，与钢筋并排紧密绑扎，在混凝土浇筑过程中使钢筋为传感器阻挡冲击；另一方面使用扎带加电工胶带的方式将传感器紧密缠绕绑扎在钢筋上，避免传感器在混凝土浇筑以及振捣的过程中受损。

（3）开发结构耐久性监测信号采集系统以及物联网云平台，实现了结构耐久性的无线监测，大大降低后期系统的运维成本，使监测数据实时更新，清晰展示。存储在服务器的数据还提高监测系统的安全性，避免数据的丢失。信号采集系统以及物联网与平台的开发推动结构耐久性监测在工程应用上的发展。

第4章 大直径小曲率盾构隧道抗震设计

本章以十字门隧道中间段为背景，基于室内三轴试验参数并结合有限元软件，采用动力时程分析法研究具有液化土的复杂海底地层中大直径盾构隧道的地震响应。选取海底段地区的地层数据，在动力时程分析中建立隧道穿越上面主要是软土和下面主要是砂土的地层模型。研究隧道不同埋深砂土层、软土层孔隙水压震中和震后的发展，判断砂土的液化情况、隧道衬砌内力变化和上浮情况。通过振动台试验结果分别从孔隙水压力、加速度响应、节点变形、模型结构宏观破坏等探究超大直径盾构隧道在饱和砂土地层中的地震响应特征与机理。

4.1 区域地质构造特征

十字门隧道位于香洲区南湾片区和横琴新区，南临南海，位于亚欧板块、印度洋板块和太平洋板块交接处，属于地震多发区且大范围存在淤泥质软土地层。

珠海市位于珠江三角洲的中南部，位于珠江口西岸。地质构造属于中国东部新华夏系第二隆起带和南岭纬向构造带的复合部位，也是华夏地向斜向东南延伸的一部分。在该场地附近范围内分布有重要断裂带，根据区域地质资料，重要断裂带未经过拟建场地。根据勘察结果，拟建场地未发现断裂构造迹象，地质构造对场地稳定性影响程度弱，因此，场地是稳定的。拟建工程沿线区域受区域地质构造控制和人为工程、商业活动的影响，区域内的地层主要由上部的覆盖层和下伏基岩构成。区域内的第四系覆盖层主要为人工堆积成因的素填土，沿线发育第四系海陆交互相沉积的淤泥、粉质黏土、粗砂、淤泥质土及砾砂层，下部发育第四系残积成因的砂质黏性土层。下伏基岩为燕山期花岗岩。考虑风化对基岩物理力学性能造成的影响，将区域内的基岩分为全风化花岗岩、强风化花岗岩和中风化花岗岩层。

区域内淤泥质软土的特殊结构使其性质既不同于软土，也不同于淤泥质土体。淤泥质软土一般形成于沉积环境中，在几万年的波浪循环荷载作用下形成特定结构。与其他软土相比，珠海横琴地区的淤泥质软土具有明显不同的力学特性,尤其是其中的砂粒主要由多孔质贝类组成。液化现象是土体在地震中土颗粒密实化导致孔隙水压力急剧增加的情况,在饱和砂土中,液化现象是一种常见的自然灾害。在地震作用下,孔隙水压力的急剧上升无法迅速消散,产生土颗粒悬浮的液化现象。因此,开展具有液化土的复杂海底地层大直径盾构隧道的地震响应研究具有重要意义。

4.2 海底淤泥质砂土液化特性研究

4.2.1 试验方案设计

1. 试验仪器与土样

采用英国 GDS 土体多功能三轴试验系统,如图 4-2-1 所示。该系统可实现固结、单调及循环荷载等多种加载模式,加载频率为 $0.01\sim2.0\text{Hz}$,轴向荷载量程为 4kN,压力控制精度为 1kPa。其 DYNTTS 模块具有自适应控制能力,能够显著改善动应力控制时装置的加载能力。

图 4-2-1 英国 GDS 土体多功能三轴试验系统

研究所选取的土样主要来自于珠海横琴地区的淤泥质砂土。通过工程现场取样,土样埋深为 $14.5\sim15.0\text{m}$ 处,土体呈现灰黑色,饱和流塑状态,自然密度为 1.60g/cm^3,天然含水率为 69.70%,相对密度为 2.74,初始孔隙比为 1.080。参考《土工试验方法标准》GB/T 50123—2019 规定的试验方法,对淤泥质砂土样品进行孔隙比试验、液塑限试验、击实试验、筛分试验等物理特性测试。

根据测试结果显示:土样的液限为 18.18%,塑限为 14.21%,塑限指数为 3.975,液性指数为 0.54。土料的最大干密度为 1.838g/cm^3,最小干密度采用自由下落装样测出 1.255g/cm³，最优含水率约为 13%。对该土样进行了土粒径分析，其级配曲线如图 4-2-2 和表 4-2-1 所示，该土样为可塑状粉质黏土，土样颗粒粒径分布不均匀，级配良好，粉粒、黏粒等细颗粒含量较高。图 4-2-3 为原状淤泥质砂土电镜扫描图像，可以看出土样中除砂粒外广泛分布海洋多孔状贝壳物质。

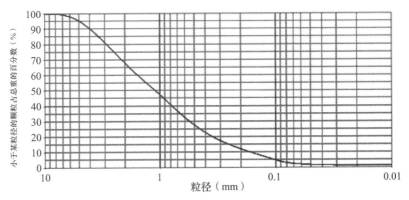

图 4-2-2 淤泥质砂土级配曲线

淤泥质砂土粒径组成　　　　　　　　　　表 4-2-1

试样名称	小于某粒径（mm）的颗粒含量（%）							不均匀系数	曲率系数
	5.0	2.0	1.0	0.5	0.25	0.1	0.075		
淤泥质砂土	100	66.86	47.73	26.01	13.85	5.17	1.31	8.94	1.16

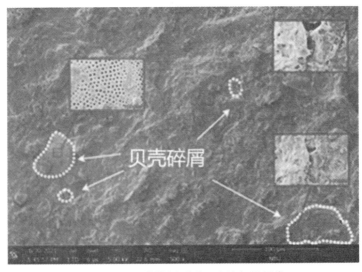

图 4-2-3 原状淤泥质砂土电镜扫描图像

2. 动三轴试验方案

饱和土体的振动液化过程是指动荷载作用下土体结构逐渐破坏，孔隙水压力逐渐增加，有效应力逐渐降低，最终转化为液态的过程。土体结构的累积破坏和孔隙水压力的不断增长是两个必要条件。为研究相对密实度、固结围压、动应力比和加载频率对饱和淤泥质砂土的孔隙水压力、应变发展、有效应力路径及动强度特性影响，选取相对密实度 D_r 分别为 0.3、0.5、0.7，固结围压分别为 50kPa、100kPa、150kPa，动应力比 CSR 分别为 0.10、0.15、0.20，振动频率 f 分别为 0.02Hz、0.2Hz 和 1.0Hz。试验采用应力控制的正弦波加载，加载在给定的固结围压下，通过给予不同的动应力幅值，获取不同动应力比，其中，动应力比定义如式（4-2-1）所示。

$$CSR = \frac{\sigma_d}{2\sigma'_{3c}} \qquad (4\text{-}2\text{-}1)$$

式中，σ'_{3c} 为固结围压，σ_d 为轴向应力。

试验分为原状土和重塑土两种试样制备。试验所用的原状土为正常固结土，埋深 10~15m，原位的竖向压力 60~100kPa，试验中的原状土固结围压选取为 100kPa，保证土样处于正常固结状态，避免超固结影响。原状试验通过切土器先切割成直径 50mm，高度为 100mm 的圆柱进行动三轴试验。重塑土根据土样的级配占比，配置和原状样相同的级配曲线土料，试样制作采用空中落砂法，制作试样高度为 100mm，直径为 50mm。分为五层依次进行漏砂、击实、刮毛逐层制样，每层所需的颗粒粒径要单独配置，每层高度为 20mm。原状土和重塑土试样制备过程见图 4-2-4。

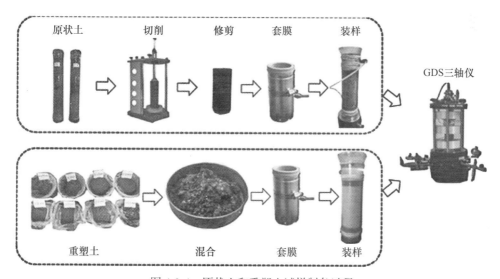

图 4-2-4 原状土和重塑土试样制备过程

完成制备后，为了使试样达到饱和状态，首先，通入 30min 的 CO_2 置换土体中的空气；然后，从试样底部通入无气的水，直至试样气体全部排出不再产生气泡；最后，进行分级反压饱和，使土体内的残余 CO_2 融入水中并检查孔压系数 B 值。当 B 达到 0.95 以上时，认为试样满足饱和度要求，再进行后续动力试验。对于饱和砂土初始液化的判定，一般以孔隙水压力达到初始有效固结压力或者双幅轴向应变达到 5% 作为液化破坏标准。由于本研究的土样为淤泥质砂土，既有砂土特性，也有黏性土特性，所以以试样孔隙水压力初次达到围压最大值作为液化判别标准。

3. 微观试验方案

为进一步分析泥砂的液化特性，进行微观试验研究，并结合宏观三轴试验结果与微观图像分析进行讨论。SEM 样品制备流程如图 4-2-5 所示。在相同条件下制备土样后，三轴试验前制备的 SEM 样品称为非液化试样，动态三轴试验后制备的 SEM 样品称为液化试样。将三轴试验前未液化试样的孔隙率作为初始孔隙率，与三轴试验后液化试样的孔隙率进行对比。通过 SEM 电镜扫描获取不同倍数的土体颗粒及孔隙微观结构，经过 SEM 扫描后，出现灰度（由深到浅的颜色是逐渐减小的，在孔隙底层，颜色最深，在孔隙敞口处，颜色最浅）。

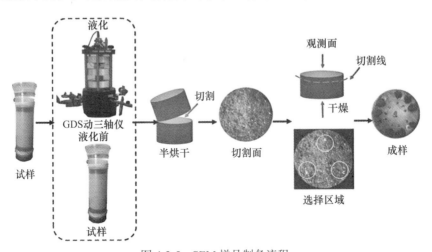

图 4-2-5 SEM 样品制备流程

从统计学角度看，孔隙熵是与系统混沌相关的状态函数，定义是：评价液化或其他外部因素扰动后土体颗粒孔隙变化的均匀性。根据 Boltzmann 定义，采用孔隙熵的概念描述循环荷载作用下液化后土体颗粒的无序程度。可以定性地认为，熵值小的状态对应的是相对有序的状态，熵值大的状态对应的是相对无序的状态。SEM 图像示意图及孔隙率计算过程如图 4-2-6 所示。相对孔隙率计算公式如式（4-2-2）～式（4-2-4）所示，孔隙熵计算公式如式（4-2-5）所示。

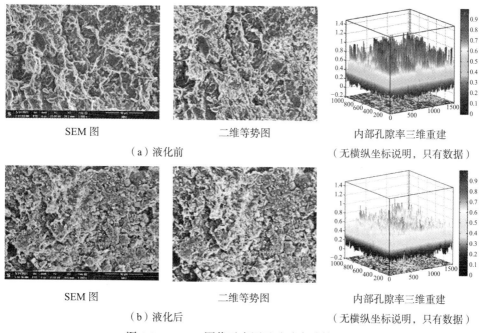

图 4-2-6 SEM 图像示意图及孔隙率计算过程

$$e = \frac{V_{\mathrm{v}}}{V_{\mathrm{s}}} = \frac{\gamma_{\mathrm{s}}(1+\omega)}{\gamma} - 1 \quad (4\text{-}2\text{-}2)$$

$$n = \frac{1-V_{\mathrm{s}}}{V} \quad (4\text{-}2\text{-}3)$$

式中，V 为整体范围体积，V_{s} 为范围内单位土体体积，ω 为含水率，见式（4-2-4）。

$$V_{\mathrm{s}} = \sum_i V_i = \sum_i S_i \cdot \Delta Y_i \quad (4\text{-}2\text{-}4)$$

式中，ΔY_i 为单元像素面积高度差，S_i 为对应阈值下灰度包围像素面积和，V_i 为单位像素内土体体积，$V_i = S_i \times \Delta Y_i$。

$$PE = -\sum_{\substack{m=1 \\ n=1}}^{M,N} H_{m,n} \ln H_{m,n} \quad (4\text{-}2\text{-}5)$$

式中，M、N 为图像像素水平面长和宽，H 为土体表面高度。

4.2.2 动三轴试验结果分析

1. 原状和重塑试样差异性

天然原状土是在沉积初期，由不同尺寸和形状的土颗粒错落有序地排列，形成具有一定孔隙的骨架组织，期间，土颗粒之间还会形成一定的胶结作用，这一胶结作用会随着时间的推移不断增强。骨架组织和胶结作用形成淤泥质砂土的结构性。试验中原状样的自然密度为 1.64g/cm³，重塑土样密度为 1.65g/cm³，可以看作原状样和重塑土样密度一致。试验宏观结果如图 4-2-7 所示，由图可知，原状土由于结构胶结作用液化后延性较好，破坏较小。

（a）液化前原状土

（b）液化后原状土

（c）液化前重塑土

（d）液化后重塑土

图 4-2-7　试验宏观结果

图 4-2-8 和图 4-2-9 分别展示了原状土结果和重塑土结果。孔压比计算见式（4-2-6）。

$$r_u = \frac{\Delta u_{max}}{\sigma'_{3c}} \quad (4\text{-}2\text{-}6)$$

式中，Δu_{max} 为最大孔隙水压力。

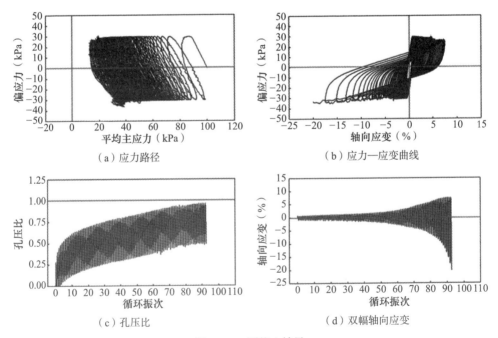

图 4-2-8　原状土结果

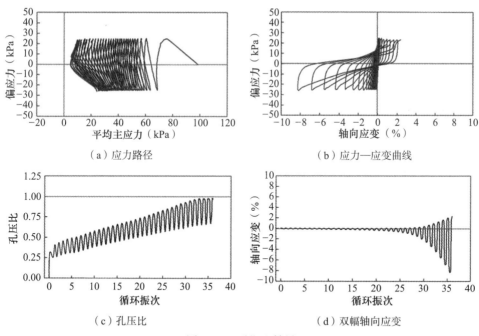

图 4-2-9 重塑土结果

从循环加载的结果可以看出，原状土和重塑土的有效应力路径形状相似，剪应力不断振荡，有效应力不断减小。然而，对比原状土和重塑土的有效应力路径曲线可以发现，重塑土试样的平均有效应力相比于原状土试样明显下降得更慢，原状土的应力路径更具有延展性，原状土相比于重塑土达到破坏需要的循环振次更多。由此可见，扰动后的重塑土相比于原状土在循环荷载作用下更容易出现液化现象。但是相比于标准砂来说，不管是原状土，还是重塑土，其抗液化能力都很强。

图 4-2-10 为原状土应力路径图。从图中可以看出，随着原状土向着破坏状态的发展，有效应力路径曲线的面积不断增大，且随着应力路径的发展，路径曲线越来越紧密。选取第 10 圈、第 50 圈和第 90 圈有效应力路径曲线分析，将同一偏应力轴线上，有效应力的最大值、最小值定义为有效应力宽度，用来描述有效路径曲线的变化特征。从图中可以看出 $d_1 > d_2 > d_3$（即 90 圈有效应力宽度 > 50 圈有效应力宽度 > 10 圈有效应力宽度），有效应力宽度随着循环次数增加而逐渐增大。由此提出应力路径曲线斜率 k 的概念，其为应力路径曲线最大有效应力和最小应力路径的连线，表示应力路径曲线的有效应力变化幅度，如式（4-2-7）所示。

$$k = \frac{q_{p'_{\max}} - q_{p'_{\min}}}{P'_{\max} - P'_{\min}} \quad (4\text{-}2\text{-}7)$$

式中，P'_{max} 为路径曲线中最大有效应力，P'_{min} 为路径曲线中最小有效应力，$q_{p'_{max}}$ 为路径曲线中最大有效应力对应的偏应力，$q_{p'_{min}}$ 为路径曲线中最小有效应力对应的偏应力。

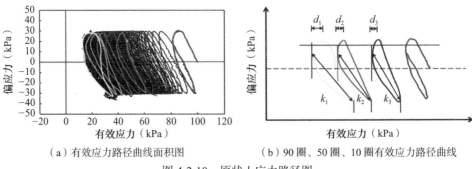

图 4-2-10 原状土应力路径图

图 4-2-11 为原状土孔压比曲线。土体的孔隙水压力与有效应力密切相关，动孔压的发展规律在土体动力特性研究中必不可少。动孔压中，主要分为三种：一种是最大孔压 u_m，用于考虑土体的瞬时强度；二是累计孔压（孔压中心值）u_o，用于分析土体的平均有效应力变化；三是振荡孔压（孔压幅值），用于分析单个循环周期内的土体强度变化。从图 4-2-11 中看出，初始阶段淤泥质砂土和标准砂一样，振荡孔压仅有单峰曲线，但是随着循环加载圈数增加，淤泥质砂土并不像标准砂一样出现双峰的 U 形曲线，这说明淤泥质砂土中淤泥的存在，使得土体的瞬时强度相比于标准砂土拥有较好的稳定性。

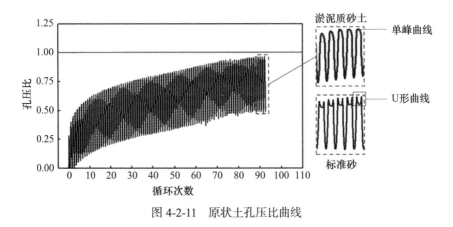

图 4-2-11 原状土孔压比曲线

2. 孔压比

图 4-2-12 是不同条件下孔压比曲线。从图中可以看出，相对密实度的增加，试样破坏所需的循环次数明显增加，这是因为随着孔隙水压力的上升，颗粒间

的接触作用力逐渐减小,但由于淤泥土的存在,会导致土体结构砂粒与淤泥土重组,使土体内部继续维持相对稳定,对孔压的增长起到抑制作用,淤泥质砂土相对于标准砂更难液化。随着 CSR 的增加,孔压比的累积速率更快,这与前人的研究结论一致。然而,不同固结围压下由于试验改变 σ'_{3c},为了保持 CSR 一致(CSR 值为 0.15),由式(4-2-1)可知需要增大 σ_d,所以当 σ'_{3c} 分别为 50kPa、100kPa 和 150kPa 的时候,对应的 σ_d 分别为 15kPa、30kPa 和 45kPa。从固结围压 50kPa 可以看出,虽然 σ_d 很小,但是由于 σ'_{3c} 也很小,其在前面几个循环就达到了很高的孔压比,但是低围压下孔压比到达所需循环振次更少。当其他外在条件相同时,高频作用下达到初始液化所需循环振次明显高于低频情况所需循环振次,说明高频作用下淤泥质砂土的抗液化强度得到提高。

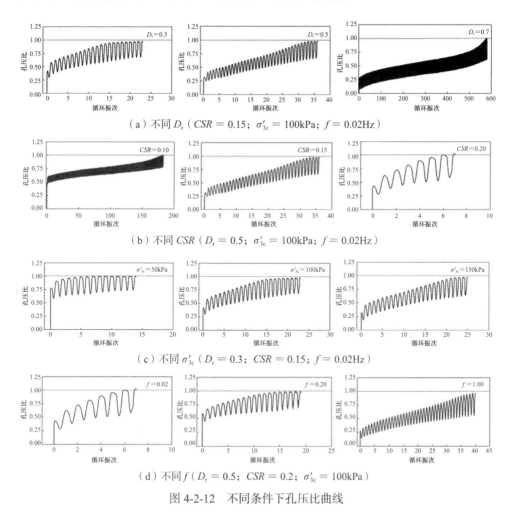

(a)不同 D_r($CSR=0.15$;$\sigma'_{3c}=100$kPa;$f=0.02$Hz)

(b)不同 CSR($D_r=0.5$;$\sigma'_{3c}=100$kPa;$f=0.02$Hz)

(c)不同 σ'_{3c}($D_r=0.3$;$CSR=0.15$;$f=0.02$Hz)

(d)不同 f($D_r=0.5$;$CSR=0.2$;$\sigma'_{3c}=100$kPa)

图 4-2-12 不同条件下孔压比曲线

3. 双幅轴向应变

如图 4-2-13 所示,淤泥质砂土的双幅轴向应变分为两个变形阶段,变形初期为线性递增,且增加的速率缓慢,但并没有像标准砂一样产生应变突然急剧增大的现象。究其原因,淤泥质砂土中存在的砂土颗粒形状不规则,表面粗糙,颗粒间接触点较多,且土体中存在大量的淤泥软土颗粒,能够缓冲加载的相互作用,使加载初期土体结构较稳定,土体结构只产生部分可恢复性弹性变形。第二阶段出现指数增长,双幅轴向应变开始迅速增加,土体很快达到液化状态。

从图 4-2-13 中可以看出,不同相对密实度和 CSR 的淤泥质砂土在加载初期均会产生明显的波动现象,随着循环振次的增加而逐渐变大直至土体液化。不同的是,随着相对密实度增加,第一阶段的时间持续较长,而 CSR 随着增加出现与相对密实度相反的现象。不同固结围压的双幅轴向应变,在低围压下第一阶段和第二阶段的变形不如中高围压明显,在 50kPa 围压下,土体的双幅轴向应变时间较短,整体应变变化相对均匀。当围压为 100kPa、150kPa 时,与其他变形一样出现两个明显的变形阶段。从不同频率的双幅轴向应变可以看出,随着频率增加,第二阶段变形期更长,因为频率的增加,土体的循环加载存在未完全的现象。

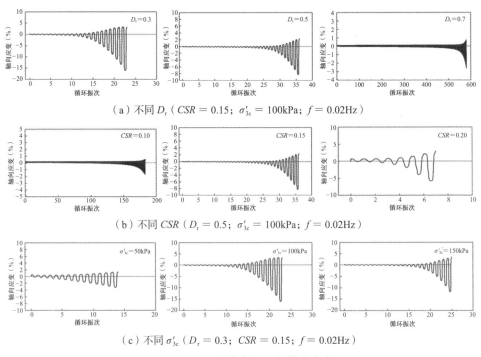

(a) 不同 D_r ($CSR = 0.15$;$\sigma'_{3c} = 100\text{kPa}$;$f = 0.02\text{Hz}$)

(b) 不同 CSR ($D_r = 0.5$;$\sigma'_{3c} = 100\text{kPa}$;$f = 0.02\text{Hz}$)

(c) 不同 σ'_{3c} ($D_r = 0.3$;$CSR = 0.15$;$f = 0.02\text{Hz}$)

图 4-2-13 不同条件下双幅轴向应变

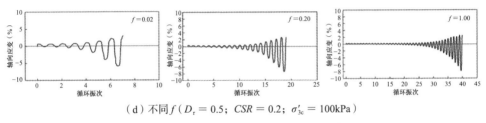

（d）不同 f（$D_r = 0.5$；$CSR = 0.2$；$\sigma'_{3c} = 100$kPa）

图 4-2-13　不同条件下双幅轴向应变（续）

4. 应力路径

有效应力路径是描述土体在外力作用下有效应力变化过程的一种方法，可以反映土体的动力特性。淤泥质砂土由于淤泥的存在，有效应力 p 并没有完全降至 0，且降低到接近 0 后逐渐稳定，同时产生明显的流滑变形。图 4-2-14 为不同相对密实度的应力路径，可以看出：当相对密实度较小时，初始的有效应力的下降幅度较大，随着相对密实度的增加，初始降低幅度逐渐缩小，且随着相对密实度的增加，有效应力路径下降的速率显著降低。随着 CSR 的增加，与其他土样一样下降更快。当相对密实度和 CSR 改变时，有效应力的下降速率出现显著的变化。但是由于围压的原因，初始的 p 不一样，所下降的速率随着 CSR 也有变化，所以三种情况土样 p 的下降速率相对均匀。加载频率增大后，曲线在加载后期表现出震荡的特性，这是由于室内试验中，孔压传感器的位置是在试样底部，加之动应力和加载频率过大，试样内孔压分布不均，致使孔隙水压力的测量值出现一定误差，表现为震荡现象。所以在室内动三轴试验中，当加载频率过高时，需要考虑加载频率对于试样内孔压分布的影响。当试验过程中采用高频率时，淤泥质砂土中淤泥的缓冲性能较为明显，初始液化后淤泥质砂土仍具有一定的承载能力，淤泥质砂土相比于低频率的砂土临界线明显前移，说明高频作用下，砂土液化后，与变形速率相关的黏性效应起到重要作用，变形发展得到控制。

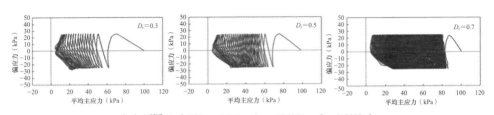

（a）不同 D_r（$CSR = 0.15$；$\sigma'_{3c} = 100$kPa；$f = 0.02$Hz）

图 4-2-14　不同相对密实度的应力路径

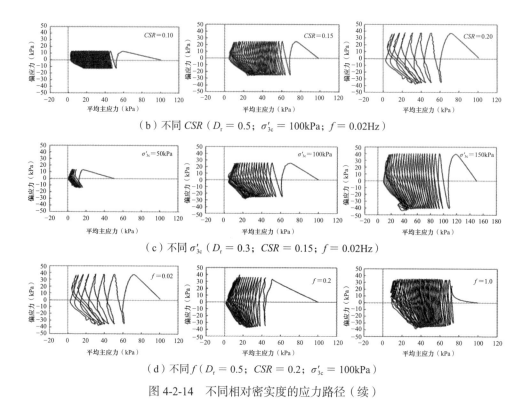

（b）不同 CSR（$D_r = 0.5$；$\sigma'_{3c} = 100\text{kPa}$；$f = 0.02\text{Hz}$）

（c）不同 σ'_{3c}（$D_r = 0.3$；$CSR = 0.15$；$f = 0.02\text{Hz}$）

（d）不同 f（$D_r = 0.5$；$CSR = 0.2$；$\sigma'_{3c} = 100\text{kPa}$）

图 4-2-14　不同相对密实度的应力路径（续）

5. 动力剪切强度

不同条件下应力—应变曲线见图 4-2-15。在循环荷载的作用下，曲线的形状基本一致，随着应变的增加，滞回曲线面积逐渐增加，且滞回曲线呈现下大上小的形状。在图 4-2-15 中，随着频率的增加滞回卷中上半部分的偏应力出现下降，与应力路径提到的黏性效应一致，由于淤泥的存在导致在高频率的作用下土体受力不完全。

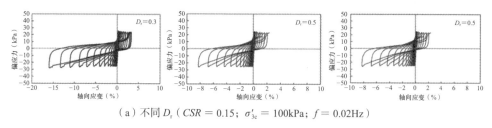

（a）不同 D_r（$CSR = 0.15$；$\sigma'_{3c} = 100\text{kPa}$；$f = 0.02\text{Hz}$）

图 4-2-15　不同条件下应力—应变曲线

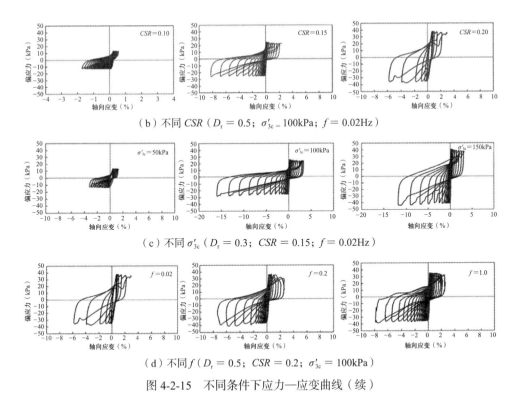

图 4-2-15 不同条件下应力—应变曲线（续）

动弹性模量和阻尼比都是重要的动力学参数，动弹性模量反映土体的动应力—动应变的关系。在循环加载的过程中，淤泥质砂土会产生黏滞性，而黏滞性则被视为阻尼作用，可由滞回圈大小评估，如图 4-2-16 所示，图中 q 为偏应力，ε 为应变，N 为循环次数。阻尼作用可通过阻尼比 λ 来表征式（4-2-10）。根据图 4-2-15 的曲线分别计算不同工况下的淤泥质砂土的试样退化刚度及阻尼比，见式（4-2-8）～式（4-2-10）。

$$E_{\mathrm{d}} = \frac{\sigma_{\mathrm{dmax}} - \sigma_{\mathrm{dmin}}}{\varepsilon_{\mathrm{dmax}} - \varepsilon_{\mathrm{dmin}}} \quad (4\text{-}2\text{-}8)$$

$$\delta = \frac{E_n}{E_1} \quad (4\text{-}2\text{-}9)$$

$$\lambda = \frac{S}{4\pi A} \quad (4\text{-}2\text{-}10)$$

式中，E_n 为第 n 圈的动弹性模量，E_1 为第 1 圈的动弹性模量，S 为滞回圈面积，A 为三角形面积。

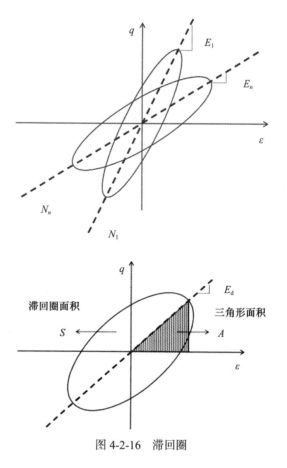

图 4-2-16　滞回圈

为评估淤泥质砂土的土动力特性，分别对不同因素下淤泥质砂土动弹性模量和阻尼比进行计算，动强度退化曲线如图 4-2-17 所示。从图 4-2-17 中可以发现，所有试样的动强度退化曲线分为三个阶段：第一阶段动强度下降十分微小，土体在此阶段具有较大的强度，不同因素会影响第一阶段的持续时间，相对密实度和动应力比的影响最为显著，随着密实度的增加和动应力比的减小，试样第一阶段的时间呈指数增加，固结围压和加载频率的增加也会增加，将第一阶段拐点推移；第二阶段动强度出现急剧退化，试样处于半液化与液化状态；第三阶段为动强度平缓阶段，刚度退化至 0.1 左右后出现了维持现象，随着加载的进行，刚度出现较小的波动直至稳定。不同相对密实度和 CSR 对刚度退化敏感性更强，随着相对密实度的增加和 CSR 的减小，第一阶段的持续时间不断延长，不同固结围压和加载频率的影响相对较小。

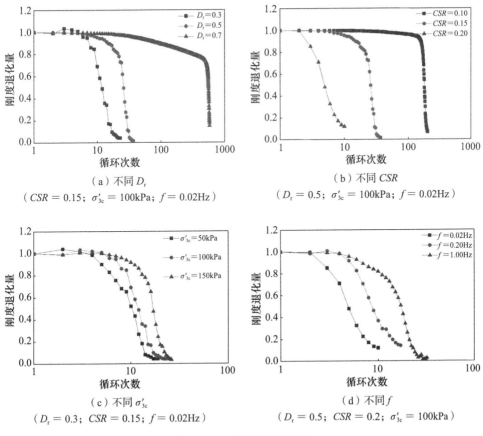

(a) 不同 D_r
($CSR=0.15$；$\sigma'_{3c}=100\text{kPa}$；$f=0.02\text{Hz}$)

(b) 不同 CSR
($D_r=0.5$；$\sigma'_{3c}=100\text{kPa}$；$f=0.02\text{Hz}$)

(c) 不同 σ'_{3c}
($D_r=0.3$；$CSR=0.15$；$f=0.02\text{Hz}$)

(d) 不同 f
($D_r=0.5$；$CSR=0.2$；$\sigma'_{3c}=100\text{kPa}$)

图 4-2-17 动强度退化曲线

淤泥质砂土的阻尼比计算结果如图 4-2-18 所示。从图 4-2-18 中可以发现，所有试样的阻尼比曲线分为三个阶段：第一阶段随着循环荷载的作用，土体处于弹性变形，阻尼比在此时迅速上升，达到一定数值情况下，阻尼比出现下降的波动。对照双幅轴向应变曲线，可以发现波动阶段基本与双幅轴向应变的迅速增长期一致，说明淤泥质砂土存在一个特定应变阶段，将此作为淤泥质砂土的初始液化发展起始点，应变为 0.5%~2%，此时阻尼比的值主要在 0.35~0.55。在此阶段后，土体开始在少数循环作用下达到液化，阻尼比出现线性增长。

由图 4-2-18，可以看出越容易出现液化的工况，在相同应变情况下阻尼比数值也越大。低围压作用下的土体，在第一阶段就表现出了阻尼比的差异性，相比高围压的土样有着较高的阻尼比，且在低围压的工况下，阻尼比的变化波动相对较大。高频率的试样从第一阶段进入现象增长阶段的过程较长，中间的下降波动阶段出现几个循环后才开始上升，这也是由于淤泥质砂土在高频率作用下淤泥的缓冲作用使得土体颗粒在未作用完全情况下马上进入下个循环作用，导致孔隙水压力难以上升达到液化。

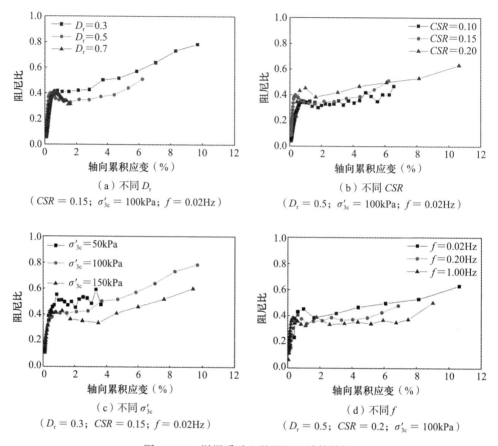

图 4-2-18 淤泥质砂土的阻尼比计算结果

4.2.3 细观观测结果分析

1. 孔隙率

不同试验条件下试样孔隙率变化见图 4-2-19。不同的相对密实度意味着制备试样的初始孔隙不同，不同相对密实度土体经过液化后孔隙率均减小，相对密实度越大，孔隙颗粒排列愈紧密，液化后土体孔隙率减小量越小，孔隙率变化幅度与试样相对密实度为反比。不同动应力比和固结围压对土体液化孔隙率变化趋势一致，均为液化后土体孔隙率呈下降趋势，且随着动应力比和固结围压的增加，孔隙率变化幅度也增加，表明土体孔隙率变化与液化过程强度存在相关性。在不同加载频率的液化过程中，液化后土体孔隙率均出现下降，但是变化幅度与荷载频率未出现明显的相关性，给宏观试验中频率对应的加载不完全提供了合理的解释，在高频作用下土体内部土颗粒可能存在颗粒间未作用完全的现象。

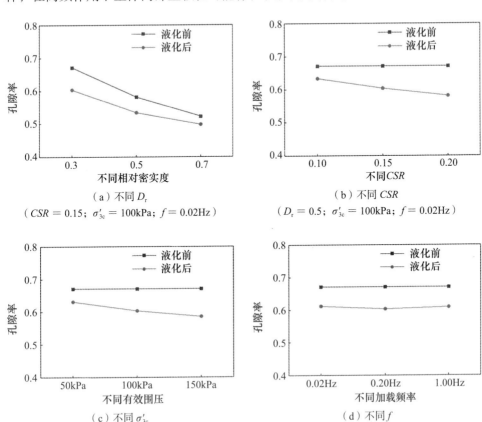

图 4-2-19 不同试验条件下试样孔隙率变化

2. 孔隙熵

孔隙熵是反映试样内部结构颗粒液化前后颗粒排列均匀程度的量化表征，不同试验条件下试样孔隙熵的变化见图 4-2-20。不同相对密实度经过液化后孔隙熵均出现增加，说明相对密实度越大，孔隙颗粒排列愈发紧密，液化后土体抵抗变化能力越强，符合相对密实度越大抗液化能力越强的宏观现象。不同动应力比和加载频率对土体液化颗粒变化趋势一致，均为液化后孔隙熵呈上升趋势，且随着动应力比和固结围压的增加，孔隙率变化幅度也增加，两者分别是振动幅度和振动频率带来的强变化。孔隙率在不同固结围压的液化过程中，液化后土体变化跨度均出现增加，但不同的是，随着固结围压的增加，孔隙熵的变化幅度出现负相关现象，这是由于高固结围压作用下 CSR 增大，在高 CSR 的作用下，土体颗粒间会出现较大的波动。

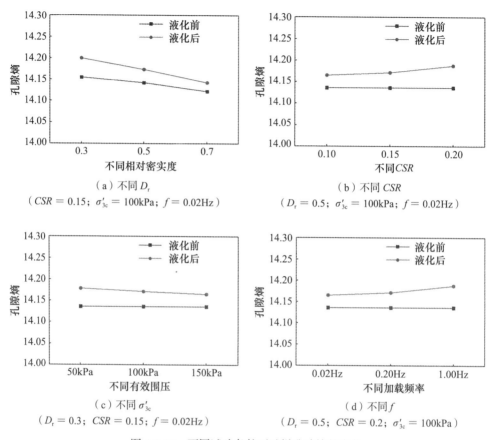

图 4-2-20 不同试验条件下试样孔隙熵的变化

4.3 饱和地层—隧道动力响应特征与机理研究

4.3.1 振动台试验设计

1. 试验装置和模型相似比

振动台台面尺寸为5m×5m，最大载重量为30t，采用液压加载，可同时进行水平和垂直振动。振动台最大倾覆力矩为750kN·m，最大水平位移为1000mm，水平最大加速度为20.4m/s^2，最大水平速度为1.5m/s，工作频率为0.5～100Hz。在振动台上安装一个层流剪切箱容纳土体和模型。箱体内包含15个钢框架，尺寸为3.5m×2.2m×1.7m（长、宽、高），框架可在纵向和横向自由移动。

研究采用了由 Buckingham π 定理推荐的标度律。根据模型结构的特点，选取各种基本物理量，选取几何尺寸、等效密度和弹性模量作为基本物理量。由于试验中无法满足所有参数的相似关系，需重点关注主要参数，忽略次要参数。根据振动台的承载能力和剪切箱的尺寸，试验中采用的几何相似比为1:25，预设加速度相似比为1:1。表4-3-1是振动台试验的相似比。

振动台试验的相似比　　　　　　　表4-3-1

内容	物理量	符号	相似关系	相似比
几何性质	几何尺寸	l	s_l	1/25
	线性位移	s	$s_s = s_l$	1/25
材料属性	等效密度	ρ	s_ρ	1/2.5
	弹性模量	E	$s_E = s_l s_\rho s_a$	1/15
	泊松比	μ	$s_\mu = 1$	1
动力特性	应力	σ	$s_\sigma = s_E$	1/15
	应变	ε	$s_\varepsilon = 1$	1
	加速度	a	s_a	1
	速度	v	$s_v = s_l^{1/2} s_a^{1/2}$	1/5
	频率	f	$s_f = s_l^{-1/2} s_a^{1/2}$	5
	时长	t	$s_t = s_l^{1/2} s_a^{-1/2}$	1/5

2. 地层与模型结构

有机玻璃的特点是弹性模量较低，泊松比接近混凝土材料，适用于弹性模型的制作，可用于复杂结构的动力特性和多遇烈度地震下的动力响应。本章的主要重点在大直径盾构隧道的管片节点，因此采用有机玻璃制作超大直径盾构隧道管片，然后进行模型拼装。最终根据相似比设计的隧道模型为外径600mm，管片厚度为26mm，管片单环宽度为80mm。标准块管片环向预留2个螺栓孔，纵向预留3个螺栓孔。封顶块环向预留2个螺栓孔，纵向预留1个螺栓孔，螺栓孔孔径均为7mm。管片与管片采用螺栓连接，管片与管片接触面均设置橡胶垫。隧道管片尺寸示意图如图4-3-1所示。每9个标准块管片和1个封顶块管片组成一环完整的隧道结构，每环隧道结构与实际盾构隧道相同，采用错缝拼装（图4-3-2），最终隧道结构总共为18环。

为了解决振动过程中剪切箱的渗水问题，试验中采用内侧防水囊＋外侧防水囊的布置（图4-3-3）。地基土分为3层：表层为黏土，厚度为200mm；中间为饱和砂土，厚度为1200mm；底层为石子，厚度为100mm。隧道结构的覆土为

200mm 黏土和 300mm 饱和砂土。采用分层法对地基土进行制备，每层土厚度控制为 100mm，每层土装好后压实刮平。提前在剪切箱角落预埋水管，将水管头埋置在底层石子中。待地基土和模型转载完成，通水饱和，水压往上渗透，在排气的同时进行地基土饱和。待观测到地基土表层完全被水渗透后静止 24h。

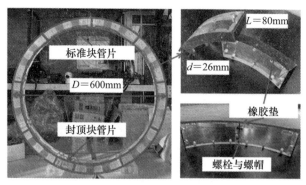

图 4-3-1　隧道管片尺寸示意图

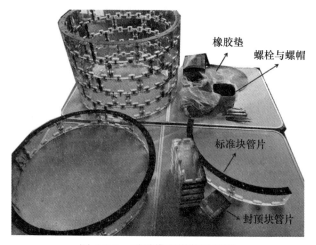

图 4-3-2　隧道模型拼装示意图

图 4-3-3　内侧防水囊＋外侧防水囊

模型装配如图 4-3-4 所示。模型土体由 100mm 砾石、200mm 厚的黏土层和 1200mm 厚砂土饱和土组成。图 4-3-5 为地基土体级配曲线，试验采用底部注水排气法制备液化地基。制备地基土时，在砾石地层处预留注水管道，通过注水将土层的空气从下往上排放。用此方法可以控制密实度和含水量。在地基土完成填筑饱和准备好后，静置处理 7d，模拟天然土体的固结过程。

图 4-3-4 模型装配

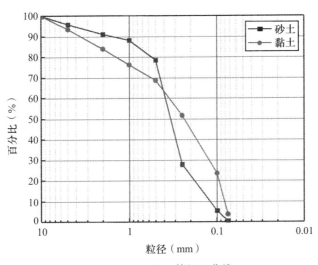

图 4-3-5 地基土体级配曲线

3. 布置传感器

在整个振动台试验过程中，安装了一系列传感器记录各种参数。如试验中测试模型地基的加速度、孔压和隧道模型应变的环间张开量。传感器布置示意图如图 4-3-6 所示，包括 12 个加速度传感器、10 个孔隙水压力传感器、10 个应变传感器、4 个位移传感器，分别记为 A、W、R 和 DD。在超大直径隧道模型中，在单环断面管片接缝处设置 10 个应变片监测结构响应，同时，在隧道断面设置 4 个拉线位移计对隧道圆形断面的洞径进行变形监测。

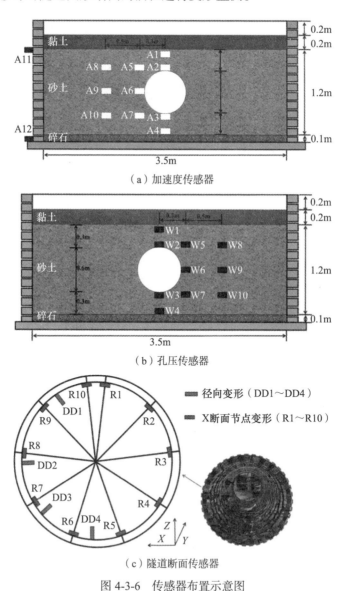

（a）加速度传感器

（b）孔压传感器

（c）隧道断面传感器

图 4-3-6　传感器布置示意图

4. 地震波选择和工况设计

选择有代表的 Kobe 波作为地震动输入。加载前采用 0.02g 的白噪声扫频，试验加载工况如表 4-3-2 所示。加速度时程与傅里叶谱图如图 4-3-7 所示。

大直径盾构隧道结构振动台地震试验加载工况　　　表 4-3-2

工况编号	振动方向	输入	工况代码	峰值加速度
1	X 轴方向	白噪声	B	0.02g
2	X 轴方向	Kobe 波	K	0.1g

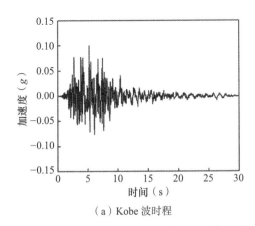
（a）Kobe 波时程

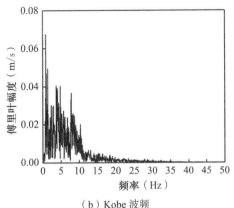
（b）Kobe 波频

图 4-3-7　加速度时程与傅里叶谱图

4.3.2　加速度响应特征

边界效应是振动台模型试验的一个重要因素，它直接决定试验结果的好坏。一般来说，层状剪切箱可以缓解振动台的边界效应。本研究用加速度对边界效应进行评估。将加速度计 A11 和 A12 分别放置在层状剪切箱左边界的底部和顶部，如图 4-3-6 所示。峰值加速度比在 0.945～0.972，接近 1，说明加速度响应相似，边界效应较小，本研究的试验设置可以很好地缓解边界效应。

图 4-3-8 和图 4-3-9 为不同埋深和不同水平位置加速度响应。可以看出，在地震作用下，加速度时程曲线形状与输入地震动有明显差异，响应加速度峰值随深度和位置的不同而变化。由于本研究的输入地震动加速度幅值较小，土体加速度响应与输入运动协调一致。A1 和 A4 的加速度峰值大于输入地震波，说明在低振幅低频的振动作用下，液化地基出现放大效应。在地震波能量主要积累时间内，随着输入地震动加速度幅值增大至加速度峰值，土体加速度较输入地震动具有明显的滞后性。

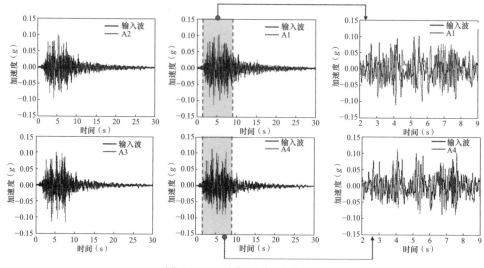

图 4-3-8　不同埋深加速度响应

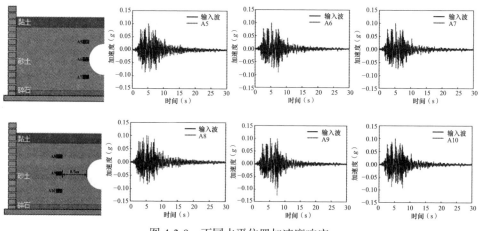

图 4-3-9　不同水平位置加速度响应

对图 4-3-10 不同埋深的加速度峰值分析。从图 4-3-10 中可以看出，地震波在经过隧道模型结构传播过程中，能量会衰减。但是，由于本研究所采用的地震波幅值较小，整体相差不大。A5、A6、A7 的加速峰值分别为 0.092g、0.074g、0.069g。相同埋深的 A8、A9、A10 的加速峰值分别为 0.098g、0.099g、0.087g。一般来说，相同埋深的情况下，加速度在靠近结构的位置比远离隧道结构位置的峰值小。由于地下结构与土体的接触面相当于不排水界面，饱和地层在地震作用下有孔隙水压力上升，在结构附近水压力的释放比其他位置慢，因此，孔隙水压在结构邻近位置累积较快。饱和土体局部最先出现液化，对地震波的能量存在耗散。同理在 A1～A4 的加速度上也有一样的结果。

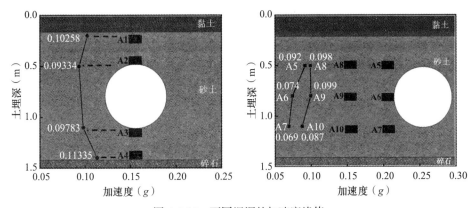

图 4-3-10　不同埋深的加速度峰值

4.3.3　隧道结构响应特征

对于圆形隧道，横向地震波会使隧道断面发生椭圆化变形。盾构隧道由管片和螺栓组成，在地震作用下，相邻管片接缝处是最薄弱环节，也是受到破坏的主要区域，相邻管片间的螺栓起防止管片间产生过大变形的重要作用。在管片环向受拉的时候，由螺栓提供环间拉应力；受压时，螺栓不再受力，由管片混凝土结构承担受力。

本研究基于拉线位移计对隧道模型的椭圆变形进行数据获取。针对隧道圆形断面布置四条测线 DD1、DD2、DD3、DD4，位置分别为 45°、90°、135°、180°，图 4-3-11 为隧道的椭圆变形结果。拉线位移计拉伸时数值为正，收缩时数值为负。各个测线的变形时程曲线与输入地震波加速度的时程曲线较符合，最大变形的时程点在加速度最大时程点附近。DD2 和 DD3 测线位置为拉伸，拉伸长度分别为 0.5173mm 和 0.2966mm，DD1 和 DD4 测线位置为收缩，拉伸长度分别为 -0.5164mm 和 -0.7471mm。隧道断面出现了椭圆变形，与过往研究进行了验证。变形呈竖向 45° 拉伸变形，最大变形未超过 1mm。

基于应变片对隧道模型的节点变形进行数据获取。本研究所采取的隧道模型为超大直径盾构隧道，每环为 10 块管片，由螺栓组成，在每 2 块相邻的管片之间贴上应变片。图 4-3-12 为隧道的节点变形结果。应变片为正，表示拉伸状态；数值为负，表示挤压状态。图 4-3-12 展示了隧道 4 个测点（R1、R3、R5 和 R8）的变形时程曲线。R1 的最大微应变为 139.90με，相对于其他节点位置变形较小。封顶块的管片比标准块要短，整体弧度小，导致提供的弯矩较小。R5 的微应变为 1433.22με。R3 和 R8 节点微应变分别为 -550.39με 和 -1729.45με，与图 4-3-11 的椭圆变形趋势相符合。

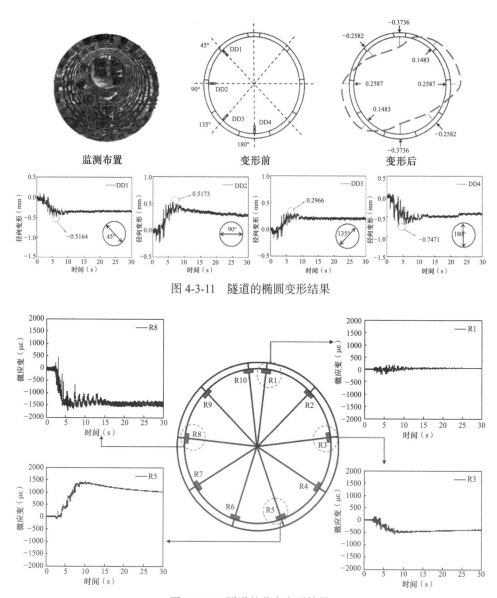

图 4-3-11 隧道的椭圆变形结果

图 4-3-12 隧道的节点变形结果

研究人员在管片受力状态和变形模式基础上考虑管片在等效轴力和弯矩共同作用下的变形机理。本研究为基于隧道椭圆变形和节点变形结果，发现传感器变形分为拉伸和压缩2种类型。隧道管片在未发生变形时候，相邻2块管片的接触面为水平接触。在发生变形后出现张开与挤压。因此，本研究将隧道结构在地震作用下响应的相邻管片2种不同的接触形式进行定义。将隧道节点的变形为正值定义为隧道内侧面张开变形，将隧道节点变形为负值定义为隧道外侧面张开变形。图 4-3-13 是隧道节点变形特征示意图。就 2 种张开变形的破坏形式而言，大直径盾构隧道整环的各节点地震响应变形与整体椭圆变形趋势一致。

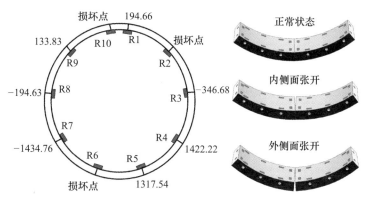

图 4-3-13 隧道节点变形特征示意图（单位 με）

4.3.4 孔隙水压响应特征

土体液化主要通过两种方法进行判断。一种方法是利用单循环剪切应变（2.0%～2.5%）或双循环剪切应变（5%）作为确定液化的发条件。另一种方法是以孔压比 1.0 作为判别条件。因为在振动台试验中将加速度数据换算为位移数据，并结合一维剪切梁模型对剪切应变进行精确估计是困难的，其中，滤波波段选择和积分方法对结果影响较大。因此，在振动台试验中目前主要采用孔压比进行判别，孔压比计算见式（4-2-6）。

在计算初始有效竖向应力时，采用弹性解考虑了模型对土体的附加应力。研究表明，当 r_u 达到 0.8 时，因为存在较大的应变，出现土颗粒循环迁移，土体开始液化。

图 4-3-14 为孔压比时程曲线。从图中可以看出，在地震波的作用下，各测点的孔压比自下而上增大，各土层的孔压比不同。在地基模型中存在三条竖直布置测线，从测线可以看出饱和地基中孔隙水压力的累计值随着地层深度的增加而增加。从水平方向看，同一埋深的测点孔隙水压力大致相同（不考虑结构附近测点）。为了更好地分析孔隙水压力的地震响应，将孔隙水压力与地震波的阿里亚斯强度进行分析。阿里亚斯强度反映地震的总能量，阿里亚斯强度见式（4-3-1）。

$$I_a = \int_0^{T_d} a(t)^2 dt \tag{4-3-1}$$

式中，$a(t)$ 为记录的加速度时间历程，T_d 为加速度保持时间。

通过图 4-3-14 发现：输入波的阿里亚斯强度突发增长时间段为 2～15s。在此期间，阿里亚斯强度突然增加。将此能量突增阶段与孔隙水压力积累阶段对比，发现孔隙水压累计阶段与阿里亚斯强度突发增长时间段一致。在阿里亚斯强度增长到拐点处（9s左右），基本也是孔隙水压力的峰值点附近。本研究中所有的孔压比均没有达到1.0，这和本研究采用的地震波峰值有关，反映出0.1g的地震波不足以将模型进行完全液化。W3测点与同埋深的W7和W10相比，孔隙水压力峰值较大。应力状态与测量点有关，这表明隧道模型底部的饱和砂层较其他水平位置更容易液化，反映饱和地层中既有地下结构对孔隙压力场空间分布的影响。

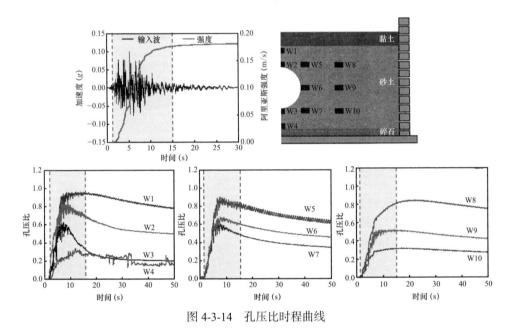

图4-3-14 孔压比时程曲线

通过图4-3-14发现：不同位置的孔隙水压力的时程曲线存在不同的曲线。如W8~W10的曲线随着孔隙水压力达到峰值后出现一个平台缓慢消散。而W5~W7的曲线较W8~W10的曲线在达到峰值后，出现明显的拐点，然后急速下降，这个现象在W1~W4的曲线中更加明显。不同位置的超孔隙水压力表现出明显的空间效应，这与隧道结构具有明显关系。靠近隧道结构的孔隙水压力消散更快。节点变形对孔隙水压力影响如图4-3-15所示。W3靠近的节点处为R5测点，W6靠近的节点处为R3测点，R5比R3处的节点变形更明显。所以，W3的孔压消散比W6更快。空间效应不仅与结构的位置相关，还与隧道地震中节点变形响应相关。

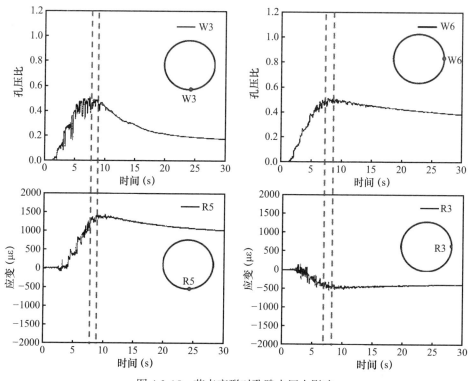

图 4-3-15 节点变形对孔隙水压力影响

4.3.5 渗流通道形成机理

用振动台试验研究地下结构的地震响应应用十分广泛，但是并未未考虑饱和地层的影响。而本研究采用精细的模型，真实地还原超大直径盾构隧道结构情况，模型每环采用 10 管片连接。在前面试验数据可以看出，在地震响应中盾构隧道模型会出现椭圆变形和节点变形，虽然变形量小，但是在水土压力的作用下，也会有孔隙水的渗入。本研究发现了不同类型孔隙水压力消散类型。

在一般试验结果中，水压消散的途径都是从下往地表消散。而本研究通过试验结果分析发现隧道结构附近的孔隙水压力消散时程曲线快慢与测点位置有关，或者与周围的节点变形有关。用试验现象结合分析，绘制如图 4-3-16 所示的变形节点孔压消散原理示意图。在未发生地震时，隧道在饱和地层中水土压力平衡，这时，盾构隧道节点完好，未发生变形，整体模型处于平衡状态。当发生地震后，隧道受地震作用发生变形，此时节点变形不大，砂（土）颗粒无法进入隧道，孔隙水压累计达到最大时，在原本水土压力和孔隙水压力的作用下冲开防水橡胶垫，在节点处形成新的渗流通道。所导致的节点变形大的位置，孔压消散更明显。

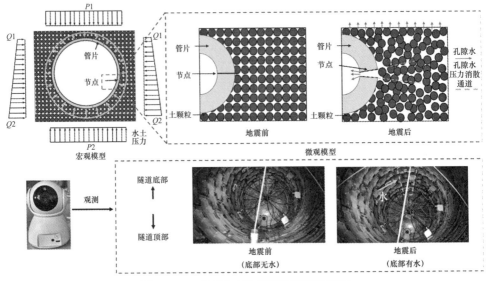

图 4-3-16 变形节点孔压消散原理示意图

4.4 高烈度地震区盾构隧道的地震响应

4.4.1 工况

设计采用单圆单管隧道，内直径 13.9m，外直径 15.2m，属于大直径隧道。盾构海底隧道线路总长 940m，隧道最大纵坡 -5.0%，最小转弯半径 599.75m，最小顶覆土厚约 10.13m（约 0.64D，D 为盾构直径），最大顶覆土厚约 22.87m（约 1.45D）。隧道以盾构形式下穿马骝洲水道，水道宽约 600m，水深 5～8m。盾构下穿段从上往下土层依次为淤泥质、粉质黏土、淤泥质黏土、砾砂、砂砾黏性土全风化花岗岩，如图 4-4-1 所示。海底隧道的直径大，海底环境复杂，地震的强度和隧道埋深对隧道的安全有着不同影响，现在采用相同地层、不同工况进行地震响应，工况如表 4-4-1 所示。

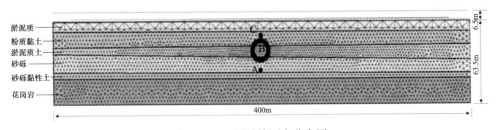

图 4-4-1 土层及检测点分布图

第4章 大直径小曲率盾构隧道抗震设计

工况表   表 4-4-1

工况	隧道埋深（m）	ALES 振幅（g）
1		0.1g
2	35	0.2g
3		0.3g
4		0.1g
5	40	0.2g
6		0.3g

注：0.1g、0.2g、0.3g 的 ALES 地震时程曲线如图 4-4-2 所示。

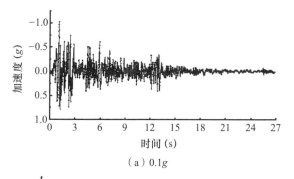

（a）0.1g

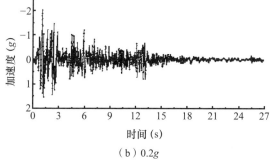

（b）0.2g

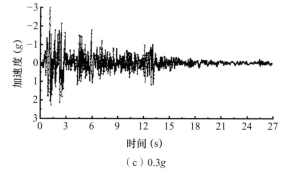

（c）0.3g

图 4-4-2 地震时程曲线（ALES）

4.4.2 动力计算

1. 计算基本原理

动力计算时，选择400m×70m的土层，土层的地震反应相当于一个具有m个支座的离散化系统在地震作用下的反应，即地震激励问题，土层的运动方程见式（4-4-1）。

$$[M]\ddot{u}(t)+[C]\dot{u}(t)+[K]u(t)=F(t) \quad (4\text{-}4\text{-}1)$$

式中，$[M]$为质量矩阵，$[C]$为阻尼矩阵，$[K]$为刚度矩阵，$\ddot{u}(t)$、$\dot{u}(t)$、$u(t)$分别为t时刻质点的加速度、速度、位移，$F(t)$为附加力。

地震激励问题简化成如图4-4-3所示内容。总位移$u^{t}(t)$由地面运动$u_g(t)$和结构本身运动$u(t)$组成，那么由相对运动表示的运动方程见式（4-4-2）。

$$[M]\{\ddot{u}_g(t)+\ddot{u}(t)\}+[C]\dot{u}(t)+[K]u(t)=0$$
$$\rightarrow [M]\ddot{u}(t)+[C]\dot{u}(t)+[K]u(t)=-M\ddot{u}_g(t) \quad (4\text{-}4\text{-}2)$$

因此，附加力$F(t)=-M\ddot{u}_g(t)$

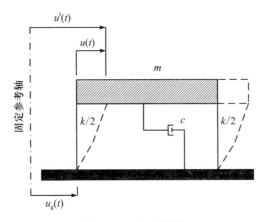

图 4-4-3　支座激励

2. 模型建立及参数设定

考虑现场实际情况的复杂性，为了消除有限元计算时边界条件对模型应力应变的影响，采用底长400m，深70m的二维平面计算对具有液化土的复杂海底地层中大直径盾构隧道的横向地震响应进行模拟分析，隧道底面长度、深度和隧道尺寸与实际设计比例1∶1。采用摩尔库仑模型，网格以15节点单元模拟，土体阻尼雷利系数设置：$\alpha=0.232$、$\beta=0.008$。根据地质勘探资料给出的物理力学参数建议值和现场的地质钻孔，考虑了各土层物理力学参数和岩体物理参数的在数值模拟中表现出的差异，得出本模型的各土层参数，如表4-4-2所示。模型两侧边界采用的是由Lysmer和Kuhlmeyer提出的黏性边界，施加在两侧边，黏性边界在人工边界的基础上再附加产生的黏性阻尼器,向边界和切向提供阻力。

在底部动力边界模型采用标准地震边界模拟地震作用,输入加速度时程数据,时间间隔0.05s,在模型底部水平边界上的指定初始水平位移1m,垂直竖向边界,使用边界吸收条件吸收反射波,消除反射波对计算精度的影响。隧道下侧是砾砂层,设置为不排水材料,用来检测分析砂土震动液化过程中孔隙水压和有效应力变化过程。为分析砂土液化风险,在砂土层和软土层设置应力检测点A(200,44)、C(200,16);此外,为了检测盾构结构位移变化情况,埋深40m隧道,中心顶部设置B(200,26)。隧道埋深35m隧道,中心顶部设置B(200,21),如图4-4-1所示。各土层参数见表4-4-2。计算模型中隧道结构采用板单元,参数如表4-4-3所示。

各土层参数　　　表4-4-2

土层	重度 (kN/m³)	黏聚力 (kPa)	内摩擦角 (°)	压缩模量 (MPa)	泊松比	e_0	渗透系数 (cm/s)
淤泥	26.0	15	13.0	1.8	0.40	1.206	2.66×10^{-7}
粉质黏土	18.6	35	17.4	4.9	0.30	0.812	3.03×10^{-8}
淤泥质黏土	26.4	18	16.2	2.5	0.39	1.065	3.51×10^{-7}
砂砾	25.9				0.25		2.70×10^{-2}
砂砾黏性土	26.3	29.0	23.2	4.9	0.22	0.781	1.350×10^{-3}
全风化花岗岩	26.2	32.0	24.8		0.30	0.701	3.000×10^{-2}

板单元参数　　　表4-4-3

板参数	厚度 (m)	重度 (kN/m³)	轴向刚 EA (kN/m)	v	抗弯刚度 EI (kN·m²/m)
衬砌结构	0.65	8.4	1.4×10^7	0.15	1.43×10^5

4.4.3 计算结果分析

1. 砾砂土层和淤泥质黏土层孔隙水压变化

隧道结构上面的土层是淤泥质黏土层,下面是砾砂土层。地震作用下,隧道对这两个土层产生最直观的影响,所以选择这两个土层分析地震作用对土层孔隙水压力变化的影响。对砂土采用孔压比分析地层液化情况,孔压比等于孔隙水压力除以有效围压,孔隙水压力如果达到单元的初始有效应力(即孔压比为1),就判定该单元为液化。

砾砂土层中A点孔隙水压力和孔压比地震曲线如图4-4-4所示。由图可知:6种曲线孔隙水压比都大于1,而曲线6孔隙水压力和孔压比达到最大值。隧道埋深35m时，盾构隧道大部分结构位于软土层；隧道埋深40m，盾构隧道大部分结构位于砾砂层。一方面隧道在地震作用下对A点挤压影响更大，孔隙水压力变大；另一方面砾砂土层的渗透系数比淤泥质黏土层渗透系数大。在地震作用下，孔隙水压力在砾砂层快速发展，达到液化。地震作用越强，孔隙水压力发展越快，达到的数值越大，液化程度越高。

C点孔隙水压力地震曲线如图4-4-5所示。由图可知隧道相同埋深时的孔隙水压力变化不大，隧道埋深35m的孔隙水压力比埋深40m的孔隙水压力大。其中工况一达到最大的孔隙水压力28kPa。一方面隧道埋深35m时，自身的渗透系数很小，导致孔隙水压力发展很慢。另一方面隧道埋深35m的测量点比埋深40m的测点近，地震作用下隧道上浮对隧道埋深35m C点的挤压影响更大。

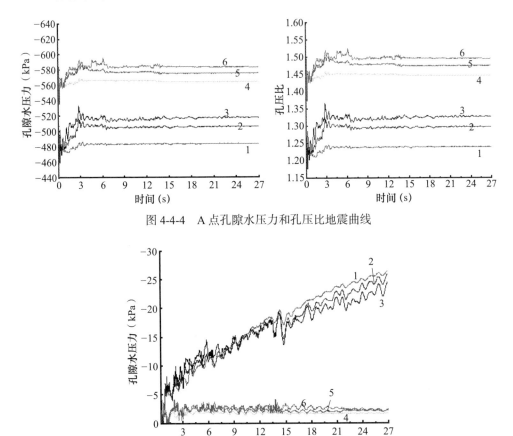

图4-4-4　A点孔隙水压力和孔压比地震曲线

图4-4-5　C点孔隙水压力地震曲线

固结阶段A点和C点孔隙水压力曲线如图4-4-6所示。A点孔隙水压力快速消散，C点孔隙水压力持续一段时间增长，然后缓慢消散。A点渗透系数大，在地震作用下，孔隙水压力发展快，后面固结阶段消散快。而C点渗透系数小，在地震作用下，孔隙水压力发展缓慢，消散慢。

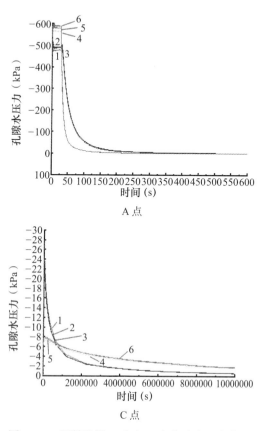

图 4-4-6 固结阶段 A 点和 C 点孔隙水压力曲线

2. 海底隧道结构垂直位移

在地震作用下，地下隧道结构将由于静孔隙水压力的快速上升、可液化土的流动变形而快速上浮。地震结束后，孔隙水压力消散，可液化土的流动变形停止而转化为固结变形，地下隧道结构的垂直位移由上浮变为沉降，但这种沉降随孔隙水压力的完全消散、固结变形的结束而停止，位移变化也随之停止。

隧道地震作用下 B 点位移曲线如图 4-4-7 所示。由图可知隧道埋深相同时，地震强度越大，隧道结构上浮越明显。隧道埋深越大，隧道结构上浮相对变小。隧道埋深 35m，曲线 3 地震作用下最大的上浮位移接近 0.36m。随着埋深增加，隧道覆土层厚度变大，隧道周围土体对其约束作用加强，加上自身的重量很大，减少了地震作用的影响。隧道埋深较浅时，隧道周围土体对其约束作用减弱，大直径隧道内部密闭环境相当于一个大容器，产生向上的浮力较大。在地震作用下，向上的作用力越大，导致曲线3的位移和曲线6的位移相差大。

固结阶段隧道B点垂直位移曲线如图4-4-8所示。埋深在软土层越多，对隧道震后固结位移下沉减缓作用越明显。

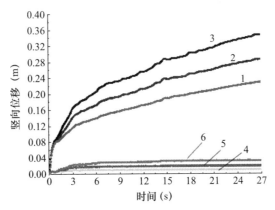

图 4-4-7　隧道地震作用下B点位移曲线

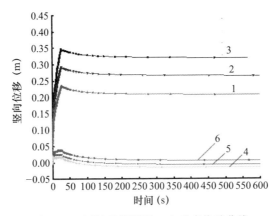

图 4-4-8　固结阶段隧道B点垂直位移曲线

3. 海底隧道结构内力分布

图4-4-9给出了地震作用下衬砌结构弯矩内力包络图。最大正弯矩出现在工况6，发生在拱底。最大负弯矩出现在工况6，发生在拱腰偏下30°处。隧道埋深35m的正弯矩最大值都在两拱腰处，负弯矩最大值都在拱底处。由于隧道衬砌位于淤泥质黏土层呈"夹层"状，左侧横向地震波作用时，中间部分呈挤压状态，拱腰处出现最大弯矩，衬砌顶端和底部弯矩有负弯矩的最大值（衬砌内部受拉为正，外部受拉为负）。在不同地震强度作用下，埋深40m的隧道衬砌的最大正弯矩位置有明显变化，工况4的最大正弯矩在拱腰往上45°处，工况5的最大正弯矩在拱底位置。淤泥质黏土和砾砂土层的交界处地震差异使土层交界处衬砌

上部受压，下部受拉。孔隙水压力的作用使衬砌底部受压。地震强度较小时，交界处受到压力最大，导致土层交界处的正弯矩最大。地震的强度增大时，底部的孔隙水压力增大，此时，底部受到的压力最大，导致衬砌底部正弯矩最大。

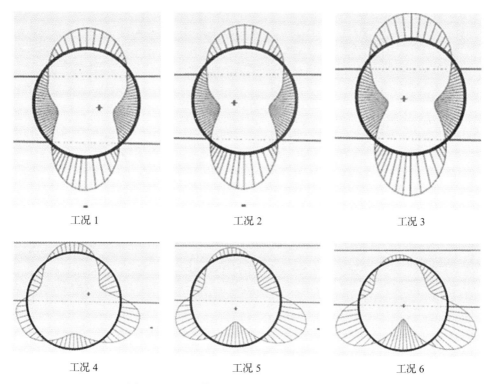

图 4-4-9　地震作用下衬砌结构弯矩内力包络图

地震作用下衬砌剪力内力包络如图 4-4-10 所示。剪力正最大值和最小值发生在工况 6 的拱的腰位置。隧道埋深 35m，最大剪力和最小剪力发生在拱腰偏下 45°位置。该位置处在淤泥质黏土层和砾砂的交界处，地震作用下土层之间的搓动致使隧道衬砌产生大剪力，而越深的土层交界处地震作用下剪力越大。隧道埋深 40m，剪力最大（小）值都发生在淤泥质黏土层和砾砂的交界处。

地震作用下衬砌轴力内力包络图如图 4-4-11 所示。最大轴力出现在工况 6 的拱腰往下 30°。隧道埋深 35m，土层的上下"对称"，中间淤泥质黏土层形成"夹层"。在水平地震作用下，隧道上下底受到水平力最明显，衬砌越深，隧道作用越明显，轴力越大。隧道埋深 40m，随着地震强度的增加，最大轴力由底部向上变化。地震强度越大，底部孔隙水压力越大，地震水平作用与孔隙水压力的合力由底部往上移动。

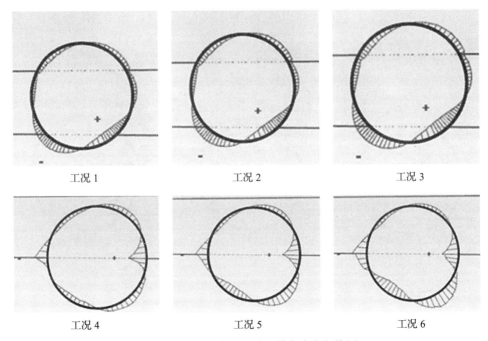

图 4-4-10 地震作用下衬砌剪力内力包络图

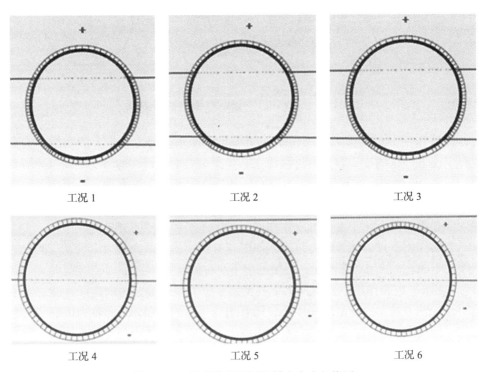

图 4-4-11 地震作用下衬砌轴力内力包络图

4.5 三维海底 S 形曲线隧道地震响应分析

4.5.1 土体加速度变化

软土放大地震加速度，地震对软土产生不可恢复的残余应变（软土塌陷）。隧道在地震作用中的结构应力—应变数值大小受地震波的入射角度影响，现在用相同地层、不同工况进行地震响应分析，如表 4-5-1 所示。

相同地层、不同工况地震响应分析　　　　表 4-5-1

工况	埋深（m）	振幅	地震波方向
一			Z 轴
二	35	0.1g	X 轴
三			Y 轴

工况一，如图 4-5-1 所示。在隧道正上方的土体加速度比周围的土体加速度有所减小。模型中间断面的土体在深度为 49.2m 时，加速度响应比底部有放大，由于隧道的存在，随着深度的继续减少，土体的加速度响应逐渐减小。

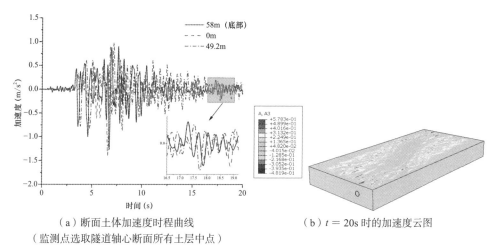

（a）断面土体加速度时程曲线　　　　（b）$t=20s$ 时的加速度云图
（监测点选取隧道轴心断面所有土层中点）

图 4-5-1　轴向（X 轴正方向）地震波影响

工况二，如图 4-5-2 所示。模型中间断面土层的加速度变化随深度的分布规律和工况一类似，由图 4-5-2 也可以明显看出：隧道正上方的土体加速度比周边土体加速度小，体现软土对地震加速度的放大作用和隧道的存在对地震加速度的减缓作用。

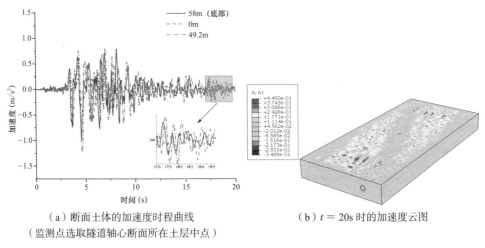

(a) 断面土体的加速度时程曲线
（监测点选取隧道轴心断面所在土层中点）

(b) $t=20\text{s}$ 时的加速度云图

图 4-5-2　径向（Y 负轴方向）入射地震波影响

工况三，如图 4-5-3 所示。当地震波为竖向的压缩波时，软土对地震加速度的放大效果不明显。与前面两个工况相同，在隧道正上方的土体加速度明显小于周边土体加速度，说明当地震波为纵向的压缩波时，隧道结构同样对地震加速度有减缓作用。

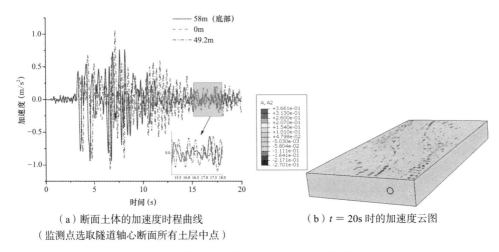

(a) 断面土体的加速度时程曲线
（监测点选取隧道轴心断面所有土层中点）

(b) $t=20\text{s}$ 时的加速度云图

图 4-5-3　竖向（Z 轴正方向）入射地震波影响

4.5.2　隧道结构破坏点分布

X 轴方向入射地震波地震作用下隧道破坏点位置分布如图 4-5-4 所示，隧道结构在地震时程响应 5s 时，隧道结构破坏点沿隧道的轴向分布，破坏点数量多，隧道拱顶部分无结构破坏点出现，隧道左右腰部以下隧道结构破坏点分布均匀。随着地震作用响应时间的变化，在 $t=10s$、15s、20s 时刻，隧道结构破坏点分布变化不明显。

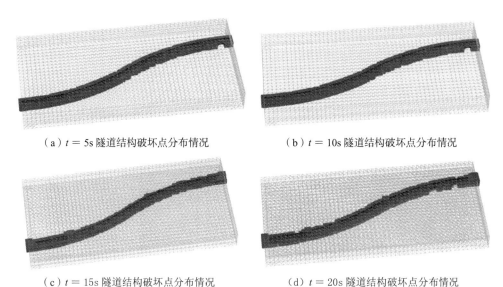

（a）$t=5s$ 隧道结构破坏点分布情况　　　（b）$t=10s$ 隧道结构破坏点分布情况

（c）$t=15s$ 隧道结构破坏点分布情况　　　（d）$t=20s$ 隧道结构破坏点分布情况

图 4-5-4　X 轴方向入射地震波地震作用下隧道破坏点位置分布

径向（Y 轴负方向）入射地震波地震作用下隧道破坏点位置分布如图 4-5-5 所示。5s 时，隧道结构的破坏点出现在隧道中部和隧道左段，数量少。随着地震作用响应时间的变化，隧道结构的破坏点增多，10s 时，隧道近端口处的破坏点分布增多。15s 时，隧道的近端口处的破坏点明显增多。20s 时，隧道结构的破坏点明显，中部拱顶位置没有破坏点。由于径向的地震剪切作用，左半段隧道呈凹状。在凹状处，地震作用力"汇聚"，对隧道结构产生明显的剪切效果，随着地震作用时间的变化，隧道左侧隧道受到地震剪应力，以水平"挤压"的方式把此处受到的集中力"分散"到隧道其他部位。最后隧道整体结构的破坏点分布均匀。

Z 轴方向入射地震波地震作用下隧道破坏点位置分布如图 4-5-6 所示。隧道结构的破坏点数量随地震作用的时间变化增多，最先在隧道两端口出现结构破坏点，随后隧道中部出现结构破坏点，最后在隧道轴向分布均匀，但是整体数量不多。

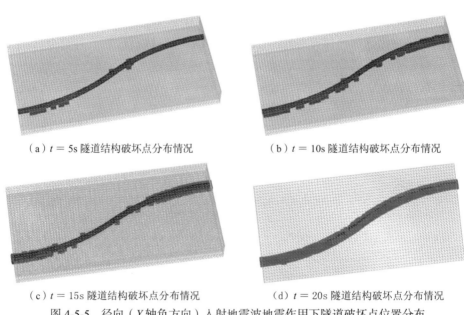

(a) $t=5$s 隧道结构破坏点分布情况　　(b) $t=10$s 隧道结构破坏点分布情况

(c) $t=15$s 隧道结构破坏点分布情况　　(d) $t=20$s 隧道结构破坏点分布情况

图 4-5-5　径向（Y 轴负方向）入射地震波地震作用下隧道破坏点位置分布

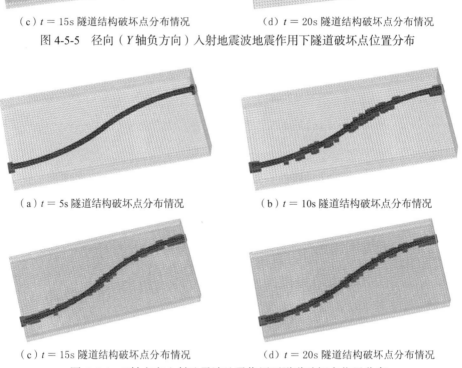

(a) $t=5$s 隧道结构破坏点分布情况　　(b) $t=10$s 隧道结构破坏点分布情况

(c) $t=15$s 隧道结构破坏点分布情况　　(d) $t=20$s 隧道结构破坏点分布情况

图 4-5-6　Z 轴方向入射地震波地震作用下隧道破坏点位置分布

4.5.3　位移结果分析

隧道结构不同工况下轴向位移云图（$t=20$s）如图 4-5-7 所示。从图中可以看出：随不同地震波入射方向的变化，隧道结构的位移峰值所在位置大致不变，基本在隧道中部。这是由于隧道在 Z 方向的两个端部是垂直方向，由端部到中部逐渐弯曲，并且隧道中部的弯曲位移最大，因此，当施加不同方向的地震波加速度时，隧道的轴向位移更容易发生在隧道中部弯曲较大的部位，而由于两端有垂直角度，轴向位移较小。

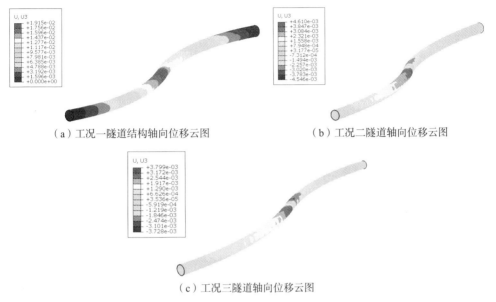

（a）工况一隧道结构轴向位移云图　　（b）工况二隧道轴向位移云图

（c）工况三隧道轴向位移云图

图 4-5-7　隧道结构不同工况下轴向位移云图（$t=20s$）

隧道结构不同工况下径向位移云图（$t=20s$）如图 4-5-8 所示。隧道结构的径向位移峰值所处位置，随着不同的地震波入射方向的改变而变化。这是因为地震波是沿着 Z 轴正方向输入，在隧道中部靠左存在一定弯曲，会受到"凹"面土体较大的挤压，因此，向"凸"面产生较大的径向位移（沿 X 轴负方向的径向位移）。由于隧道前半段产生沿 X 轴负方向的径向位移，使得隧道整体产生一定的旋转，因此，隧道末端的径向位移较大，且沿着 X 轴正方向。工况二和工况三的隧道径向位移的分布为前（后）半段沿 X 轴正方向分布。因为随着地震波从 X 轴和 Y 轴正方向的施加，隧道两个"凹"面受到土体较大的挤压，从而产生较大的径向位移，产生左右对称的 X 轴方向上的位移。隧道结构不同工况下竖向位移云图（$t=20s$）如图 4-5-9 所示，图 4-5-9（a）的竖向位移最大值所在位置在隧道的左半段靠近隧道端口处，图 4-5-9（b）和图 4-5-9（c）隧道最大竖向位移在隧道中部。原因分析：在 Z 轴正方向入射地震波作用下，隧道左半段因土体的沉降而产生竖直向下的位移，隧道左右半段是对称结构，隧道整体发生一定的旋转，因此隧道右半段发生和左半段相反的竖向位移。在 X 轴正方向入射地震波地震作用下，土体整体发生沉降，隧道中部整体发生向下的竖向位移。当地震波为竖向的压缩波时,由于地震波入射角度是由底部向上,因此隧道整体会发生较大的上浮。

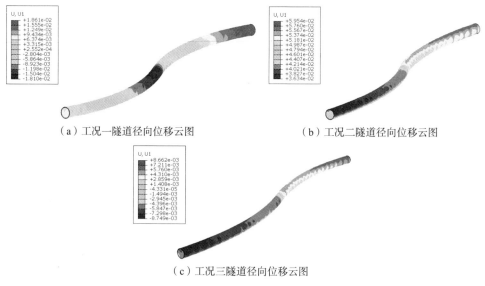

(a)工况一隧道径向位移云图　　(b)工况二隧道径向位移云图

(c)工况三隧道径向位移云图

图 4-5-8　隧道结构不同工况下径向位移云图（$t = 20s$）

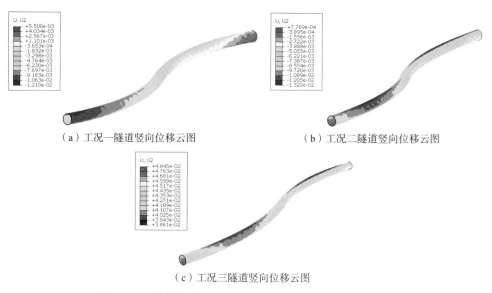

(a)工况一隧道竖向位移云图　　(b)工况二隧道竖向位移云图

(c)工况三隧道竖向位移云图

图 4-5-9　隧道结构不同工况下竖向位移云图（$t = 20s$）

不同工况下拱顶轴向（X轴方向）位移曲线如图 4-5-10（a）所示,在轴向（X轴方向）的地震加速度作用下,隧道在中部弯曲较大的地方受到土体较大的挤压作用,导致隧道中部的轴向位移较大,拱顶最大位移在 6 号断面,数值为

17mm。在径向（Y轴方向）和竖向（Z轴方向）的地震加速度作用下，由于地震波方向和都和轴向垂直，隧道轴向位移比较小，并且左右对称。

不同工况下拱顶径向（Y轴方向）位移曲线如图4-5-10（b）所示，在径向（Y轴方向）入射地震波地震作用时，隧道整体的径向位移比较大。拱顶最大径向位移在13号断面，数值为57mm。在地震加速度作用下，由于隧道在中部的弯曲，隧道左半段"凹"面受到土体的挤压而发生径向位移，从而导致隧道整体发生一定旋转，因此隧道右半段产生一定的相反方向的径向位移。在径向（Y轴方向）地震加速度作用下，由于地震加速度方向和径向垂直，所以隧道的径向位移整体有对称。

不同工况下拱顶竖向（Z轴方向）位移曲线如图4-5-10（c）所示，在工况三下拱顶竖向位移明显偏大，施加竖向的地震波会使得隧洞整体发生较大的竖向位移，最大上浮位移处在7号断面。工况一和工况三地震作用下的隧道顶部的竖向位移变化趋势相同，且竖向位移相对较小。

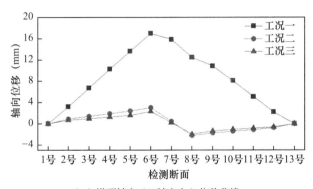

（a）拱顶轴向（X轴方向）位移曲线

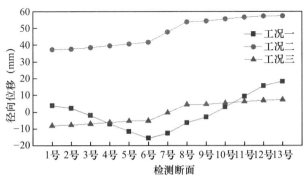

（b）拱顶径向（Y轴方向）位移曲线

图4-5-10　工况一、二、三下的轴向、径向、竖向位移曲线（$t = 20s$）

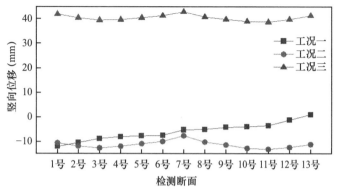

(c)拱顶竖向（Z轴方向）位移曲线

图 4-5-10　工况一、二、三下的轴向、径向、竖向位移曲线（$t=20\text{s}$）（续）

注：工况一：地震波入射方向为 X 轴正方向；工况二：地震波入射方向为 Y 轴负方向；
工况三：地震波入射方向为 Z 轴正方向。

4.5.4　应力结果分析

不同工况下应力最大位置、应力最大截面云图如图 4-5-11 所示。对在 Z 轴方向入射地震波作用下隧道结构距离隧道初始端 12m 的断面（最大应力为 10.15MPa）、在 X 轴方向入射地震波作用下隧道结构中间断面（最大应力为 10.58MPa）、在 Y 轴方向入射地震波作用下隧道结构中间断面（最大应力为 10.03MPa）的轴力、剪力、弯矩变化进行具体分析。

Z 轴方向地震波作用下应力最大的隧道结构断面轴力、剪力、弯矩如表 4-5-2 所示。隧道结构受轴向地震剪切作用，水平方向受挤压，在隧道端口处，应力集中、位移变化明显。弯矩最大出现在拱顶，剪力最大出现在左拱脚，轴力最大出现在左侧；最大数值分别为 582.6kN·m、626.9kN，21950kN（受压时弯矩为正）。

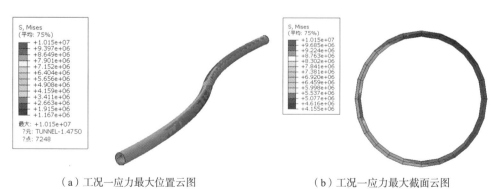

（a）工况一应力最大位置云图　　　　　　（b）工况一应力最大截面云图

图 4-5-11　不同工况下应力最大位置、应力最大截面云图

第 4 章 大直径小曲率盾构隧道抗震设计

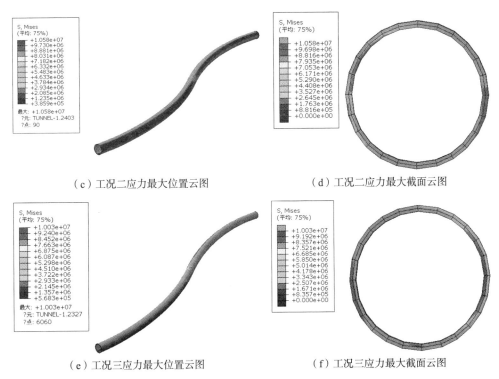

（c）工况二应力最大位置云图　　　　（d）工况二应力最大截面云图

（e）工况三应力最大位置云图　　　　（f）工况三应力最大截面云图

图 4-5-11　不同工况下应力最大位置、应力最大截面云图（续）

Z 轴方向地震波作用下应力最大的隧道结构断面轴力、剪力、弯矩　　表 4-5-2

位置	测点	最大轴力（kN）	最大剪力（kN）	最大弯矩（kN·m）
拱顶	A0	11710	225.8	582.6
距离拱顶 30°	A1	10610	138.4	−219.9
距离拱顶 60°	A2	10330	96.7	−247.6
右侧	A3	10460	34.12	−354.5
距离拱底 −60°	A4	10790	136.3	−149.1
距离拱底 −30°	A5	11320	68.93	−235
拱底	A6	12620	241.9	561.9
距离拱底 −30°	A7	16410	626.9	−151.4
距离拱底 −60°	A8	19910	444.2	−259.8
左侧	A9	21950	48.6	−204
距离拱顶 −60°	A10	18780	535.3	−242.9
距离拱顶 −30°	A11	15140	534.4	−152.7

107

Z轴方向地震波作用下距离隧道初始端12m的断面轴力、弯矩曲线如图4-5-12所示（不分析剪力）。监测点整体的轴力变化情况，A9测点即隧道断面左侧的轴力最大。由图可知，隧道监测点弯矩曲线变化出现随着地震作用时间增加逐渐增大，隧道断面拱顶和拱顶主要受压，其他测点主要受拉，弯矩在$t=4s$之前相对稳定，随着地震加速度的作用，在地震加速度作用比较强烈的时间段内逐步增大。

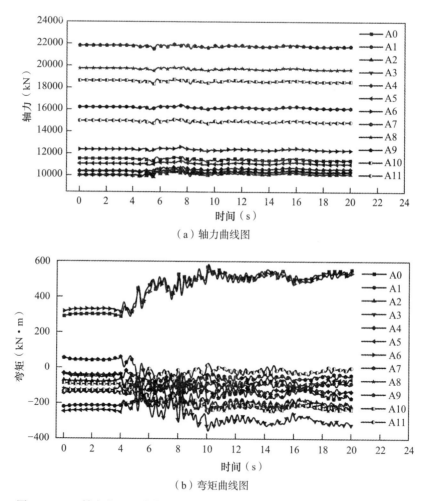

图4-5-12 Z轴方向地震波作用下距离隧道初始端12m的断面轴力、弯矩曲线

径向（X轴方向）地震波作用下隧道结构中间断面轴力、剪力、弯矩如表4-5-3所示。左半段隧道凹处受地震剪切作用出现应力集中，在地震径向剪切作用下，由于隧道弯曲部位"凹"面受到土体较大的挤压作用，导致左半段隧道危险断面在左肩处受力明显，最大轴力为35420kN，最大剪力为15520kN，最大

弯矩为 932.4kN·m。

径向（X轴方向）地震波作用下隧道结构中间断面轴力、剪力、弯矩　表 4-5-3

位置	测点	最大轴力（kN）	最大剪力（kN）	最大弯矩（kN·m）
拱顶	A0	3435	7994	−358.1
距离拱顶 30°	A1	3848	1560	−660
距离拱顶 60°	A2	3840	2621	864.5
右侧	A3	2359	2094	310.7
距离拱底 −60°	A4	4656	563.5	1098
距离拱底 −30°	A5	2785	6070	−500.8
拱底	A6	3437	10440	−431
距离拱底 −30°	A7	16350	15520	1027
距离拱底 −60°	A8	29430	12030	849.2
左侧	A9	35420	2127	270.4
距离拱顶 −60°	A10	28660	9248	932.4
距离拱顶 −30°	A11	15700	12770	1236

径向（X轴方向）地震波作用下隧道结构中间断面轴力、弯矩曲线如图 4-5-13 所示（不分析剪力）。轴力最大位置为 A9 测点。弯矩在 $t = 4s$ 前比较小，且平稳；在 $t = 4s$ 后，各测点在受压和受拉之间反复变化。在这种情况下，由于断面的弯矩变化比较大，且每个测点位置都反复受压和受拉，内力值也比较大，容易产生开裂破坏。

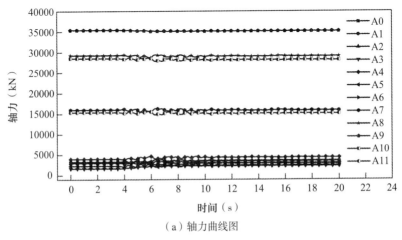

（a）轴力曲线图

图 4-5-13　径向（X轴方向）地震波作用下隧道结构中间断面轴力、弯矩曲线

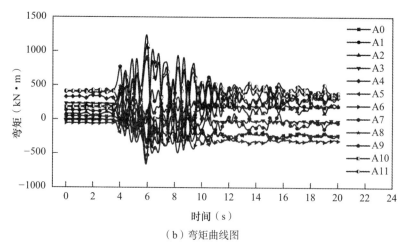

(b)弯矩曲线图

图 4-5-13　径向（X 轴方向）地震波作用下隧道结构中间断面轴力、弯矩曲线（续）

Y 轴方向地震波作用下隧道结构中间断面轴力、剪力、弯矩如表 4-5-4 所示。最大轴力为 36960kN，最大剪力为 1111kN，最大弯矩为 960.7kN·m。

Y 轴方向地震波作用下隧道结构中间断面轴力、剪力、弯矩　　表 4-5-4

位置	测点	最大轴力（kN）	最大剪力（kN）	最大弯矩（kN·m）
拱顶	A0	1510	502.6	960.7
距离拱顶 30°	A1	24760	793.5	−547.8
距离拱顶 60°	A2	32590	520	395.9
右侧	A3	36960	140.7	787
距离拱底 −60°	A4	33600	798.8	456.6
距离拱底 −30°	A5	25520	1111	494.9
拱底	A6	15480	448	284.5
距离拱底 −30°	A7	9351	402	663.7
距离拱底 −60°	A8	5348	686.8	603.2
左侧	A9	760	91.55	761.5
距离拱顶 −60°	A10	2899	632.2	−472.8
距离拱顶 −30°	A11	7563	588.2	−398.4

Y 轴方向入射地震波作用下隧道结构中间断面轴力、弯矩曲线如图 4-5-14 所示。随地震时间的变化，该断面轴力最大出现在 A3 监测点。每个测点的弯矩正

负往复变化,说明该断面各个监测点反复受压和受拉。受力状态和地震加速度作用与沿 X 轴方向时结果类似,由于隧道两个"凹"面附近的土体反复受挤压。地震加速度沿 X 轴和 Y 轴作用时,隧道整体近似于一根简支梁受到垂直方向的作用,因此,最不利断面位于隧道中部,而且由于地震加速度作用的方向不断变化,隧道中部断面的受力情况变化比较大,比较容易受损。

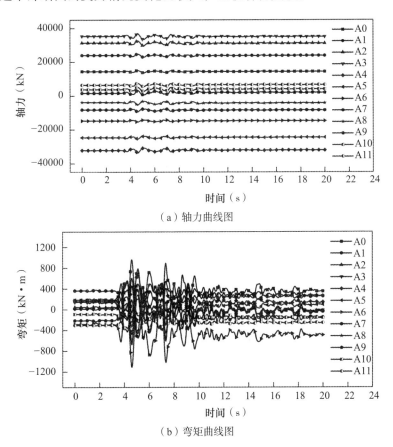

图 4-5-14 Y 轴方向入射地震波作用下隧道结构中间断面轴力、弯矩曲线

4.6 盾构隧道管片性能劣化对地震响应的影响

4.6.1 盾构隧道劣化模拟方法

大量研究表明:高水土荷载和隧道服役环境中各种离子侵蚀会对盾构隧道造成长期损伤,宏观表现为盾构管片混凝土性能退化以及管片变形过大,混凝

土材料发生了损伤，通常考虑为刚度退化和承载性能下降。目前，对于荷载和环境共同作用下隧道结构强度刚度劣化的研究较少，并没有具体的理论模型分析和评估隧道的劣化效应。为了研究钢筋混凝土结构劣化影响因素，提出了用综合劣化因子 D 表征结构劣化程度，具体的表示为结构刚度和强度的折减。为了准确真实地反映盾构隧道在劣化后的地震反应特性，本研究基于混凝土损伤塑性本构（CDP）模型对盾构隧道材料性能进行劣化折减，进而分析劣化结构的特性。

对于混凝土的本构模型，《混凝土结构设计规范》GB 50010—2010（2015 年版）给出了一定条件下混凝土本构计算方法。混凝土单轴受拉 σ_t、受压 σ_c 应力—应变曲线可按式（4-6-1）确定。

$$\sigma_t = (1-d_t)E_C\varepsilon \tag{4-6-1}$$

$$\sigma_c = (1-d_c)E_C\varepsilon \tag{4-6-2}$$

根据刚度损伤理论，管片综合损伤指标在宏观力学性能的表现见式（4-6-3）。

$$D = 1 - \frac{E(D)I(D)}{E_0 I_0} \tag{4-6-3}$$

式中，$E(D)I(D)$ 和 $E_0 I_0$ 分别为结构的剩余刚度和初始刚度。由此，根据跨中位移与结构刚度的关系得到式（4-6-4）。

$$u = \frac{Ml^2}{8EI} \tag{4-6-4}$$

假设结构劣化前后，截面损失与变形忽略不计，根据公式可以将综合损伤因子进一步表达，如式（4-6-5）所示。

$$D = 1 - \frac{M(D)}{M_e} \tag{4-6-5}$$

式中，$M(D)$ 为劣化结构强度阈值，M_e 为未劣化结构强度阈值。

根据以上推导，综合损伤因子 D 为结构刚度和强度协同退化因子。微观力学性质上，混凝土在单轴受拉过程中，在应力达到失效应力之前为线弹性状态，之后为应力软化，同时伴随刚度退化。当应力超过极限拉应力后混凝土进入破坏阶段，在应力—应变曲线上表现为下降段的破坏应力和开裂应变的关系。如图 4-6-1 所示为混凝土应力—应变曲线，图中表明了结构弹性模量 E 退化为 $E(D)$ 后，结构的屈服应力 σ_0 也将退化为 $\sigma_0(D)$，根据结构综合劣化因子 D，则 $E(D)=(1-D)E$，假设结构的非弹性应变 ε_0 不变，则结构劣化后的屈服应力 $\sigma_0(D)=(1-D)\sigma_0$。这与结构在宏观力学性能上结构强度刚度协同退化符合。

弹性模量退化设置为 10%、20%、30%，Maria Antoniou 监测了结构劣化数据：100 年结构劣化了 30.7%。本模型考虑不同工程间的差异性，针对不同工程

条件下的 $E(D)$ 不同，考虑实际中弹性模量存在劣化的程度，因此本研究将隧道结构混凝土材料参数的刚度进行了合理折减，随即将强度进行相应折减，劣化结构材料参数如表 4-6-1 所示。

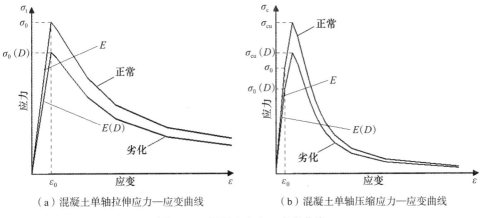

（a）混凝土单轴拉伸应力—应变曲线　　　　（b）混凝土单轴压缩应力—应变曲线

图 4-6-1　混凝土应力—应变曲线

劣化结构材料参数　　　　　　　　　表 4-6-1

C50 混凝土弹性模量折减	弹性模量 E（Pa）	压缩屈服强度 f_c（Pa）	拉伸屈服强度 f_t（Pa）
工况①（无劣化）	3.50×10^{10}	26.89×10^6	3.42×10^6
工况②（劣化 5%）	3.33×10^{10}	25.55×10^6	3.25×10^6
工况③（劣化 10%）	3.15×10^{10}	24.20×10^6	3.08×10^6
工况④（劣化 15%）	2.98×10^{10}	22.86×10^6	2.91×10^6
工况⑤（劣化 20%）	2.80×10^{10}	21.51×10^6	2.74×10^6
工况⑥（劣化 25%）	2.63×10^{10}	20.17×10^6	2.57×10^6
工况⑦（劣化 30%）	2.45×10^{10}	18.82×10^6	2.39×10^6

4.6.2　有限元计算模型

选取典型盾构隧道截面进行建模计算，在计算过程中对模型进行简化，隧道截面简图如图 4-6-2 所示。

建立地层和隧道管片三维有限元模型，如图 4-6-3 所示。地层模型尺寸为 4.5m（长）×60m（宽）×80m（高），其中，长为 Z 方向，高为 Y 方向，宽为 X 方向。隧道埋深 25m，隧道外径 13.4m，管片厚度 0.35m，环宽 1.5m。螺栓采用钢材，杨氏模量为 210GPa，泊松比为 0.3，密度为 7800kg/m³，M39 级，直径

39mm。管片混凝土强度等级为C50，为真实反映盾构隧道结构劣化后的地震反应特性，采用CDP混凝土损伤塑性模型，相关参数设置如表4-6-2所示，混凝土材料的应力—应变曲线依据《混凝土结构设计规范》GB 50010—2010（2015年版）确定。将土体简化为均质土体模型，土体假定为粗中砂，采用摩尔库仑塑性本构，计算区域土体参数如表4-6-3所示。

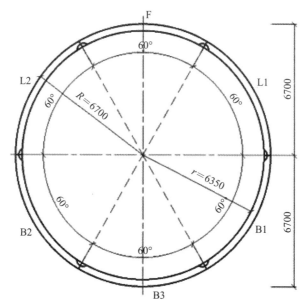

图4-6-2 隧道截面简图

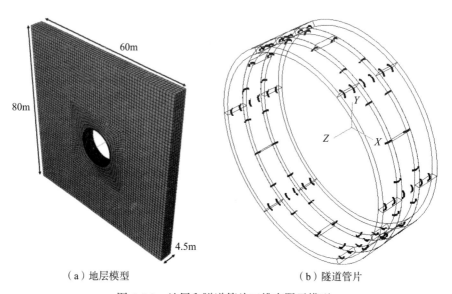

（a）地层模型　　　　　　　　（b）隧道管片

图4-6-3 地层和隧道管片三维有限元模型

混凝土损伤塑性参数 表4-6-2

膨胀角 ψ	偏心率 ε	σ_{b0}/σ_{c0}	K_c	黏聚系数
30°	0.1	1.16	2/3	0.005

计算区域土体参数 表4-6-3

岩土参数	密度 ρ (kg/m³)	变形模量 E (MPa)	黏聚力 c (kPa)	内摩擦角 φ (°)	泊松比 μ
粗中砂	1950	40	0.01	40	0.3

为研究管片劣化后的力学性能及变形特性，在简化计算的同时，尽可能地保证计算精度。在等效刚度均质圆环模型基础上细化，考虑管片环向拼接以及环间错缝拼接，对隧道结构中间三环衬砌建立精细化模型，使计算结果更加符合实际结构的受力特性。管片环一般由多个 A 型块、2 个 B 型块及最后拼接在管片环顶部的 K 型块拼装而成。按照隧道的外半径规定了隧道的分块数，本模型采用 6 分块方式，K 型管片的弧长与 A、B 型管片相同。模型考虑了螺栓的存在，采用梁单元进行模拟，其中，环间接头螺栓 36 个，管片间接头螺栓 36 个。

模型中共存在 3 种相互作用，管片与管片之间和地层与管片之间采用表面接触，管片与螺栓之间采用嵌入式接触。为有效模拟半无限空间介质的辐射阻尼效应，同时还能较好地模拟半无限地基的弹性恢复性能，采用黏弹性人工边界，地震动输入采用节点力曲线地震动输入的方式。主要输入地震波为 Kobe 波，峰值加速度为 0.3g，Kobe 波加速度曲线如图 4-6-4 所示，地震波为模型底部输入，向上传递，横向振动的 SH 波。土体网格尺寸最大值应小于地震波长最小值的（1/8～1/6）倍，因此，对地震波进行滤波处理，频谱图如图 4-6-5 所示。

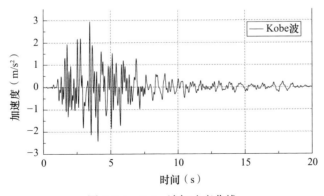

图 4-6-4 Kobe 波加速度曲线

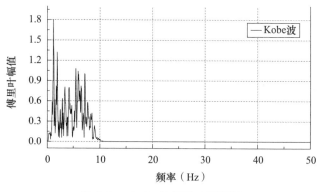

图 4-6-5 Kobe 波傅里叶频谱图

4.6.3 模型验证

为了验证数值模型的准确性,盾构隧道处于两种服役环境,低水土荷载(Case1)作用下选取埋深 11.5m,水压 0.21MPa 断面分析结构劣化状态分别为 0、6.6%、12.3%、16.1%、21.5%、24.8%,高水土荷载(Case2)作用下选取埋深 26m,水压 0.45MPa 的断面分析结构劣化状态分别为 0、6.6%、12.3%、16.1%、21.5%、24.8%,如图 4-6-6 所示为模型荷载状态示意图。模型中,钢筋混凝土复合材料采用 C3D8R 三维 8 节点线性六面体单元模拟,盾构隧道外径 6.7m,内径 6m,管片环宽 1.5m,厚度 0.35m,管片混凝土等级 C50,钢筋混凝土复合材料密度 3600kg/m³,弹性模量 36.98GPa,泊松比 0.2。管片三维分析以三环管片为一个计算单元,目标管片处于模型中间。

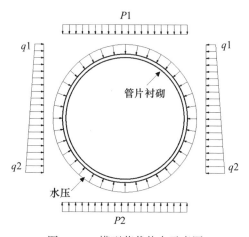

图 4-6-6 模型荷载状态示意图

图 4-6-7 为隧道位移计算结果对比图。验证了模型隧道中间环拱顶位移、拱

底位移和竖向相对位移。可以看出模型计算结果与文献计算结果吻合较好，值得注意的是，Case1工况下隧道拱底位移随着结构劣化程度的增加，偏差逐渐增大，Case2工况下隧道拱顶位移存在较大的误差。可能的原因是土体参数以及管片结构力学参数存在差异，由于文献中参数的设置并没有完全给出精确值，另一方面也可能是边界条件的设置以及求解力学模型的不同。

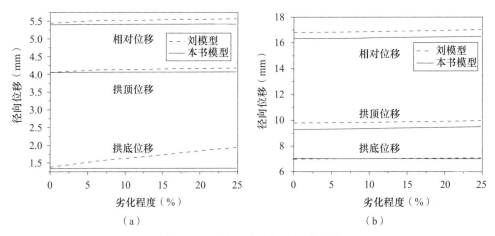

图 4-6-7 隧道位移计算结果对比图

4.6.4 位移时程分析

大直径盾构隧道在地震作用下，管片结构的损伤主要发生在拱顶、拱底和拱腰外侧位置，隧道监测点位置图如图 4-6-8 所示，包括隧道拱顶监测点 A、拱底监测点 B、左拱腰监测点 C、右拱腰监测点 D。

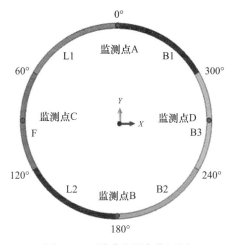

图 4-6-8 隧道监测点位置图

如图4-6-9所示为未劣化时隧道监测点地震动径向位移曲线。径向位移沿半径收缩方向为正值，沿隧道外扩方向为负值。由图可知，隧道拱顶、拱底在地震动期间径向位移变形稳定，且变形量小。点A的位移为负值，点B的位移为正值，径向变形方向均为垂直向，表明隧道结构在地震动期间整体发生上浮。拱腰处的点C与点D受地震波影响较为显著，在地震8.12s时，点C、D同时达到径向位移峰值。

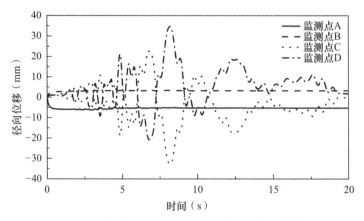

图4-6-9 未劣化时隧道监测点地震动径向位移曲线

结构监测点位移变形可以反映结构在地震动期间结构整体位移的运动趋势。相对位移更能反应隧道断面的变形状态。图4-6-10为隧道截面横竖向相对位移曲线。图4-6-10（a）为隧道截面竖向相对位移曲线，隧道结构在地震作用期间整体相对位移为负值，隧道断面呈现出拱顶和拱底向内挤压。随着结构劣化程度的增大，隧道的竖向相对位移增大。图4-6-10（b）为隧道截面横向相对位移曲线，隧道结构在地震作用期间整体相对位移为正值，隧道断面呈现拱腰处向外挤压。随着结构劣化程度的增大隧道的横向相对位移在增大。结构劣化程度对于隧道截面横向相对的影响较结构竖向相对位移影响小。

为了更清楚地反映隧道截面变形，定义隧道椭圆度（T）如式（4-6-6）所示。

$$T = \frac{D_{max} - D_{min}}{D_0} \tag{4-6-6}$$

式中，D_{max}为最大外径，D_{min}为最小外径，D_0为标称外径。

隧道椭圆度能够同时量化隧道结构竖向变形与横向变形效应。不同劣化程度椭圆度曲线如图4-6-11所示。随着结构劣化程度的增大，隧道结构椭圆度增大。

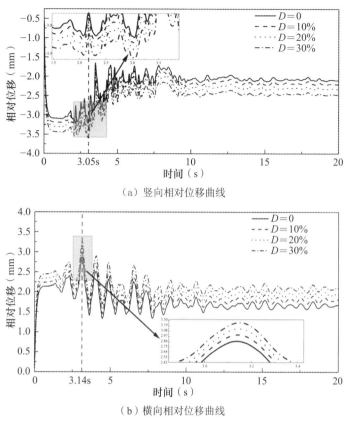

(a) 竖向相对位移曲线

(b) 横向相对位移曲线

图 4-6-10 隧道截面横竖向相对位移曲线

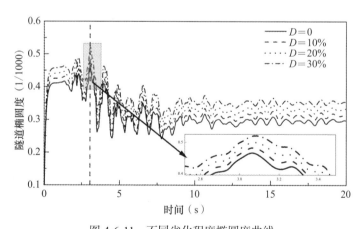

图 4-6-11 不同劣化程度椭圆度曲线

4.6.5 内力与结构损伤分析

图 4-6-12 为不同劣化程度隧道结构监测点弯矩曲线。图 4-6-12（a）、（b）和（c）分别对应的是拱顶、拱底和拱腰弯矩曲线。由图 4-6-12 可以发现：隧道不同位置弯矩均随着结构劣化程度的增大而减小。图 4-6-12（a）中结构弯矩最大出现在 3.79s，此时未发生劣化的结构隧道拱顶弯矩为 2.34×10^4 N·m。当劣化程度达到 30% 时，隧道结构拱顶弯矩为 1.81×10^4 N·m。图 4-6-12（b）中隧道拱底弯矩最大值出现在 2.93s，结构劣化程度为 30% 时，隧道结构拱底弯矩为 2.14×10^4 N·m，拱底弯矩降低了 28.94%。图 4-6-12（c）中隧道左拱腰弯矩最大峰值出现在 3.01s，当结构劣化程度达到 30% 时，隧道结构拱腰弯矩为 2.95×10^4 N·m。结果发现：拱腰位置结构外侧受拉，受劣化作用影响更加显著。

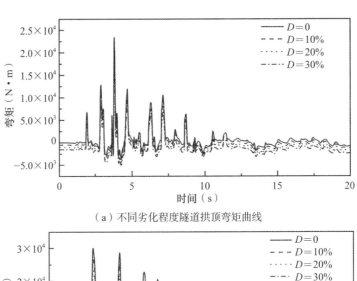

（a）不同劣化程度隧道拱顶弯矩曲线

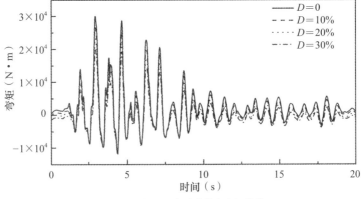

（b）不同劣化程度隧道拱底弯矩曲线

图 4-6-12 不同劣化程度隧道结构监测点弯矩曲线

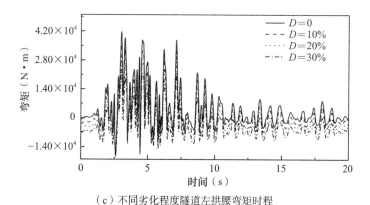

(c)不同劣化程度隧道左拱腰弯矩时程

图 4-6-12　不同劣化程度隧道结构监测点弯矩时程曲线（续）

隧道拱顶和拱腰位置处的轴力曲线分别如图 4-6-13（a）、（b）所示。由图 4-6-13（a）可以看出，隧道拱顶结构主要为承压状态，地震作用过程中轴力最大值为 1.93MPa，未达到屈服应力，隧道拱顶轴力随着结构劣化程度的增大而减小。由图 4-6-13（b）结果可以看出，隧道左拱腰整体处于受拉状态，未产生屈服，并且随着结构劣化程度的增加，隧道轴力在降低。这说明结构劣化后，结构刚度下降，导致土体与结构的相对刚度降低，因此地震作用时结构所受内力变小。

隧道结构在不同劣化程度下加速度曲线如图 4-6-14 所示。隧道结构发生劣化后，对隧道拱顶加速度影响更为显著。

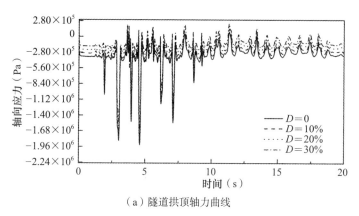

(a)隧道拱顶轴力曲线

图 4-6-13　不同劣化程度隧道结构监测点轴力曲线

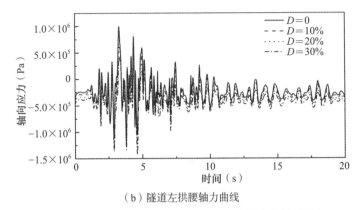

(b)隧道左拱腰轴力曲线

图 4-6-13　不同劣化程度隧道结构监测点轴力曲线(续)

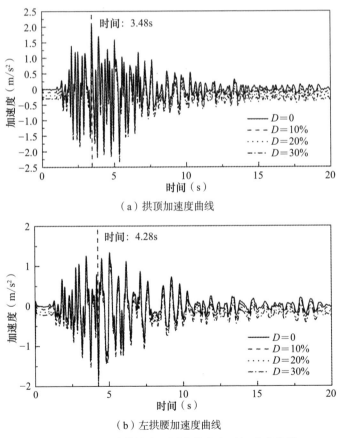

(a)拱顶加速度曲线

(b)左拱腰加速度曲线

图 4-6-14　隧道结构在不同劣化程度下加速度曲线

隧道结构在不同劣化程度下傅里叶频谱曲线如图 4-6-15 所示。隧道震动频率大多集中在 10Hz 以内,幅值对应频率约为 1.90Hz。图 4-6-15(a)为拱顶傅里叶频谱曲线，隧道结构傅里叶幅值随结构劣化程度增加而减小。如图4-6-15（b）所示为左拱腰傅里叶频谱曲线，该位置随着结构劣化程度的增加，傅里叶幅值增大。傅里叶幅值越大，能量越大，破坏效应越大。由此可见，隧道结构发生劣化后，隧道拱腰处破坏会发生聚集，增大隧道拱腰处破坏的风险。

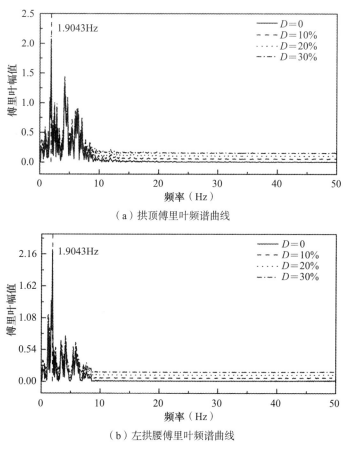

图4-6-15 隧道结构在不同劣化程度下傅里叶频谱曲线

为了进一步说明结构劣化在地震影响下的性能变化，采用阿里亚斯烈度进行分析。图4-6-16（a）为拱顶阿里亚斯烈度曲线，图中表明随着结构劣化程度的增大，地震作用后，隧道拱顶的阿里亚斯烈度会逐步降低。图4-6-16（b）左拱腰阿里亚斯烈度曲线，随着结构劣化程度的增大，该位置阿里亚斯烈度逐步增大。由此可见，隧道结构劣化程度的增大，会增大隧道结构在拱腰位置处的地震响应。

地震作用结束时，隧道阿里亚斯烈度柱状图如图4-6-17所示。从图中可以看出：地震结束后，隧道拱顶阿里亚斯烈度随着劣化程度的增大而减小；地震结束后，隧道左拱腰阿里亚斯烈度随着劣化程度的增大而增大。表明劣化结构存在地震能量转移的现象，在横向地震波输入条件下隧道拱顶到拱腰位置处有能量转移效应。

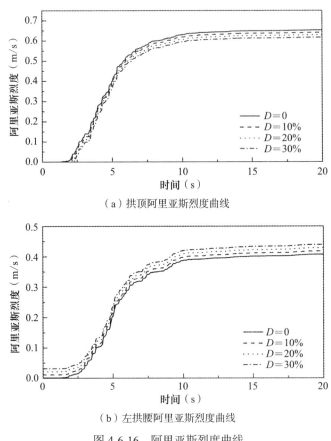

(a) 拱顶阿里亚斯烈度曲线

(b) 左拱腰阿里亚斯烈度曲线

图 4-6-16 阿里亚斯烈度曲线

这种能量转移效应可能是因为隧道结构在初始应力条件下，拱顶在弯矩荷载作用下处于外部受压、内部受拉状态，而隧道拱腰普遍是外部受拉、内部受压状态，从上一节内力分析中也可以得到验证。混凝土结构容易达到受拉极限而导致结构的破坏，因此，拱腰是隧道结构较为薄弱的位置。随着结构劣化程度的增大，会放大结构受拉效应，在地震波作用下，能量会向结构薄弱位置集中。

地震作用下不同劣化程度管片最大损伤曲线如图4-6-18所示。可以看出，随着结构劣化程度增大，隧道结构受压损伤也逐渐增大。隧道结构受拉损伤以及刚度下降率均随隧道结构劣化程度增加而增加。从图4-6-18可以发现：隧道结构受拉损伤随结构劣化程度近似呈线性增加，而刚度下降率由于结构劣化程度的增加,增加的趋势降低,这说明结构由于刚度的劣化导致结构柔性增加,刚度下降趋势会减缓。

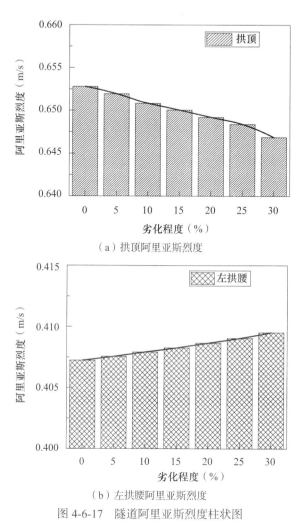

(a) 拱顶阿里亚斯烈度

(b) 左拱腰阿里亚斯烈度

图 4-6-17 隧道阿里亚斯烈度柱状图

根据图 4-6-18 可以发现:隧道结构劣化程度的增加加剧了结构的塑性损伤,但隧道结构劣化对受拉损伤的影响更为显著。因为结构劣化造成的受拉损伤不管是在竖直上,还是在增大百分比上,均大于刚度下降率及受压损伤。值得注意的是:混凝土结构抗拉强度不高,而结构劣化又放大了结构在受拉行为方面的损伤。

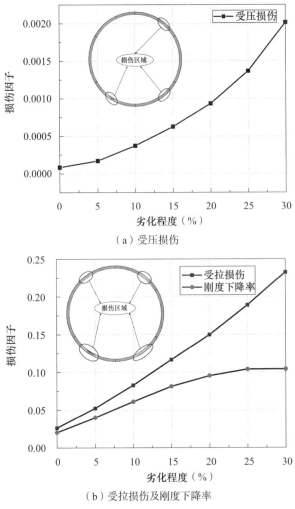

图 4-6-18 地震作用下不同劣化程度管片最大损伤曲线

4.7 本章小结

本章基于有限元软件，采用动力时程分析法研究具有液化土的复杂海底地层中大直径盾构隧道的地震响应。同时，采用 GDS 对十字门隧道的淤泥质砂土的原状土和重塑土进行循环三轴试验和微观试验研究，最后对隧道进行振动台试验。得到相关结论和建议如下：

（1）淤泥质砂土具有软土和砂土的动力特性，双幅轴向应变的拐点表现，原状土较具延展性。频率对动力特性影响复杂，高频率下颗粒未完全作用。刚度退化曲线和阻尼比分为微变期、骤变期和平稳期，初始液化有应变，阻尼比为 0.35～0.55。提出一种土体微观分析的孔隙熵概念，用来判断土体动载作用下土体颗粒内部作用的扰动程度。

（2）饱和地层中加速度响应受到地下结构的影响，在隧道结构附近的土更容易出现部分液化。在地震作用下饱和地层中的超大直径盾构隧道响应特征明显，隧道结构出现明显斜 45° 的椭圆变形，并且椭圆变形下各个节点随椭圆变形出现不同的节点张开变形。

（3）地震作用下，相邻隧道管片发生两种变形接触。隧道节点正值变形表示隧道内侧面张开，负值表示隧道外侧面张开。当饱和地层中盾构隧道出现节点变形，地层的孔隙水压力会形成新的渗流通道，对孔隙水压力的消散具有促进作用。同时，在实际中的饱和地层大直径盾构工程在地震后应更加注意节点的安全。

（4）地震作用下，砾砂土层的较大渗透系数导致孔隙水压力快速发展，可引起液化现象。地震强度越大，孔隙水压力上升速度越快，液化程度越高。隧道结构在地震中由于孔隙水压力的上升和可液化土的流动变形而快速上浮。随着孔隙水压力的完全消散和固结变形的结束，隧道结构的位移变化停止。

（5）S 形隧道在不同入射地震波下表现出不同的响应。在轴向入射地震波下，隧道两端为薄弱点，容易发生受拉破坏，结构轴力、剪力、弯矩应力集中。在径向入射地震波下，剪切作用对隧道凹处影响显著，出现明显的位移、轴力、弯矩、剪力变化，影响较大。

（6）隧道结构的变形与结构劣化程度相关，劣化导致刚度降低，使得结构更易变形。劣化后的土—隧道结构刚度降低，地震作用下，内力减小，拱腰弯矩降低。结构劣化程度增加使得加速度响应降低，傅里叶幅值增大。隧道拱顶影响最大，拱腰受影响最小。

第5章 超大直径盾构始发与接收关键技术

超大直径盾构作为一种重要的地下隧道掘进装备，在现代城市建设中发挥着关键作用。本章重点介绍超大直径盾构装备选型的关键因素，以及现场组装调试的关键技术。同时，介绍超大直径盾构始发与接收的关键技术，包括大直径盾构始发掘进控制技术、大直径盾构到达掘进控制技术，以及刀具检查与换刀作业施工。通过研究和应用这些关键技术，能够确保盾构工程的安全、高效进行。

5.1 隧道工程概况

十字门隧道工程全长1700m，设计为双向4车道，项目预计总耗资约为28.5亿元。

隧道的建成将有效分流现有的横琴大桥交通流量，缓解横琴大桥的交通压力。此外，隧道的建设还将为横琴打造全天候安全通道，进一步优化城市发展格局。对于大湾区道路交通网络的完善，该项目具有重要意义。

5.2 超大直径盾构装备基本概况

5.2.1 盾构施工筹划

本工程设计采用单圆单管隧道，线路总长940m，隧道最大纵坡5.0%，最小转弯半径599.75m，最小顶覆土厚约10.13m，最大顶覆土厚约22.87m。采用1台直径15760mm（前盾）泥水平衡盾构机掘进施工，由南岸工作井始发，到达北岸工作完成圆隧道掘进施工。

盾构机基本指标如图5-2-1所示。

第5章 超大直径盾构始发与接收关键技术

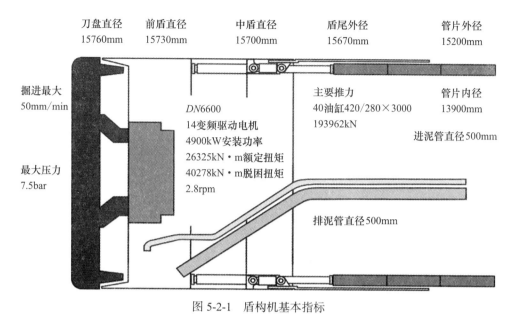

图 5-2-1 盾构机基本指标

5.2.2 盾构机主要配置

见表 5-2-1。

盾构机主要配置　　　　　表 5-2-1

刀盘		
说明		功能
1. 复合式可伸缩刀盘； 2. 刀盘结构刚度满足本工程要求； 3. 采用可更换的刀具； 4. 刀盘外缘有高度耐磨硬质堆焊层； 5. 配置液压磨损监测系统； 6. 中心旋转接头上设置冲刷装置		1. 适合复合型地层的推进； 2. 提供对切削工作面的机械支撑； 3. 用于盾构穿过曲线地段； 4. 延长刀盘寿命，可更换刀具； 5. 防止渣土在刀盘上堆积； 6. 具备常压换刀功能
主驱动		
说明		功能
1. 主驱动以变频电机为动力，可以双向旋转； 2. 采用经过多次检验的高刚度/耐用的主驱动设计—整体结构； 3. 主轴承设计寿命大于10000h； 4. 密封环安装了耐磨、重载的特殊密封		1. 实现刀盘双向旋转； 2. 承受刀盘的强大载荷； 3. 满足长度大于3.2km隧道的推进要求； 4. 在高压状态下主驱动密封系统具有安全性和较长的使用寿命

续表

盾体		
说明		功能
1. 盾体钢结构能承受7.5bar压力； 2. 盾体为分块设计，盾体采用螺栓连接，所有的连接法兰都进行了机加工以保证精度； 3. 盾体设计方便组装，不会给钢结构带来破坏，以便将来能够多次组装		1. 承受盾构推进线路最危险点处受到的土、水压力； 2. 承受盾构推进千斤顶传送的作用力、切削舱内和盾体尾部周围的压力； 3. 满足运输吊装要求

盾尾		
说明		功能
1. 盾尾钢结构设计为特殊的"三明治"结构，经过有限元验证，能承受7.5bar压力； 2. 6＋6根注浆管和3×19根盾尾油脂管均集成在盾尾； 3. 配置3道盾尾钢丝刷、1道钢板刷和1道应急密封装置		1. 承受最危险点处受到的土、水压力和盾尾油脂、同步注浆等所引起的附加压力； 2. 承受开挖过程中与衬砌之间产生的作用力； 3. 实现可靠盾尾密封和同步注浆

地质超前探测装置和超前地质预加固		
说明		功能
1. 配置超前探测装置； 2. 配置26根超前加固注浆系统； 3. 配置数据处理系统和预报系统	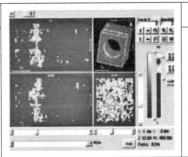	1. 及时掌握刀盘正面的地质状况； 2. 处理刀盘问题

管片拼装机		
说明		功能
1. 拼装机具有6个方向自由度，可以精确、快速地进行管片安装； 2. 所有的运动都是比例控制的，富裕的动力储备使操作迅速、精确； 3. 管片拼装工作平台； 4. 管片使用真空吸盘吸取		1. 实现6个方向自由度操控； 2. 确保了最佳的管片安装效果； 3. 全位置操作使管片的拼装更加方便容易； 4. 实现管片安全拼装

续表

自动导向系统		
说明		功能
1. 推进油缸分为 6 个工作区域； 2. 每组推进油缸设置内部行程测量仪； 3. 配置导向装置		1. 测量盾构的高程和平面偏差； 2. 及时控制、纠正偏差在允许范围内

同步注浆系统		
说明		功能
1. 配置 3 台注浆泵，2 台砂浆转运泵； 2. 系统通过 PLC 系统与盾构机的前进相互锁定； 3. 系统每个部位都有足够的压力平衡正面水土压力		1. 连续自动注浆； 2. 保证盾构机前进时环状空隙中的压力； 3. 保证避免过高的压力损坏盾尾密封或管片； 4. 满足盾构机推进速度； 5. 避免地面沉降

常压换刀系统		
说明		功能
1. 可常压更换的刀具覆盖整个开挖面； 2. 采用类似人闸的结构，使工作人员在刀盘内部可常压下工作	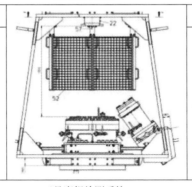	1. 换刀作业无须进入带压开挖面作业； 2. 降低换刀作业时间； 3. 减少换刀作业进入开挖面的危险性

刀具磨损检测系统		
说明		功能
1. 采用液压磨损检测装置，在刀具的泄压点内充满设定压力的液压油； 2. 每个液压幅臂的液压泄压点连接在一起； 3. 控制室可以显示液压油泄漏幅臂编号	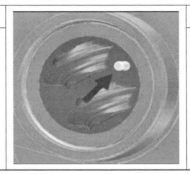	1. 可以将快速发现刀具的磨损情况； 2. 减少刀盘磨损； 3. 实现刀具磨损的智能检测

5.2.3 盾构装备的主要参数

1. 盾构机主体结构参数

(1) 盾体参数 (表 5-2-2)

盾体参数　　　　　　　　　　　　　　　表 5-2-2

位置	名称	参数	备注
盾体	前盾、中盾数量	各1个	
	刀盘直径	15760mm	
	盾构类型	复合式泥水平衡盾构机	
	最大工作压力	7.5bar	
	倾斜的超前钻机预留管路,包括法兰盘	26根	20根倾斜＋6根水平的超前钻机预留管路
	人闸连接法兰	1个	
	物料闸连接法兰	1个	

(2) 盾尾参数 (表 5-2-3)

盾尾参数　　　　　　　　　　　　　　　表 5-2-3

位置	名称	参数	备注
盾尾	盾尾数量	1个	接焊式
	型式	固定式	
	注浆口	6＋6备用	DN65
	盾尾注脂管(每个油脂舱)	3×19	DN25,3个流量传感器,每舱各1个
	密封	3排钢丝刷＋1道钢板刷＋1道应急密封装置	

(3) 推进油缸参数 (表 5-2-4)

推进油缸参数　　　　　　　　　　　　　表 5-2-4

位置	名称	参数	备注
推进油缸	数量	20组(双缸)	
	分组数量	6组	

续表

位置	名称	参数	备注
推进油缸	推力	193962kN	350bar
	行程	3000mm	
	伸出速度	50mm/min	所有油缸

(4) 刀盘参数 (表 5-2-5)

刀盘参数　　　　表 5-2-5

位置	名称	参数	备注
刀盘	数量	1 个	
	旋转方向	左/右	
	刀具	40 个可常压更换刀具的刀箱，61 把可更换的刮刀，187 把固定的刮刀，12 把周边刮刀，2 把超挖刀，8 个磨损检测装置	
	中心回转体	1 个	

(5) 刀盘主驱动装置参数 (表 5-2-6)

刀盘主驱动装置参数　　　　表 5-2-6

位置	名称	参数	备注
刀盘主驱动装置	主驱动数量	1 个	
	型式	变频驱动	
	电机数量	14 个	
	主轴承外径	6600mm	
	主轴承设计寿命	>10000h	

(6) 人闸参数 (表 5-2-7)

人闸参数　　　　表 5-2-7

位置	名称	参数	备注
人闸	数量	1 个	
	型式	变频驱动	

续表

位置	名称	参数	备注
人闸	直径	14个	
	主轴承外径	6600mm	
	主轴承设计寿命	>10000h	

(7)管片拼装机参数(表5-2-8)

管片拼装机参数　　　　　表5-2-8

位置	名称	参数	备注
管片拼装机	数量	1个	
	型式	中心回转式	
	抓紧系统	真空式	
	自由度	6	

2. 盾构机配套系统

(1)泥水回路参数(表5-2-9)

泥水回路参数　　　　　表5-2-9

位置	名称	参数	备注
泥水回路	排泥回路输出	2800m³/h	
	进泥回路输入	2600m³/h	
	碎石机	1个	颚式
	排泥泵	3个,功率750kW	某型离心泵
	泥浆管延伸器	1套	伸缩式
	排泥水管直径	500mm	
	进泥水管直径	500mm	
	进泥泵数量	2台,功率750kW	某型离心泵
	安装功率	3750kW	

(2)后配套设施数量(表5-2-10)

后配套设施数量 表 5-2-10

位置	名称	数量	备注
后配套设施	台车数量	3 台	车轮在管片上
	喂片机	1 台	
	管片转运吊机	1 台	
	管片吊机及行走梁	1 套	
	液压动力单元	1 台	包括过滤器和油箱配有声音保护系统
	砂浆注入泵	3 台	KSP20，$3\times20m^3/h$
	砂浆罐	2 个	带搅拌器
	工业压缩空气机	4 个	
	工业压缩空气罐	6 个	
	压缩空气调节装置	2 个	Samson 型
	主驱动装置润滑泵	1 台	200kg
	盾尾油脂泵	4 台	200kg（1 台备用）
	HBW 油脂泵	1 个	
	导向系统	1 个	型号 SLS-SL
	管片选型系统	1 个	
	数据采集系统	1 个	海瑞克公司标准配置，中英文界面
	地面监控系统	2 个	配置两台实时监控参数的设备
	沼气检测装置	1 个	配有不同程度报警信息

（3）供电装置参数（表 5-2-11）

供电装置参数 表 5-2-11

项目	名称	参数	备注
供电装置	初级电压	10kV	
	次级电压	400V/690V	
	变压器	约 9900kVA	
	控制电压	24V/230V	
	PLC	S7（西门子）	
	闭路电视系统	1 套	

5.3 盾构装备现场组装与维护

5.3.1 盾构装备运输与组装

1. 盾构装备运输

（1）分类运输：超大件采用陆水联运，常规件采用陆运。盾构装备运输参数见表 5-3-1。

盾构装备运输参数　　　　表 5-3-1

分类	设备名称	长×宽×高（mm）	重量（t）	配车	运输方式
最高	拼装机平移移梁	8000×3700×4400	55	2 纵列 6 轴线液压平板车	水陆联运
最重	主驱动	9400×8000×3900	360	2 纵列 20 轴线重型液压平板车	水陆联运
最宽	中心刀盘	9300×8800×3300	190	2 纵列 20 轴线重型液压平板车	水陆联运
常规	—	—	—	适载平板车	陆路运输

（2）水陆联运路线

上海隧道机械分公司—上海临港码头—横琴岛码头—十字门隧头始发井。船运路线：上海市—舟山市—台州市—福州市—莆田市—汕头市—汕尾市—珠海市。

临时码头横琴岛西岸土方泊位至华辰混凝土搅拌站海岸线约 769m，考虑在其最南端新建临时码头。根据 1000t 甲板驳接 800t 浮吊的要求，要求码头航道水深 4.5m（考虑清淤），码头沿岸至少长度达到 70m，但沿岸两头水道各需延伸 30m，深度满足 4.5m 以便船舶前后移动。临时码头位置平面图见图 5-3-1。

码头起重配置：上海临港电气码头使用 600t 行车将设备吊起、装船、捆扎。珠海处码头采用 800t 级浮吊作业。浮吊吊装示意图见图 5-3-2。

（3）陆运运输线路：上海市海徐路—嘉兴—金华—上饶—鹰潭—广州—珠海—项目工地，全程约 1800km。

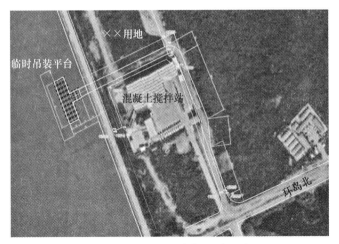

图 5-3-1 临时码头位置平面图

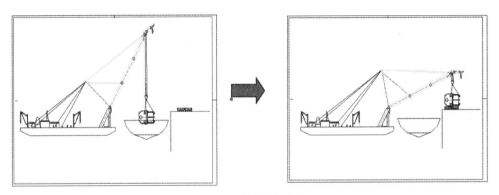

图 5-3-2 浮吊吊装示意图

2. 关键吊装设备及组装

（1）盾构机的适应性

盾构机车架由 6 节车架组成，但盾构机初始始发时，只安装 1 号和 4 号车架，够具备盾构推进的基本功能，完成材料运输、管片吊运、管路延伸等施工，可适应始发慢速推进需求。盾构机主机与两节车架总长可完成井下安装，由于工作井尺寸的影响，为了方便管片吊运，车架下井长度要缩短一半。

（2）吊装设备选择

初始始发时，根据始发井周边环境条件及盾构机吊装需要，结合以往施工经验，盾构初始始发时，盾构机主机、1 号和 4 号车架下井安装时，采用一台 750t 履带式起重机作为主吊，副吊选用了一台 400t 的履带式起重机完成吊装任务。同时，配备 250t 履带式起重机 1 台（用于车架下井吊装），50t 汽车式起重机 1 台（用于小型设备、工具吊运），配合吊装施工。

车架转换时选择利用盾构推进施工安装在始发井上方的两台50t级别起重机，进行2号、3号、5号及6号车架的吊装下井工作。

（3）盾构机下井安装流程（图5-3-3）

根据南岸始发井设计图纸，始发井总长度66m，共设两个吊装孔，分别长17m、15m。盾构机需进行分体始发。

扇形块吊装

中心驱动吊装

其他扇块吊装

刀盘吊装

拼装机吊装

盾尾吊装

1号车架吊装

其他车架吊装

图5-3-3 盾构机下井安装流程图

（4）盾构机现场调试、验收

盾构机现场安装完成后进行调试和验收，其内容及程序严格按照盾构调试、验收大纲进行。并在有关专家的指导下，进行盾构的现场调试、验收工作。

（5）车架转接

盾构机的转接工作，分为2号、3号、5号、6号车架的转接工作，需要在盾构机始发推进40环后进行，用50t起重机分体下井。

1）盾构机始发推进40环。

2）将4号车架整体往后拖拉至工作井内。

3）将2号车架按顺序吊装至工作井内。

4）将2号车架往前拖拉与1号车架相连。

5）将3号车架按顺序吊装至工作井内，并与4号车架相连。

6）将3号、4号车架整体前移与2号车架相连。

7）将5号、6号车架按顺序吊装至工作井内，并与4号车架相连，完成约160m长的盾构机全部的安装工作。

盾构机转接流程见图5-3-4。

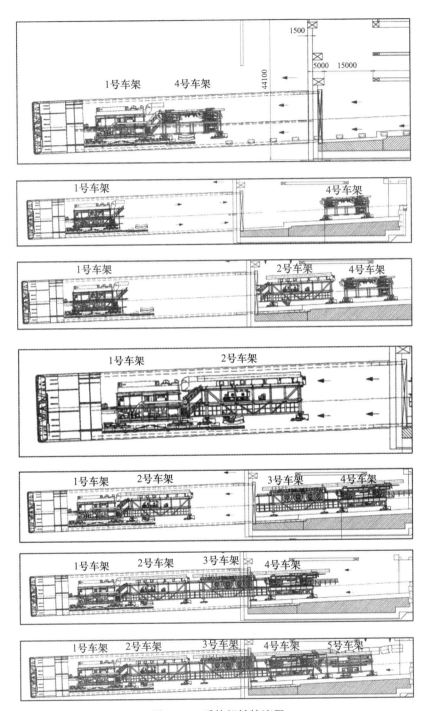

图 5-3-4 盾构机转接流程

5.3.2 盾构机拆卸、离场

1. 盾构机拆卸

盾构机完成隧道推进后,在北岸工作井进行解体拆卸,通过工作井井口的750t履带式起重机和400t履带式起重机将盾构主机、车架部件吊上工作井。盾构机拆吊流程如图5-3-5所示。

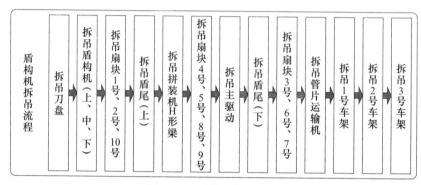

图5-3-5 盾构机拆吊流程

北岸工作井盾构机拆吊平面布置图,如图5-3-6所示。

图5-3-6 北岸工作井盾构拆吊平面布置图

2. 盾构装备离场运输

(1)盾构装备接收后,将主机、1~3号车架均使用与安装相同的吊装设备在十字门隧道接收井内拆吊上井。

(2)盾构机退场路线:将盾构机由接收井运至加华码头,再由水路运至上海,小件陆运回上海隧道机械分公司。

船运路线:珠海加华码头—珠海市—汕尾市—汕头市—莆田市—福州市—台州市—舟山市—上海市。

陆运运输路线：项目接收井—珠海—广州—鹰潭—上饶—金华—嘉兴—上海市海徐路。

5.3.3 盾构装备维护

盾构机设备的好坏与隧道施工质量、施工速度密切相关。因此，对各重要设备进行例行检查，及时发现问题、排除故障尤为重要。一旦发现问题及时维修，严禁盾构机带病施工。为了使盾构机处于最佳运行状态，必须严格执行制造商提供的日常保养制度，每日对盾构机的各关键部位进行检查，每周进行系统检查。每日检查包含项目有：注浆泵、机头各系统与拼装机系统、空压机和排水泵。每周检查包括项目有：50t管片行车、高压水枪、管片运输机、轨道行车、接管行车、接管器、空压机、车架行车、拼装机和注浆泵。盾构机维护保养制度和盾构机设备维修制度表见表5-3-2和表5-3-3。

盾构机维护保养制度表　　　　　表5-3-2

序号	内容
1	所有操作人员必须持证上岗
2	所有操作人员必须按各岗位的操作规程正确操作
3	设备保养人员每天按"维修保养操作日点检卡"中的内容对设备进行保养，并填写"维修保养操作日点检卡"
4	设备保养人员在完成第三条的前提下，于每周二按"维修保养操作周点检卡"
5	对设备进行全面保养，并填写"维修保养操作周点检卡"
6	设备保养人员在完成第四条的前提下，于每月的第一个星期二按"维修保养操作周点检卡"中的内容对盾构设备进行维修保养，并填写"维修保养操作周点检卡"
7	点检卡中的各项数据必须如实填写，按期交给项目组。所有设备保养及施工人员都有责任做好盾构的保洁工作

盾构机设备维修制度表　　　　　表5-3-3

序号	内容
1	设备维修人员必须有培训合格证
2	施工人员在施工中若发现设备运转情况异常或设备故障，应及时通知维修人员进行修理，并填写"设备故障保修单"不得使设备带伤运转
3	设备维修人员接报后尽快对设备进行维修。更新或购买零部件，须经项目组认可
4	盾构机上装配修复的零部件须经项目组认可并出示修复件的测试合格证
5	设备维修人员在修复工作完成时应及时填写"盾构机故障情况记录表"

5.3.4 刀具检查与换刀作业

1. 检查及更换原则

（1）刀盘刀具采用固定刀具＋常压可更换刀箱的组合形式。配置足够数量的刀具，增加周边滚刀数量。刀盘外缘有高度耐磨硬质堆焊层，同时配置刀具磨损监测系统。根据刀具磨损检测装置的数据以及推进时的总推力、扭矩变化判断是否需要检查和更换。刀具磨损检测装置见图 5-3-7。

图 5-3-7　刀具磨损检测装置

（2）水底掘进穿越软硬不均地层和全断面砂层，刀具磨损较严重，需主动定期常压（带压）检查更换刀具。根据地层情况选择合适的检查更换刀具的位置。

（3）换刀同时可检查周边刀具，更换周边刮刀。

（4）检查刀具，发现可更换刀具与不可更换刀具的高度差小于生产厂商的标准后，进行刀具的更换。

2. 更换前的准备工作

（1）检查或更换前，将刀盘转动至人员方便进入的位置。

（2）通过车架上的浆桶，拌制新浆，用挤压泵泵送至开挖面，支护开挖面，见图 5-3-8。

图 5-3-8　用新浆支护开挖面

3. 常压刀具检查及更换

根据刀具磨损检测装置的信息和定期检查的结果，主动进行常压刀具更换，流程如表 5-3-4 所示。

常压刀具更换流程　　　　　表 5-3-4

顺序	说明	示意图
步骤 1	取掉刀箱后部盖板上的螺栓和垫圈，并取下盖板②	
步骤 2	将拖拉油缸①装入刀箱，固定螺栓②	
步骤 3	安装外罩连接液压管线①，安装闸板杆②和液压油缸③	
步骤 4	油缸缩回，拉回磨损刀具，关上闸门②	
步骤 5	打开刀箱上的球阀①，小心地释放压力，然后关上	
步骤 6	将磨损的刀具与油缸外罩一起拆下。更换新刀具，按上述流程逆序执行安装	

4. 带压刀具检查和更换

由于隧道地质复杂，盾构掘进时刀具磨损大，除了常压更换的刀具外，还需对固定刀具例如周边刮刀等进行带压进舱检查、更换。针对本项目盾构推进覆土情况，理论计算进舱压力，若进舱压力超过 4bar，则需进行饱和气体带压进舱作业。同时，在施工过程中需要人员带压进舱对其他设备检查。施工过程中，根据总推力、扭矩等施工参数变化情况，利用盾构停机时进行人员带压检查、更换固定刀具或其他设备。

（1）刀具检查及更换前的准备工作

1）对带压进舱作业设备进行全面检查和试运行。

2）采用两种不同动力装置，保证不间断供气。

3）连通各类管道。

4）根据每次检查点盾构的埋深情况计算气压。

（2）采用在车架上拌制浆液直接加入开挖舱进行泥水置换。在设置的检查点停机后，将车架上拌制的新浆加入开挖舱，直到从顶部放气孔放出浆液，测出黏度指标达到 35s 以上。

（3）升降液位步骤

通过打开前后舱联通管路，逐步降低前舱液位使前后舱液位持平，最终将前后舱液位降低至要求通道处。调节气泡舱及降低液位见图 5-3-9。

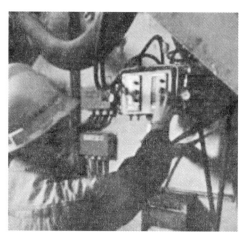 

图 5-3-9　调节气泡舱及降低液位

（4）常规进出舱加、减压施工流程

通过气压先将开挖舱内的膨润土浆液置换出，经过降液位操作达到规定液位，准备进舱。开挖舱内保持一定的压力，再通过对主人舱和通行舱的加压和减压，来实现作业人员的进出。

（5）饱和法开舱施工流程（图 5-3-10）

（6）进舱更换刀具步骤

每次更换时，工作人员先将刀具周围的泥土清掉，保证一定的工作空间。由刀盘外侧向内逐个检查刀具的磨损情况，确定需要更换时，用相应的刀具进行替换。用套筒及加力杆卸下固定螺栓，将拆下的螺栓及附件放入随身携带的工具袋内，以防丢失。将换下的刀具递到人闸内，同时将固定螺栓和固定座用水清洗干净，必要时，浸在柴油桶内，并检查一下是否有裂纹，如有裂纹必须更换新螺栓，确保新装刀具有足够的固定强度。将新的刀具按原来的位置安装好，并将固定螺栓拧紧。

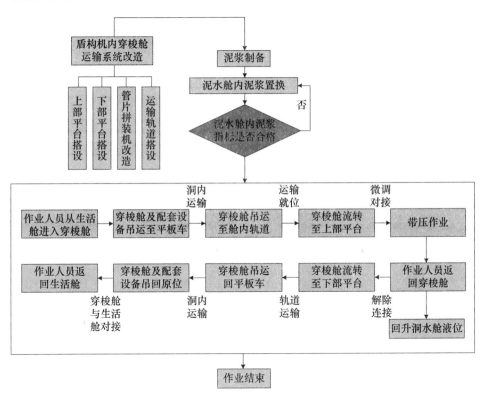

图 5-3-10 饱和法开舱施工流程

每次带一批刀具和螺栓进舱，每批刀具换完后，把废刀具和没有安装的新刀具放进料闸内，同时操作手转动刀盘。工作人员通过料闸把下一批刀具送入土舱内，再继续更换下一组刀具。每换完一批刀具后由值班机械工程师检查一遍安装质量，检查是否有漏掉的或者没有固定好的。机械工程师确认无误后方可继续作业。

带压进舱刀具磨损检测与带压进舱刀具安装见图 5-3-11。

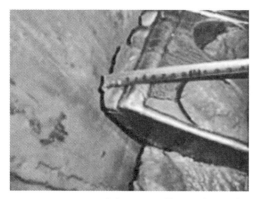 

图 5-3-11 带压进舱刀具磨损检测与带压进舱刀具安装

5. 刀具更换管理

（1）刀具使用寿命预测

1）推进距离预测。刀盘直径较大时，同等条件下，外缘刀具比内圈刀具有更大的切削轨迹，刀具的理论磨损量计算。

2）对于切削类刀具，可通过刀具参与的土体开挖量计算、分析刀具的使用寿命，提出盾构刀具的磨损量。

（2）刀具更换管理平台

基于互联网、大数据建立刀具更换管理平台，编制刀具管理软件，实现刀具更换检测数据收集、分析。通过多次换刀数据预判下次刀具更换环数，有计划地安排换刀工作，避免重复抽换刀作业，利于施工的整体统筹安排。

5.4 盾构泥水系统

泥水处理系统是泥水盾构机的核心部分。泥水处理系统的主要功能是为盾构机提供护壁泥浆以确保开挖面稳定，同时对盾构机排出的泥水进行分离、处理，回收大部分可用黏土颗粒，从而实现循环利用、降低成本、节能减排。本工程泥水处理系统采用集成式泥水处理系统，对泥水循环出的泥浆进行分离、压滤处理。

5.4.1 设计依据与处理流程

泥水处理设计参数见表 5-4-1。

泥水处理设计参数　　　　　　表 5-4-1

盾构机参数		泥浆循环参数	
盾构机直径	15730mm（前盾）	最大排泥流量	3000m³/h
管片环长	2000mm	进浆相对密度	1.15g/cm³
推进速度	20mm/min	排浆相对密度	1.3g/cm³
每天掘进环数（最大）	6环	原状土相对密度	1.93g/cm³
—	—	原状土含水量	25%

泥水处理系统流程见图 5-4-1。

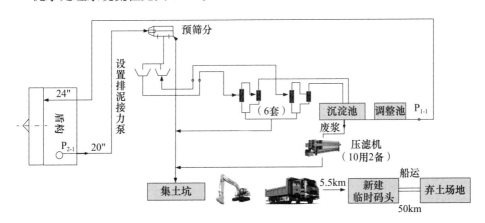

图 5-4-1　泥水处理系统流程

5.4.2　泥水处理系统组成

盾构施工采用集成式泥水处理系统（图 5-4-2），包括泥水分离系统、制浆系统、调浆系统、压滤系统和 PLC 集中控制系统。

（1）泥水分离系统

采用 ZXSII-3000/30 泥水分离设备，主要由预筛分单元、一级旋流除砂单元、二级旋流除泥单元、脱水筛分单元、真空调节单元、浆液输送单元组成，泥浆最大处理量能达到 3000m³/h。设备以泥浆处理量 1000m³/h 的设备为基本单元进行组合并联，也可以根据其他工程的具体要求进行系统拆分或重组，具有较强的工程适用性。3000m³/h 泥浆处理设备外形图见图 5-4-3。

1）预筛分单元（图 5-4-4）

① 预筛处理有余量，峰值处理量可达 1300m³/h。

图 5-4-2　集成式泥水处理系统

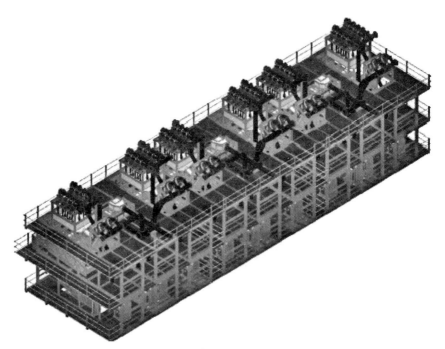

图 5-4-3　3000m³/h 泥浆处理设备外形图

图 5-4-4　预筛分单元

② 筛板采用独特张拉方式,产生的二次振动可有效防止堵筛、糊筛,对黏土团—砾砂—浆液的分离有显著效果,不易出现堵塞网孔的情况。高频振动,-14°~-20°角可调。

③ 上层筛板采用张拉式不锈钢筛网,筛网由正交的不锈钢钢筋焊接而成。

④ 弹性筛网两侧与筛箱通过斜拉螺栓张紧,中间与筛架通过压条压紧,静力分析中可将筛网模型简化为静不定的多跨度连续梁。预筛采用高抛掷指数的直线变频筛,振动时,弹性筛网产生轻微的二次振动,从而具有自洁功能,防止黏土团堵筛。

2)一级旋流除砂单元

采用直径 500mm 的多锥旋流器,单套泥浆处理能力为 500m³/h。旋流器采用独特变锥角设计,处理能力大,分离精度高。整体采用特殊耐磨橡胶制成,耐磨损使用寿命长。

3)二级旋流除泥单元

采用直径 150mm 的多锥旋流器,单套泥浆处理能力为 500m³/h。旋流器采用独特变锥角设计,处理能力大,分离精度高。整体采用特殊耐磨橡胶制成,耐磨损使用寿命长。

旋流器见图 5-4-5。

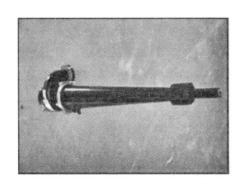

图 5-4-5　旋流器

4)脱水筛分单元

旋流器底流进入脱水筛后段,脱水筛底部装有 1830mm×4880mm×(0.3~0.5mm)筛板,背部装有 1830mm×305mm×0.3mm 筛板。为确保细渣料的脱水效果,落渣处装 0.3mm 筛板,出渣处装 0.5mm 筛板,并提供一个上坡角的可变频振动筛。振动筛将一、二级旋流器底流脱水后从筛面筛出,渣土落至渣场堆置或经由输送设备输送至指定堆放点。振动筛振动强度可达 5g 以上。筛板见图 5-4-6。

5)真空调节单元

旋流器装有真空控制的底流排放口。底流排放口加上安装在溢流管路上的真空调节阀，便于对所需的底流密度进行精确调整，为下游脱水筛提供合适的浆液。在进浆浓度波动的情况下，通过真空调节装置的调整，可获得较高的底流浓度和较低的溢流浓度。未设真空调节装置与设有真空调节装置对比图见图5-4-7。

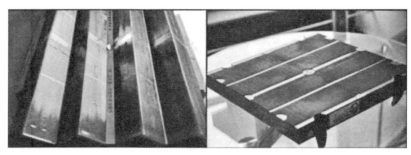

图 5-4-6　筛板

图 5-4-7　未设真空调节装置与设有真空调节装置对比图

6）浆液输送单元

旋流器供浆渣浆泵采用重型渣浆泵，过流零件采用高铬耐磨合金铸造，耐磨性高，厚实的承磨件及配重型托架适于长期输送强磨蚀高浓度的渣浆。旋流器进浆管采用混凝土泵车配套的高耐磨胶管。旋流器进浆泵均采用同种型号，仅根据不同工况选用不同功率电动机，提高备件通用性，减少备件存储量。旋流器进浆泵及输送软管见图5-4-8。

图 5-4-8　旋流器进浆泵及输送软管

（2）制浆系统

为确保盾构掘进时泥浆的携屑功能及掌子面的稳定，泥浆需要达到一定的物理性能，制浆系统负责制备好新浆，以备在需要时调配使用。制浆系统主要包含膨润土制浆和化学泥浆制备两部分。制浆系统见图5-4-9。

图 5-4-9 制浆系统

（3）调浆系统

调浆系统由不同功用的泥浆池、泵组、管阀、自动检测仪器以及相关的控制部分组合而成。其主要功能是对泥浆处理系统的泥浆进行分配、循环、沉淀和调整。通过集中控制室对泥浆的液位、流量、相对密度和流向进行监控。

（4）压滤系统

压滤系统（图5-4-10）配备12台压滤机（10台使用、2台备用）进行泥浆压滤处理。为提高压滤效率，可根据实际需要选配助滤剂、絮凝剂等辅助功能单元。

图 5-4-10 压滤系统

压滤设备有如下特点：

1）全部压滤流程均为PLC自动控制，自动进行压滤流程切换。

2）压滤设备具备助滤等浆液改良功能。

3）压滤后渣料含水率可低至25%，可以直接装车外运。压滤后回收的清水直接回调浆池与二级旋流后的泥浆混合，使相对密度还原到进泥所需值。

（5）PLC集中控制系统

地面泥水分离设备及其配套的制调浆设备的电气控制采用远程控制室，实现对整个系统工作流程的远程控制及时实监控。PLC集中控制台见图5-4-11。

图5-4-11　PLC集中控制台

5.4.3　泥水输送系统

对于大断面泥水盾构，长距离泥水输送是制约盾构正常推进的另一个影响因素，泥水输送系统由1台进泥送泥泵、1台排泥输送泵、1台排泥接力泵、泥水管路及PLC软件自动控制系统组成。

弃土主要在盾构段产生，选取有资质的渣土运输单位负责本工程的渣土运输工作，并选择合法的渣土弃土点排放。弃土输送见图5-4-12。

图5-4-12　弃土输送

5.5 超大直径盾构始发掘进控制技术

5.5.1 始发区工程概况

1. 始发区地质情况

见表 5-5-1。

始发区地质情况　　　　　　　表 5-5-1

位置	覆土深度	地质情况		周边环境
始发区域	15.04m	隧道顶部：淤泥	素填土 淤泥 粉质黏土（隧道中心标高-18.975） 粗砂 粉质黏土 砾砂 强风化花岗岩 中风化花岗岩	盾构始发工作井周边场地空旷，无建筑物或其他建筑
		隧道断面：淤泥、粉质黏土、粗砂		
		隧道底部：粉质黏土、砾砂		

2. 施工风险分析

始发施工是泥水平衡盾构施工中的主要风险点之一，主要风险因素如下：

（1）泥水平衡盾构对洞口处土体的稳定性要求高，在盾构始发建立泥水平衡或者始发推进过程中，一旦正面土体受到扰动和破坏，将无法建立正常的泥水平衡体系，导致土体坍塌甚至导致泥水溢出地面。

（2）盾构始发过程中，为了确保泥水平衡的正常建立以及泥水正常循环，要做好洞口的止水密封；否则，由于砂性承压水层的存在，在建立泥水平衡时会导致泥水回窜外溢，泥水难以平衡正面土体。

（3）以 600m 小半径、5% 坡度始发，轴线控制难度较大。

（4）因盾构始发井结构长度限制，盾构机需进行分体始发。

（5）始发阶段需要切割南岸大堤真空预压施工塑料排水板，易引起隧道上方土体失稳、地面冒浆、排水板缠绕刀具、堵塞泥水吸口等风险。

5.5.2 风险控制措施

1. 一般措施

（1）设置性能良好的箱形结构密封止水装置。

（2）在洞圈上采用帘布橡胶板和注浆管的方式止水。

（3）严格控制洞门土体加固的施工质量，通过垂直与水平钻心取样的方式，检测土体加固强度和均匀性。

（4）合理设置始发基座位置，适应小半径始发要求。

（5）隧道洞门混凝土凿除前，在洞圈范围内钻水平观测孔，观察是否出现渗透水；如有，则根据周边环境情况，采用水平注浆或降水等处理措施。

（6）盾构机在加固区内掘进时，应控制掘进速度、刀盘扭矩，以保证刀盘对正面加固土体的充分切削，减少产生大块固状物的可能性，以免堵塞管路。

（7）合理选择负环及始发阶段封块位置，控制好拼装质量；合理设置推进分区油压，控制好盾尾间隙及成环隧道轴线。

（8）盾构机车架适应分体始发要求。

（9）根据施工情况加强刀具检查，必要时进行常压换刀。

（10）如泥水吸口严重堵塞，通过泥水循环逆洗不能解决时，需带压进舱进行排水板清理。

（11）盾构机始发车架状态效果图见图 5-5-1。

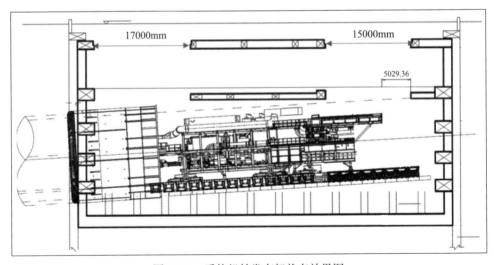

图 5-5-1 盾构机始发车架状态效果图

2. 始发井地基加固

（1）水泥系加固

端头水泥系加固采用三轴搅拌桩＋深孔注浆的形式，采用直径850mm、间距600mm三轴搅拌桩和深度43m深孔注浆。工作井加固区范围为13m（长度）×25.2m（宽度），也采用直径850mm，间距600mm三轴搅拌桩施工。前期结构施工中，始发工作井地下连续墙外侧施工单排直径850mm，间距600mm三轴槽壁加固，因此设定搅拌桩区域距离工作井地下连续墙900mm，该间隙的中间部位施钻25个深孔注浆孔。水泥系加固平面图、剖面图见图5-5-2、图5-5-3。

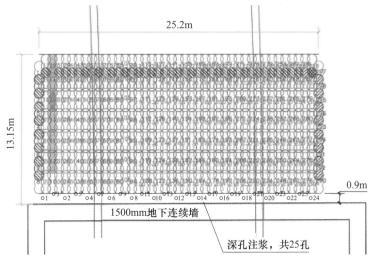

图 5-5-2　水泥系加固平面图

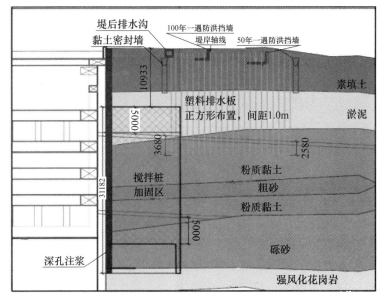

图 5-5-3　水泥系加固剖面图

（2）冻结加固

为防止地墙夹心层渗水，保证洞门凿除期间安全，且增加水泥系加固安全系数，使盾构安全始发，南岸始发井采用"水泥系加固＋垂直冻结＋水平冻结"的复合工法，冻结加固为水泥系加固的辅助措施，按Ⅰ类冻结壁（仅用于止水而无承载要求）设计。由于已完成三轴搅拌桩，在考虑三轴搅拌加固效果完全能达到设计要求的前提下，冻结加固旨在确保凿除洞门圈范围内地下连续墙时，地下连续墙与土体的承载和止水效果，确保盾构始发安全，水土荷载由搅拌桩加固体承载。

水平冻结加固采用"下半圆长筒形"冻结壁进行土体加固，筒厚2.0m，下半圆筒长15m，入土筒长12.0m，冻结壁平均温度≤－10℃；垂直冻结加固采用矩形板块冻结，板块厚度为2.0m，冻结壁平均温度≤－10℃；冻结壁与地下连续墙交界面平均温度≤－5℃。

冻结加固平面示意图见图5-5-4，冻结加固剖面示意图5-5-5。

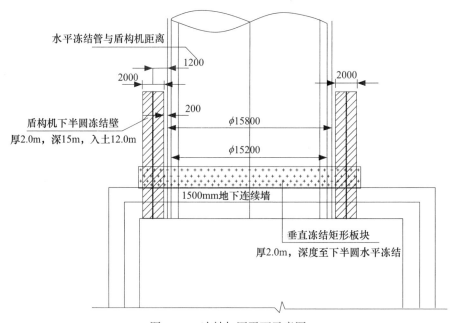

图5-5-4 冻结加固平面示意图

（3）在端头井打设8口应急降水井，以备紧急情况使用，见图5-5-6。

3. 洞门凿除

通过测温孔计算，确定冻结帷幕交圈、冻结壁与槽壁完全胶结，并达到设计厚度后，进行探孔观测；经探孔观测无水，且探孔内温度在－5℃以下已结冰，验收合格后方可进行完全破壁。

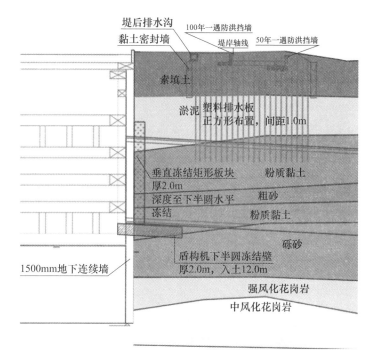

图 5-5-5　冻结加固剖面示意图

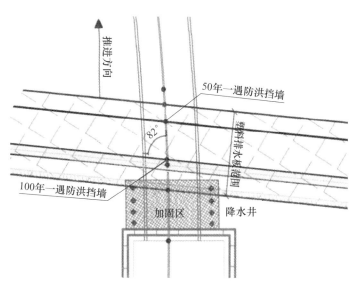

图 5-5-6　始发降水井平面示意图

为了凿除洞门工作的需要，应预先在洞圈内搭设钢制脚手架。盾构（包括始发施工的一切相关设备）定位安装及调试完成后，在确保盾构运转状态良好的情况下开始凿除洞门。

采用风镐将洞门作粉碎性分层凿除处理。凿除时应严格控制每次凿除深度，连续墙主体部位分2次凿除，每次凿除厚度为750mm左右。凿除过程中对洞门内的内、外排钢筋依次作割除处理。整个凿除作业应密切注意外侧土体加固效果，根据实际情况，最终安全地将洞门凿除。

开凿、清除顺序需由上至下。洞门凿除要连续施工，尽量缩短作业时间，减少正面土体的流失量。整个作业过程中，由专职安全员进行全过程监督，杜绝安全事故隐患，确保人身安全，同时对洞口的密封止水装置采取必要的保护措施。

注意事项：

（1）洞门混凝土开始凿除前，须通过钻孔取心，确认加固体达到设计要求。

（2）洞门凿除过程中，如发现有渗水点，要及时进行封堵，以防水土流失。

（3）洞门凿除及始发阶段，预先开设的降水井作为应急措施。

（4）洞门完全凿除后，盾构机应迅速向前靠上洞门圈。

（5）破除地下连续墙时，必须注意冷冻系统的保护，须在冻结管路及测温系统上部布置钢架，钢架上铺设木板，防止碎石砸坏碰或砸冷冻管路及测温系统。若发生盐水管路破裂，应及时关闭对应盐水分组阀门，排查破损处重新连接管路。

5.5.3 盾构始发施工

后座负环衬砌环全部为闭口环，临近洞口布置外弧面有钢板的特殊闭口环。为减小盾构始发推出时的摩阻力，在盾构推出前在盾构外壳、轨道上涂抹黄油。盾构推进时管片等材料由工作井西侧的预留孔吊入，通过轨道电机车运输至盾构工作面。盾构正面切入土体后开启泥水管路的闸门，确保泥水系统的畅通。当盾尾最后一道钢板刷进入止水箱体5~10cm后立即用钢板和始发环的背覆钢板焊接，若洞口泥水泄漏严重，则应由预留压浆孔向箱体内压注单（双）液浆。

5.5.4 泥水平衡建立

为了提高管片拼装的安全性，增大千斤顶顶力，盾构在进入止水箱体第二道橡胶帘布板的同时开始建立泥水平衡，初始泥水压力设置为1~1.5bar。当盾构切口环完全进入止水箱体第二道橡胶帘布板之后，停止推进，检查止水箱体与盾构的咬合情况，并进行加泥水前的准备。采用气压调节泥水压力波动，密封舱当中以一块隔板将其分为两个部分，前半部为泥水舱，后半部为气压舱。开始建立平衡过程时不但需要加泥水，还需要加气，整个过程分三步进行。

（1）加泥水

加泥水之前要将泥水舱以及气压舱排气阀打开。然后开启小循环，打开进泥管路的阀门，通过泥水循环的方式进行加泥水，而通过调节送泥泵以及排泥泵的转速可以调节加泥水的流量。这样可以人为控制加泥水流量。操作简便而且安全。

（2）加气

当泥水舱液位达到 75% 时，将进泥管路上的两个阀门以及气压舱排气阀关闭，此时，通过逐步调高气压舱的气压来进行充气（调高气压舱的设定压力时，气压舱实际压力比设定压力小，气压调节阀会自动打开往气压舱内补充气体，气体由车架上储气罐提供，使得实际压力达到设定压力），当气压舱的压力升高的同时气压舱液位随之降低，而泥水舱的液位升高。最后泥水舱顶部排气管喷出满管泥水时说明空气排光。

（3）建立泥水平衡，随后关闭排气阀，并将气压舱压力设定至理论数值，并通过开启小循环，调节进排泥泵的转速，将气压舱泥水的液位控制在中心位置。

5.6 超大直径盾构到达掘进控制技术

5.6.1 到达区工程概况

1. 到达区工程地质

见表 5-6-1。

到达区工程地质情况　　　　表 5-6-1

位置	覆土深度	地质情况
接收区域	10.2m	隧道顶部：淤泥 隧道底部：砂质黏性土 （素填土、淤泥、粉质黏土、砾砂、砂质黏性土、全风化花岗岩、强风化花岗岩、中风化花岗岩；隧道中心标高-14.207） 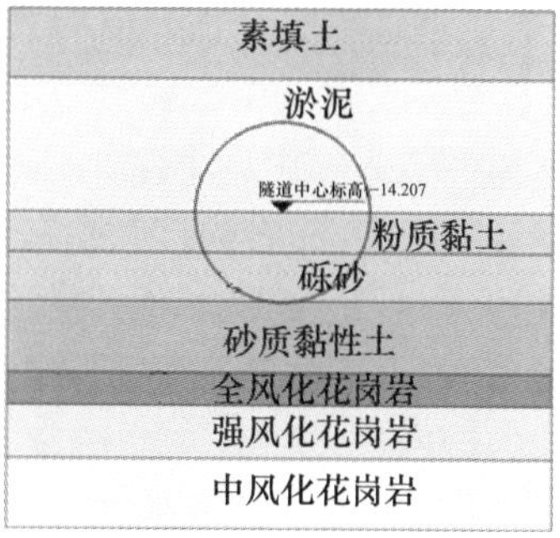

盾构到达区域周边环境见图 5-6-1。

图 5-6-1　盾构到达区域周边环境

2. 盾构进洞施工风险分析

泥水平衡盾构接收施工同样是施工主要风险点之一。盾构接收前，破除洞门时的正面土体无法自立而导致正面坍塌；盾构在进入工作井的过程中，地下水沿洞圈与盾壳、洞圈与管片之间的隙涌入到工作井。

5.6.2　风险控制措施

1. 一般措施

（1）接收井端头加固采用搅拌桩＋垂直界面冻结措施，确保盾构接收的安全，通过垂直与水平钻心取样的方式，检测土体加固强度和均匀性。

（2）接收洞门止水装置采用 1 道铰链板＋1 道帘幕橡胶板。

（3）为减小施工时透水风险，端头加固区域设置 8 口降水井（2 口兼作观测井）。洞门破除及盾构接收过程中，若发现有漏水、漏砂的现象，应立即进行降水作业，以保证安全。降水井的降水深度应满足将洞门处的地下水降至结构底以下 1m 的要求。在后续施工过程中，可以依据补勘资料、试桩情况、施工经验等进一步优化始发方案。

2. 接收井端头加固施工

根据设计图，接收井端头加固施工采用端头加固三轴搅拌桩＋冻结法的形式。具体施工工艺同始发井端头加固。

5.6.3　盾构接收施工

（1）盾构接收施工流程图，见图 5-6-2。

第5章 超大直径盾构始发与接收关键技术

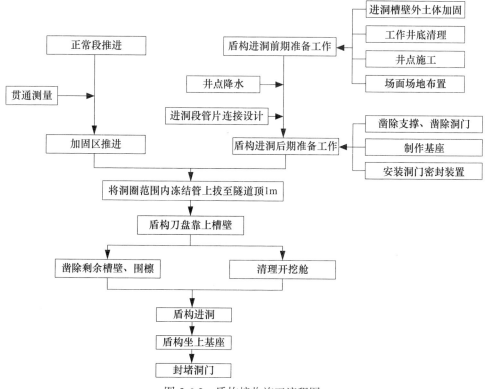

图 5-6-2 盾构接收施工流程图

（2）盾构接收施工

1）盾构接收前期准备，见表 5-6-2。

盾构接收前期准备　　表 5-6-2

准备工作	内容
地基加固	加固接收端头井，采用三轴搅拌桩＋垂直界面冻结的组合加固。搅拌桩规格：直径 850mm、间距 600mm，加固宽度至盾构外轮廓两侧 5m，垂直冻结区纵向长度为工作井地下连续墙外皮向外 2m，冻结宽度与深度与搅拌桩加固体相同
基座施工	接收基座采用砂浆基座
密封装置安装	接收装置根据洞门实测数据进行加工、安装；在洞门安装铰链板及帘幕橡胶板
钻孔取心	盾构机洞门凿除前对加固体进行水平及垂直取心，检测土体加固效果，合格后方可进行洞门凿除作业
定向测量	在盾构接收前 100m，进行一次定向测量作业。确保盾构能按预定方案实施，以良好的姿态接收
预埋件连接	盾构接收阶段，对管片预埋件进行环、纵向拉紧，若环向出现松动，应补加环向联系

2）凿除洞门：盾构机抵达加固区，开始凿除洞门工作，采用人工＋镐头机分工作面分层凿除方法。凿除作业中，保护好安装好的气囊装置。凿除洞门分2个阶段，第一阶段是在盾构穿越加固区的时候凿除主体部分，第二阶段是盾构抵达洞口后凿除地下连续墙外排钢筋保护层并割除外排钢筋。

3）盾构加固区内掘进的主要施工参数控制：盾构的轴线控制按照实测的洞门中心数据推进，偏差值控制±20mm以内；盾构在加固区内推进速度宜控制在5mm/min；加固区内切口土压控制在80～120kPa；刀盘距离冻结区域2m停止推进，将洞圈范围内冻结管上拔至隧道顶1m后，恢复推进。

4）盾构进入接收井：盾构刀盘距离洞门约200mm时开始进行剩余部分洞门凿除，同时通过管片注浆孔对盾尾后部6～8环进行压力补偿注浆（即环箍注浆）；井内推进过程中同样必须做好同步注浆、压力补偿注浆、管片螺栓复紧等工作。

5）封堵洞门：通过预留的注浆孔进行注浆，填充管片与洞门结构之间的间隙；在洞口环脱出盾尾后即可进行洞门封堵工作；完成封堵洞门、洞圈注浆后，解冻、拔除冻结管，并进行回填、封堵冻结孔的工作。

6）盾构接收施工见图5-6-3。

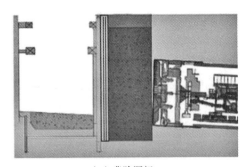

（a）凿除洞门

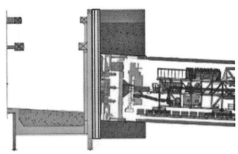

（b）盾构加固区内掘进

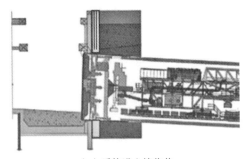

（c）盾构进入接收井

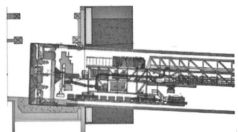

（d）封堵洞门

图5-6-3　盾构接收施工

5.7 本章小结

本章对盾构装备的选型和现场组装调试进行详细介绍,旨在为相关工程的设计和实施提供科学依据。

(1)详细介绍盾构机的工程需求、性能、施工效率、安全性能和经济性等关键考虑因素。科学选择合适的盾构装备,确保其适应工程要求和地质条件。

(2)介绍盾构机的配置要素和主要参数,包括盾构机的推进力、转速、刀盘直径、推进速度、土压平衡控制等性能指标。为合理配置盾构机的参数以及提高施工效率,确保施工过程的安全性提供依据。

(3)现场组装调试的关键技术包括:基础工程准备、盾构机组装、机械调试、土压平衡调试、安全监测系统调试、试运行与调试等。通过精确地组装和调试工作,能够确保盾构机设备的正常运行和施工过程的安全稳定。

(4)分析盾构机始发区的工程地质情况和施工风险分析,详细讨论风险控制措施,包括:一般措施、始发井地基加固和洞门凿除等。通过泥水平衡的建立能够有效地控制盾构机始发阶段的风险,确保施工的安全进行。

(5)分析盾构机到达区工程地质与周边环境以及盾构机进洞施工的风险。合理地进行风险控制和技术应用,确保盾构安全到达目标点,保障施工过程的稳定性和安全性。

(6)介绍刀具检查及更换的原则,包括常压刀具和带压刀具的检查与更换。讨论刀具更换管理的重要性。通过定期的刀具检查与更换确保盾构机的正常运行,避免刀具故障对施工的影响。

第6章 海底隧道典型地层盾构施工关键技术

本章针对典型地层盾构施工中的重难点进行分析和总结,并提出相应风险控制措施,旨在为类似工程条件的盾构隧道施工提供有价值的参考。

6.1 软土地区隧道施工重点

十字门隧道盾构施工区域的地层主要包括素填土、淤泥、淤泥质土、砂质黏土、粉质黏土、粗砂、砾砂、全-中风化花岗岩强风化花岗岩、全风化花岗岩。由于盾构施工需要穿越淤泥质土和黏性土地层,刀盘容易结泥饼,泥浆分离难度较大。同时,施工过程中也将面临软硬不均地层的挑战。工程场地范围内存在两层海陆交互相的软土层:淤泥层埋深范围为15.8～24.7m,揭露厚度为4.1～15.0m,平均揭露厚度为10.2m。该层淤泥呈灰黑色,饱和且具有流塑性,含有少量贝壳碎片,并局部含有砂。淤泥质土层埋深范围为24.8～41.0m,揭露厚度为1.5～16.5m,平均揭露厚度为7.5m。该层淤泥质土呈灰黑色,饱和且具有流塑至软塑性,局部含有砂。十字门隧道工程地层情况见图6-1-1(该图原为彩色图,各地层区分明显。由于本书黑白印刷,现本图各地层仅表示区分示意,请谅解)。

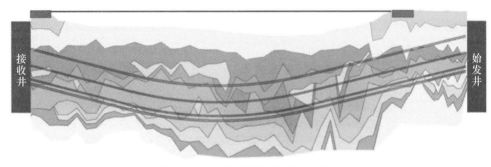

图 6-1-1　十字门隧道工程地层情况

由于盾构施工需要穿越这两层软土，施工面临着泥浆分离困难、刀盘结泥饼等挑战。此外，施工还必须应对地层软硬不均的情况，增加了施工的复杂性和难度。该工程施工具有以下突出的难点：

（1）小曲率半径、复合地层高水压盾构隧道设计施工经验少、难度大

本工程是大陆地区海域下最大直径盾构隧道，且海中段为岩土复合地层，国内可供借鉴的超大直径泥水平衡盾构施工经验不多。受两岸接线条件的限制和约束，本工程盾构段采用了S形600m小曲率半径，为国内大盾构工程中的最小半径，达到了盾构机械施工能力的极限状态，为国际上大盾构隧道首次采用，无成熟工程经验可供借鉴。极限小半径极易造成管片错台破损及盾尾防水系统的磨损漏水，加之盾构处于软硬不均地层刀具易磨损，需在江底高水压下更换刀具或盾尾密封刷，同时，开挖面如失稳产生河床隆起或塌陷，可能引发上方江水倒灌。

（2）大直径盾构超短加固体强透水地层始发

盾构始发井紧邻江南大堤。盾构机进入江南大堤高承压水砂层时洞门无法封闭，可能存在承压水从洞门喷射入工作井进而引起涌水涌砂，人身伤亡的重大风险。这也是本工程的重大难点之一。

（3）结构设计工况复杂

隧道工程建设条件与海洋自然环境条件十分复杂，海中段结构设计不仅要考虑正常工况下的水土压力，而且还要考虑沉船、抛锚、极端天气状况波浪、极限条件冲刷及海平面上升等影响，结构受力及变形计算工况复杂。隧道工程位于7度地震区，隧道处于软土或软硬不均地层，对地震效应具有放大效应，属于抗震不利场地，一旦受到强震破坏发生海水倒灌，将导致不可修复的"灭顶之灾"，因此地震灾害风险大，抗震设计要求高。

（4）深厚软土层

本工程临近马骝洲水道，距离堤防不足50m。横琴岛分布有深厚淤泥质软土地层、物理力学性能差，设计施工难度大。软土具有天然含水率高、可压缩性强、力学强度低等特点，易造成地基基础沉降过大、不均匀沉降和基底失稳等事故。因此非常有必要总结横琴地区深厚软土设计施工经验，为后续开发建设提供参考。

（5）结构耐久性要求高

珠海市受欧亚大陆和热带海洋的交替影响，天气气候复杂多变，灾害性天气频繁，对混凝土结构的耐久性要求较高。本工程地处马骝洲水道入海口，受周期性"咸潮"影响，腐蚀性介质既有来自外部海洋大气环境，又有洞内海洋性大气环境，还有外部水土的作用，结构设计使用寿命100年。

6.2 盾构穿越南北岸大堤施工技术

6.2.1 南北岸大堤段施工特点

1. 概况

隧道以82°角下穿南岸大堤,与大堤底部塑料排水板局部有冲突。隧道于大堤处埋深为16.8~17.7m,垂向上隧道顶部距江南大堤建筑物最小距离为13.22m。

南岸大堤堤身在软基处理后采用土石料填筑,堤身挡墙采用L形混凝土结构,挡墙高程4.3m,底板长2.5m,厚0.4m,高2.4m,顶宽0.64m。堤前设置10m宽边防巡逻通道,顶高程2.5m,路面结构前方设实体L形防浪墙,顶高程3.7m。堤身挡墙及防浪墙均采用C40现浇钢筋混凝土结构,每10~15m分缝,缝内塞填20mm厚聚乙烯泡沫板,墙后铺设2m宽土工布。大堤临水面采用100~200kg块石护坡,厚1000mm。

盾构机穿越南岸大堤时,盾构机会对大堤位置的排水板切割,泥水易通过排水板上涌,地面冒浆。切口压力不能有效保持平衡,易引起开挖面失稳,地面产生沉降甚至坍塌。同时,南岸大堤区域排水板所处地层主要为回填土、淤泥质黏土、粉质黏土质等软弱地层,刀盘切割塑料排水板时,由于所处地层较松软,对排水板包裹力不足,可能导致大量排水板缠绕在刀盘及刀具上,造成刀盘和刀具失去切割力。同时,会堵塞泥水吸口,造成排泥不畅。必要时,需带压进舱清障。穿越南岸大堤平面示意图、剖面示意图见图6-2-1、图6-2-2。南岸塑料排水板布置见图6-2-3。

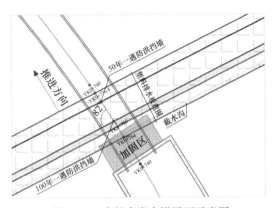

图6-2-1 穿越南岸大堤平面示意图

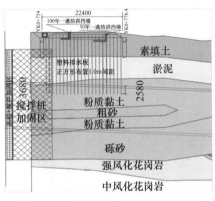

图6-2-2 穿越南岸大堤剖面示意图

图 6-2-3　南岸塑料排水板布置

2. 穿越北岸大堤概况

隧道于里程 YK1＋500.9～YK1＋524.88 处下穿北岸大堤，盾构穿越段为旧堤改造段。江北旧堤为抛石形成，厚度约 10m。改造时，在旧堤后方进行软基处理后采用土石料填筑，并修建 100 年一遇防洪挡墙、50 年一遇防洪挡墙、景观堤岸。其中，100 年一遇与 50 年一遇防洪挡墙间为国防巡逻道。旧堤挖除部分至设计高度，并于旧堤前方新建三级堤岸，在三级堤岸下方至旧堤范围内抛石。100 年一遇与 50 年一遇防洪挡墙为 C40 现浇钢筋混凝土结构，每 10m 设变形缝，缝内塞填 20mm 厚聚乙烯板，墙后变形缝在高程 0.1～1.7m 设置宽度 0.6m 土工布。景观堤岸与三级堤岸采用网箱块石结构修筑。

盾构穿越北岸大堤时，切割塑料排水板的内容与前述内容一致。穿越北岸大堤平面示意图、剖面图见图 6-2-4、图 6-2-5。大堤抛石大样图见图 6-2-6。北岸排水板布置见图 6-2-7。

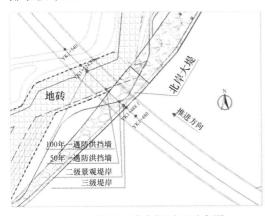

图 6-2-4　穿越北岸大堤平面示意图

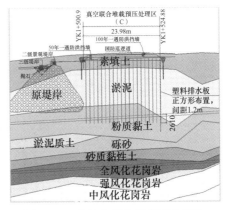

图 6-2-5　穿越北岸大堤剖面示意图

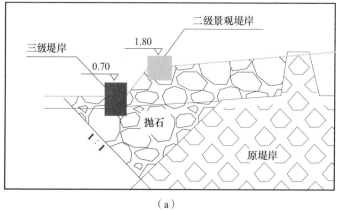

(a)

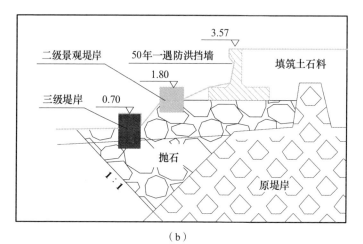

(b)

图 6-2-6 大堤抛石大样图

图 6-2-7 北岸排水板布置

盾构穿越北岸大堤针对性措施与下穿南岸大堤相似，施工时应提前总结穿越南岸大堤施工经验，以指导穿越北岸大堤施工。

6.2.2 风险控制措施

1. 施工风险分析

（1）盾构正面土体失稳

支护压力过小导致开挖面前方土体大量进入压力舱，引起地基过大沉降，甚至地表坍塌，而支护压力过大，容易产生地表隆起问题，这些都将给周围构筑物带来不良影响。同时，压力舱内施加支护压力的渣土受到原有地层条件影响而使得支护压力不断波动，进一步恶化不良开挖控制的影响。由于隧道所处地层条件的复杂特殊性，存在发生盾构正面失稳的风险。

（2）隧道上浮

在盾构工程中，盾构机开挖直径与管片外径的差异很重要。若同步注浆未能有效填充建筑间隙，一旦管片脱离盾构机，可能会引起上浮现象。泥水平衡盾构机在推进时，整体基本被泥水包围，若同步注浆分布不均，泥水可能涌入隧道，产生浮力，从而导致隧道上浮。

大型泥水平衡盾构机在管片脱离盾尾后，由于管片重量与挖掘土体重量差异较大，下部土体可能出现回弹现象，从而引起隧道上浮。

（3）盾尾渗漏

当盾构机推进过程中，一旦盾尾发生泄漏，造成地层损失后，将导致地面建筑物或管线有不同程度的破坏。同时，渗漏物流向盾尾会影响管片拼装施工，导致穿越施工不连贯。

（4）刀具缠绕

穿越阶段需要切割江南大堤真空预压施工塑料排水板，易引起隧道上方土体失稳、地面冒浆、排水板缠绕刀具、堵塞泥水吸口等风险。

2. 穿越前针对性措施

下穿大堤前应和大堤管理部门提前沟通协调，以取得其认可与配合。并根据现有的地质勘查资料，尚不能完全明确南、北岸大堤的详细资料。在盾构始发前，对大堤基础结构形式、大堤处抛石深度进行调研、补勘，明确大堤基础、抛石与隧道间的相互关系。若抛石位于隧道范围内，对隧道轴线进行调整或进行预加固处理。

盾构始发前制定专项安全施工方案及大堤的监测和保护方案，对大堤进行安全影响评估。通过以往的施工经验对专项方案进行优化，并进行专家论证。

3. 穿越时盾构机设备针对性配置

见表6-2-1。

盾构机设备针对性配置表 表 6-2-1

针对性配置	主要功能
正面泥水压力控制	压力波动较敏感,便于正面压力平衡控制,对大堤沉降控制精度高
常压可更换刀盘	根据不同地层分布,合理选择和布置刀具,保证刀盘穿越大堤时连续均衡施工
盾壳预留注浆孔	必要时,可通过注浆孔向盾壳外压注克泥效,有利于控制大堤沉降
盾尾油脂压注监测	可根据压力情况自动补压,杜绝人为欠压现象的发生。盾尾油脂压注应定期、定量、定位压注
自动导向系统	实时提供盾构姿态,便于操作人员控制好盾构姿态,可有效防止由于不当纠偏引起的大堤沉降

（1）设备保养

穿越施工前,严格按照盾构机制造商提供的盾构机设备保养手册对盾构机进行检查、维护和保养,发现异常情况,进行及时处理,确保盾构机处于良好的状态,保证安全施工。

（2）盾构机推进大堤控制措施

见表 6-2-2。

盾构机推进大堤推进措施 表 6-2-2

参数控制	主要措施
正面平衡压力	严格控制切口平衡泥水压力,防止过量超挖、欠挖,切口水压波动值控制在 $-0.005 \sim +0.005$ MPa,并根据监测信息,及时调整设定切口水压
推进速度	推进速度宜控制在 10mm/min 以内,尽量均衡施工,减少对周围土体的扰动
盾构纠偏	不急纠、不猛纠,采用稳坡法、缓坡法推进,减少盾构施工对地面的影响
泥水管理	加强泥浆配合比调整,如添加堵漏剂,加大泥水指标测试频率,泥水相对密度控制在 $1.20 g/cm^3$,黏度不低于 18s。切削排水板时,注意排泥泵吸口压力变化。必要时,通过逆洗模式清理泥水吸口。如发生泥水吸口严重堵塞,必要时,带压进舱清理泥水舱和刀具上的排水板
同步注浆管理	实行注浆量和注浆压力双控,以注浆压力控制为主,对浆液均匀合理地压注,保证浆液的配合比与质量,结合大堤变形监测数据进行实际控制
克泥效注浆	穿越过程中,通过注浆孔向盾壳外压注一定量的克泥效浆液,加强对大堤沉降控制

（3）大堤监测

大堤处沿轴线纵向监测点需加密,在需重点加密监测的区域内布设沉降监测点。穿越前,提前开始对大堤进行监测,掌握大堤的自然沉降量,为盾构机穿越大堤提供参考数据。盾构机穿越大堤期间加强大堤监测,做到每环一测,并根据监测结果实时调整施工。

6.2.3 穿越预应力锚索破除区域

1. 区域概况

根据相关资料，北岸工作井端头处，盾构在江北与会展中心地下室水平净距约 23m，隧顶埋深约 10m，地下室底板埋深约 13.3m。此位置，沿掘进方向约 70m 内，隧道断面内存在会展中心结构施工遗留下来的预应力锚索，约 38 排，90 根，几乎全部是全断面侵入。

预应力锚索类型：

（1）预应力锚索 @1350，长 43m，自由段 8m；一桩一锚，抗拉设计值 410kN，锚头锁定值 245kN。

（2）预应力锚索 2@2700，长 35m，自由段 7m；两桩一锚，抗拉设计值 460kN，锚头锁定值 275kN。

（3）预应力锚索 @2700，长 31m，自由段 6m；两桩一锚，抗拉设计值 350kN，锚头锁定值 210kN。

（4）预应力锚索 @2700，长 30m，自由段 5m；两桩一锚，抗拉设计值 350kN，锚头锁定值 210kN。

2. 穿越前针对性措施

（1）详细踏勘

盾构施工前，须对现场进行详细踏勘，对各风险点情况进行排摸，摸清锚索节段的资料，与盾构隧道位置高程进行比较。摸清周边建（构）筑物、管线的结构、基础形式等资料，与盾构隧道位置高程进行比较，确定穿越形式。了解详细工况条件后，制定具有针对性的技术方案。

（2）锚索破除预处理

根据设计要求，对锚索采用直径 1500mm 全套筒回转钻机与直径 1500mm 旋挖钻组合的工法清理。首先，用直径 1500mm 的咬合式全回转钻机将锚索切断为两端自由的节段。其次，在各节段内，用直径 1500mm 的旋挖钻头，在取土的同时将锚索节段缠绕后带出地面。

（3）回填及加固处理

锚索全部处理完毕后，需清除遗留的破碎土体。对处于端头加固区的土体直接按端头加固方案加固。端头加固区外的钻孔回填后，采用钢管对土体进行分层注浆。钢管注浆范围为盾构隧道轮廓外扩 1m。注浆采用双液浆，具体配合比见表 6-2-3。

3. 盾构机设备针对性措施

同 6.2.2 节 3. 内容。

4. 穿越后技术措施

在工程施工前，应制订详细的监测计划。在施工期间，必须强化对地表、周边管线以及建筑物沉降速率和累计沉降量等方面的监测，包括：设定预警值、报警值、极限值。根据监测结果指导施工，确保施工过程真正做到与监测数据动态匹配。在完成二次补注浆穿越后，根据地面监测情况，根据实际需要，在隧道内进行二次注浆操作。

双液浆液配合比（重量比） 表 6-2-3

A 液		B 液
42.5 级水泥（kg）	水（L）	水玻璃（L）
1000	1000	250

6.2.4 大堤保护措施

（1）根据设计，穿越过程中根据大堤沉降情况及施工参数变化情况，必要时，跟踪注浆。

（2）采用 MD—80 钻机进行成孔施工，采用 BW—250 型泥浆泵对地基进行加固注浆，利用直径 180mm 的袖阀管作为注浆管。

加固设备见图 6-2-8。

MD—80 钻机

BW—250 型泥浆泵

图 6-2-8 加固设备

（3）注浆加固施工流程

见图 6-2-9。

（4）主要技术措施

1）注浆施工

① 施工场地提前整平，并沿钻孔位置开挖沟槽和集水坑。堤岸有混凝土面的部位，使用水钻开孔后钻进。

第6章 海底隧道典型地层盾构施工关键技术

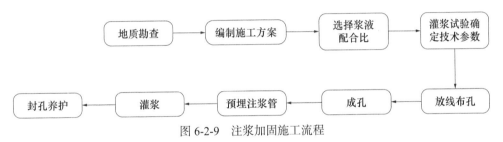

图 6-2-9 注浆加固施工流程

② 注浆孔的孔径约为 180mm，垂直度偏差保证小于 1%。

③ 注浆用水采用 pH 大于 4 的工业用水。

④ 根据现场情况不断调整水灰比。

⑤ 注浆的流量控制在 7~10L/min。

⑥ 浆体经过搅拌机充分搅拌均匀后才开始压注，并应在注浆过程中不停缓慢搅拌，确保搅拌时间少于浆液初凝时间。浆液在泵送前应经过筛网过滤。

⑦ 注浆加固施工时，采用自动流量和压力记录仪，及时对已有的资料进行整理以调整方案的可实施性。

⑧ 水温控制在 30℃以下，盛浆桶和注浆管在注浆体静止状态置于阴凉处，避免浆液凝固。

2）施工控制要点

① 注浆时，要时刻监测注浆压力，避免压力过大造成上覆土层隆起，浆液向上冒。

② 浆液还没有固化时给加固堤岸增加了外荷载，进行注浆时对原持力层有扰动，可能引起附加沉降，可考虑采用隔一孔或者数孔跳注或间歇注浆。

③ 堤岸底动水压力比较大，在进行注浆加固时适量掺入加速凝剂。大堤注浆加固剖面示意图见图 6-2-10，注浆加固施工示意图见图 6-2-11。

在盾构机顺利穿越南岸大堤后，应及时总结，清楚地掌握盾构机穿越大堤时各项施工参数对大堤的影响状况，为后续盾构推进施工做好技术准备。盾构机穿越后注浆措施见图 6-2-12。

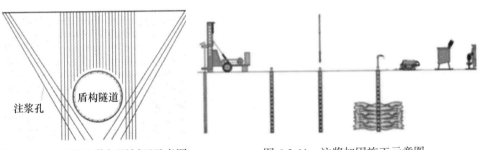

图 6-2-10 大堤注浆加固剖面示意图　　图 6-2-11 注浆加固施工示意图

173

图 6-2-12　盾构机穿越后注浆措施

6.3　穿越海域水底段施工技术

6.3.1　海域水底段施工特点

隧道于里程 YK0＋754～YK1＋524.88 穿马骝洲水道，穿越约 335 环，水道宽约 770.0m，水深 0.2～15.0m，流量较大，主要接受大气降水及互通河流之间的补给，受季节性影响较大，雨季流量数十倍增，最大水位差约为 2.50m。盾构覆土 14.78～22.87m。主要有粉质黏土、粗砂、淤泥质土、砾砂、砂质黏性土，隧道下方主要为全风化花岗岩层及强风化花岗岩层，根据地勘报告，这两层有孤石分布。砾砂层为承压含水层，江中段地下水氯化物、镁离子、钙离子等指标高于陆域段普通地下水。隧道下方全风化花岗岩层及强风化花岗岩层有进入隧道断面的可能，推进过程中有遭遇孤石的风险。

为了能更准确地掌握软弱不均地层的分布形式，确定硬岩岩面线以及水底断裂段颗粒粒径，进一步确定软硬不均地层中是否存在孤石，通过试验确定岩石层的单轴抗压强度和矿物含量等指标，需在穿越水底前进行补勘。经过在江中段钻孔补勘，补勘未发现有孤石或基岩侵入隧道断面内。

6.3.2　风险控制措施

1. 施工风险分析

需穿越马骝洲水道，江中段地下水氯化物、镁离子、钙离子等指标高于陆域段普通地下水指标，容易引起泥水劣化，使得泥浆成膜质量差。同时，砾砂地层泥浆易漏失导致掘进面压力失稳，盾构机在高水压砂质地层中推进易出现刀盘、刀具磨损、盾尾渗漏等风险。

2. 盾构机设计针对性措施

根据珠海横琴通道和武汉三阳路长江隧道等复合地层施工成功经验，结合本工程复杂地层条件，对盾构机配置合适的刀具，配置如下：

（1）常压可进入式刀盘。
（2）开挖直径15800mm。
（3）开口率27%。
（4）常压可更换刀具覆盖全断面。
（5）刀盘结构内可进行刀具更换。
（6）工作区域加强安全措施，工人无须暴露在压力环境下。
（7）可常压更换的单轴单刃滚刀（覆盖全断面）。
（8）可实现滚刀—齿刀互换。
（9）可常压更换的刮刀（覆盖全断面）。

为了有效监测刀具磨损情况，在刀具上配备相应的监测系统，为判断刀具磨损提供参考。以激光为光源，以光纤传感器为检测手段，以刀杆振动位移为检测对象，实现对刀具状态的跟踪检测。滚刀在使用过程中，一旦不旋转，刀具磨损速度会加快，因此，对滚刀的监测除了常规磨损监测外，还增加滚刀的旋转监测。

此外，为了解决常压刀盘中心开口率较小的问题，刀盘设计采用中心冲刷系统的优化方案。除了在主刀臂之间设置冲洗口外，在刀盘中心面板、滚刀刀桶配置冲洗口。刀桶冲刷与中心冲刷如图6-3-1所示，图中箭头指冲刷位置。

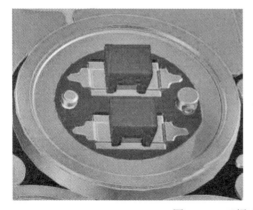

图6-3-1　刀桶冲刷与中心冲刷

为满足刀盘中心冲刷的要求，在盾构机上设置专门用于刀盘中心冲刷的P0.1泵，满足刀盘6个中心面板冲刷、6个刀臂间喷嘴及6个刀桶同时冲刷的工作需要。中心冲刷泵的设计流量为700m³/hr，功率250kW，配备的中心回转接头直径 250mm。

为防止中心开口发生泥饼淤积的现象，应定期冲洗管路。

为确保出渣顺利，配置高性能的破碎机，破碎后的颗粒能满足泥水排浆系统的正常工作，并且破碎效率满足盾构机推进速度。

破碎机装置示意图见图 6-3-2。

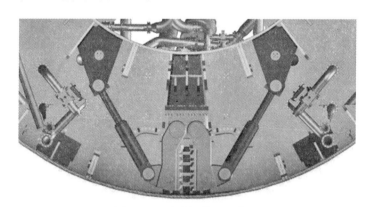

图 6-3-2　破碎机装置示意图

盾尾密封系统包括 4 道密封钢丝刷、1 道钢板束、1 道盾尾止浆板。既保证海域水底段推进时盾尾的密封性能，又具有更换 2 道钢丝刷的能力，也有效地防止渗漏的产生。装备高水压下轴承密封自动加压系统，保证驱动密封的安全。

3. 盾构推进针对性措施

（1）关键推进参数控制

1）泥水管理

由于前期爆破预处理对软硬不均地层土体产生扰动，使该区域土体孔隙增大，在盾构穿越过程中，开挖面的泥膜质量是保证正面稳定的关键因素。采用高相对密度、高黏度的泥水推进。每环推进前、推进中和推进后都进行泥水指标测试，及时调整指标。泥水指标测试见图 6-3-3。泥水主要指标控制如下：

相对密度：一般不低于 $1.20g/cm^3$；

黏度：20s 以上；

析水率和 pH：析水率一般小于 5%，pH 呈碱性。

2）同步注浆控制

同步注浆控制包括注浆量和注浆压力控制，以压力控制为主。同步注浆系统采用 6 点注浆，及时充填建筑空隙，防止地面沉陷。按理论计算，注浆量为 120%～130% 的建筑空隙。适当提高隧道顶部同步浆液压注比例，减小盾构上浮。注浆比例控制见图 6-3-4。

第6章 海底隧道典型地层盾构施工关键技术

图 6-3-3 泥水指标测试

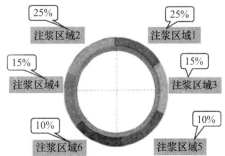

图 6-3-4 注浆比例控制

（2）推进操作措施

在穿越复杂地层过程中，要密切关注盾构机总推力、刀盘扭矩、油箱温度、油品质量等各项参数的变化，保证设备的正常运行，便于在复杂地层中高效推进。在此过程中，需紧密关注刀盘推力、扭矩和挤压力是否存在异常波动。每个班组应测定刀盘驱动温度并采取有效的降温措施，以确保刀盘在适宜温度下运行。此外，定期停机时，抽查代表性的刀具以评估其磨损情况，从而推断其他刀具的状况。

（3）防止海底冒浆（防冒）措施

严格控制切口水压波动范围。在推进过程中，操作人员需随时调整施工参数，将切口水压波动限制在 -0.05～0.05bar，保障正面推进的稳定性。密切注意刀盘扭矩、推力等参数的变化，如果出现异常波动，立即停机检查，确保设备安全运行。

严格控制干砂量，保持施工条件的稳定，避免干砂量过高引发不稳定情况。若由于机械故障或其他原因导致盾构停推，应迅速修复，采取措施防止盾构后退。在发现水底冒浆时，如果冒浆情况较轻，且在不降低开挖面水压的情况下能够继续推进，应推进，并使用新型泥水材料（图6-3-5）堵漏。同时，可以适当提高推进速度，提高拼装效率，确保盾构机尽快通过冒浆区域。

图6-3-5 新型泥水材料

（4）防止水底土层坍塌措施

按理论值设定切口水压，推进过程中应按理论值设定切口水压，根据每天的潮位变化情况以及变形监测数据对其进行相应调整。水底推进时，泥水指标是关键。采用适合海域水质的高质量泥水来保持开挖面土体的平衡。盾构推进过程中，调整池泥水相对密度控制在1.20左右，黏度控制在20s以上，同时，往开挖舱内注入一定量的新浆以提高泥水性能（图6-3-6、图6-3-7）。在盾构穿越海域期间，对海域的河床及水位加强监测，为施工参数的调整提供参考依据。当发现海底沉降大于20cm时应适当增加同步注浆量，必要时进行压力补偿注浆。

图6-3-6 往开挖舱注入新浆

图6-3-7 前舱新浆注入设备

（5）防止盾尾漏浆措施

要保持切口水压稳定，提高同步注浆质量。增加备用泵及堵漏材料，及时排水、堵漏。需要定期、定量、定位地进行盾尾油脂压注,保障盾构机尾部的整圆性和稳定性。严格按照设计要求进行管片接缝防水涂料的粘贴工作,确保管片接缝的密封,防止海水渗入。定期对盾构机尾部的变形情况监测,发现问题,及时修正。

(6)防止积泥饼、吸口堵塞措施

可采用化学方法消除泥饼。若遇到吸口不畅时,应及时转旁路,并通过大旁路和旁路的泥水进、排情况分析,找到不畅原因。如确定吸口堵塞时,应按技术要求进行逆洗。推进结束后,前后舱的泥水循环时间应加长。

(7)应对有毒有害气体措施

应加强隧道内通风,并对盾尾、泥水接管的气体进行检测。在隧道内配备有毒有害气体防护面罩,建立紧急状态撤离机制。

(8)检查更换刀具措施

将盾构机配置常压可更换刀盘,下穿海域水底时,计划对盾构机进行4次常压检查,更换刀具。定期和不定期对刀具进行检查更换:根据复合地层施工经验,每隔一段距离进行刀具检查更换或当刀盘监测系统发出报警或者盾构施工参数发生异常波动时,进行刀具检查更换。

(9)泥饼防治针对性措施

1)施工前准备

①隧道环箍注浆。

②盾尾密封。

③化学试剂配比试验。

④通风设施设置。

2)消除泥饼

①化学试剂压注设备及管路连接。

②通过压注设备将化学试剂压注至刀盘中心正面。

③分阶段压注。

④压注至设定剂量后,静置2h,等待反应完成。

⑤泥水循环清舱,恢复盾构机掘进施工。

6.3.3 小半径曲线段施工针对性措施

1. 区域概况

隧道盾构段长度940m。隧道全线处于小半径曲线施工段。盾构隧道出南工作井始发后,平面以半径为600m的反向双曲率下穿马骝洲隧道,在北工作井接收。其中,前半段左转小半径里范围为YK0+740~YK1+205。后半段右转小半径里程范围为YK1+205~YK1+680。

全线小半径曲线施工（图 6-3-8）也给盾构推进带来了许多的困难，具体内容如表 6-3-1 所示。

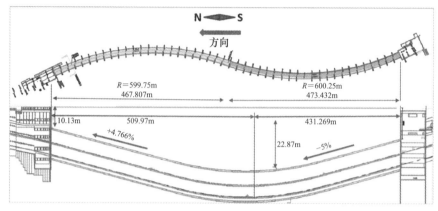

图 6-3-8　小半径曲线施工平面图

困难情况一览表　　　　　　　　　　　　　　　　表 6-3-1

序号	面临的困难
1	盾构机在小半径曲线段推进时，姿态容易出现偏差大的情况，进而造成成环管片的姿态超标。当盾构进行大幅度纠偏时，成环管片受力不均，会产生成环管片环高差超标以及管片纵缝张角过大的现象，容易引起隧道漏水
2	盾构机在小半径曲线段推进时，始终处于纠偏过程中，一旦超前量未满足要求，势必会出现盾尾间隙偏小，引起管片外弧面碎裂、损伤盾尾密封，造成隧道渗漏水
3	盾构机长时间处于纠偏过程中，盾构机盾尾因受力不均匀而易导致变形、盾尾刷损伤，盾尾有渗漏
4	盾构机长时间处于纠偏过程，成环曲线隧道所受推进反作用力单边较大，隧道推进与管片拼装两个环节中，成环隧道有"回弹"现象，对施工测量造成不利影响
5	接收段如果控制不当，造成轴线偏离，会直接影响盾构机接收

2. 施工风险分析

（1）同 6.2.2 节 1.（1）～（3）内容。

（2）轴线控制困难。

推进时可能发生盾构偏移，较难控制轴线。

3. 施工前针对性措施

（1）管片设计针对性措施

1）采用楔形量 80mm 的管片，保证 $R600$ 小半径轴线拟合。

2）管片设置剪力销，改善成环管片受力情况，保证成环质量；

3）管片设置注浆孔（图6-3-9），在隧道始发、接收及其他关键位置或特殊情况下，可通过注浆孔进行二次注浆。

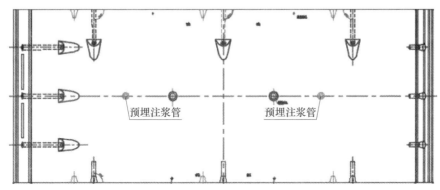

图6-3-9 管片设置注浆孔

（2）盾构机设计针对性措施

1）盾构机锥形设计，见图6-3-10。

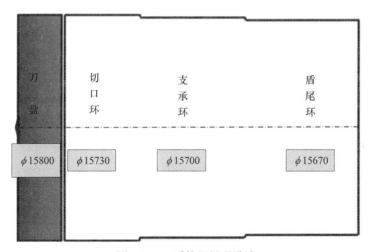

图6-3-10 盾构机锥形设计

2）鉴于十字门隧道最小转弯半径为600mm。经过理论计算，开挖直径需要15780mm才能满足极限转弯半径（600mm）的要求，考虑安全余量，刀盘开挖直径为15800mm。

3）刀盘配置相关刀，通过PLC控制实现相应角度范围内伸出或缩回，实现单边超挖，利于盾构机推进纠偏。

4）配置成熟的推进自动导向系统，实时提供盾构姿态，便于操作人员控制好盾构姿态，可有效防止不当纠偏。

4. 施工针对性措施

（1）盾构姿态控制

根据盾构姿态监控系统提供的有关盾构空间位置及方位的连续更新信息，控制各区域油压及千斤顶的行程，调整盾构推进方向及姿态，实现盾构沿设计轴线方向推进。做到勤测勤纠，环环纠偏。

（2）同步注浆控制

曲线段推进增加了地层损失量，多次纠偏增加了对土体的扰动，因此，在曲线段推进时应严格控制浆液的质量、注浆量和注浆压力。在施工过程中采用推进和注浆联动的方式，注浆未达到要求时，盾构机暂停推进，防止土体变形。保证填充效果和隧道的稳定，为盾构机在小半径曲线段推进提供稳定、可靠的后坐力支撑，利于盾构姿态控制，防止成环隧道的位移和变形。根据施工中的变形监测情况，随时调整注浆参数，从而有效地控制轴线。

（3）成形隧道稳定控制除上述同步注浆控制以外，必须加强管片之间的连接；合理使用剪力销，并对脱出盾尾管片螺栓定期进行多次复紧。

（4）利用管片选型软件进行管片拼装，合理选择管片封顶块位置，实现轴线拟合（图 6-3-11）。管片严格采取居中拼装，确保盾尾间隙均匀分布，方便盾构轴线控制。防止管片碎裂，以及损伤盾尾。

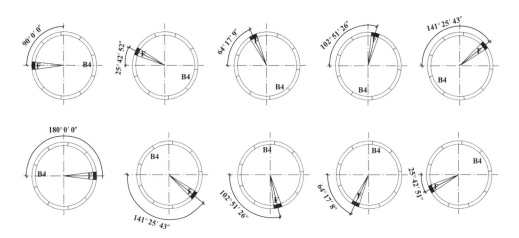

图 6-3-11 管片拼装封顶块选择示意图

施工中，随时关注盾尾与管片间的间隙，一旦发现单边间隙偏小时，及时对盾构机推进方向进行调整。在管片拼装时，根据盾尾与管片间的间隙进行合理调整，便于下环管片的拼装，也便于在下环管片推进过程中盾构机有足够的间隙纠偏。根据盾尾与管片间的间隙，结合盾构机、管片轴线偏差，合理选择封顶块的位置，保证管片的设计楔形量，使管片与盾构机轴线同步。

（5）施工测量

在小半径段推进时，应适当增加隧道测量的频率，通过多次测量来确保盾构测量数据的准确性。同时，可以通过测量数据来反馈盾构机的推进和纠偏。在施工时，如有必要可以实施跟踪测量，促使盾构机形成良好的姿态。

由于隧道转弯曲率半径小，隧道内的通视条件差，必须多次设置新的测量点和后视点。在设置新的测量点后，应严格复测，确保测量点位置准确。同时，由于盾构机转弯的侧向分力较大，可能造成成环隧道的水平位移，所以，必须定期复测后视点，对自动测量系统进行修正，保证其准确性。

（6）土体损失及辅助措施

由于设计轴线为小半径圆滑曲线，非直线，故在实际推进过程中，盾构机掘进轴线必然为一条折线，且曲线外侧出土量更大，造成曲线外侧土体的损失，并存在施工空隙。因此，在曲线段推进过程中，同步注浆时，须加强对曲线段外侧的压浆量，以填补施工空隙。必要时，可采取管片外二次注浆（双液浆）的措施，加固隧道外侧土体，减小隧道水平位移量，提高隧道稳定性。管片外二次注浆见图6-3-12。

为确保盾构机在小半径曲线段顺利施工，确保开挖面与盾尾单边间隙为65mm。为此，在盾构机壳体预留了注浆孔，降低盾构机锥度对施工的影响。必要时采取环、纵向拉紧措施，提高管片纵向刚度，管片增加预埋件。管片拉紧措施见图6-3-13。

图 6-3-12 管片外二次注浆

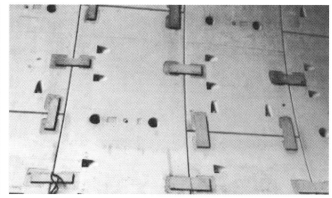

图 6-3-13 管片拉紧措施

（7）加强盾尾密封管理

推进施工时，按技术要求同步压注盾尾油脂。由专人对盾尾巡视，观察盾尾内油脂渗入量，观察是否有渗漏水或渗漏浆液。如发现有同步浆液持续渗入盾尾，应手动增加相应位置盾尾油脂压注量；如情况无明显改善，应拆除管片，对盾尾刷直观检查。

复杂多变地层对盾构机尾壳受力影响大，应定期通过测量手段对尾壳整圆度进行检测。考虑盾尾刷更换施工复杂、风险高、难度大，在推进施工作业面配备一定量的盾尾渗漏应急物资（海绵、插板等）。

6.4 穿越孤石及北岸花岗岩段施工技术

6.4.1 孤石及北岸花岗岩段施工特点

根据勘察资料，北岸岸边段，盾构段共存在一处孤石和一处基岩凸起（图6-4-1），里程为YK1＋566.89～YK1＋587.44，长度约20.55m。其中，风化花岗岩长度约15m。基岩凸起侵入隧道底最大高度约1.4m，孤石粒径约1.1m。

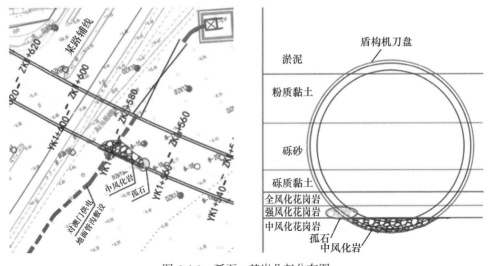

图 6-4-1　孤石、基岩凸起分布图

6.4.2 施工风险分析

（1）沉降控制困难

复杂地质压力控制困难，易引起土体变形和失稳，造成沉降。

（2）轴线控制困难

穿越软硬不均地层，推进时可能发生盾构偏移，有蛇形推进。

（3）开挖面失稳

穿越软硬不均地层，软硬比例变化幅度及频率大，工况转换频繁，对地表沉降、开挖面稳定、盾尾密封等控制难度大。

（4）刀具磨损严重

穿越软硬不均及硬岩地层，推进速度缓慢，刀具磨损快，换刀频繁，甚至损坏刀盘，影响工期。

6.4.3 风险控制措施

1. 穿越前针对性措施

（1）详细踏勘盾构施工前，须对现场进行详细踏勘，摸清周边环境如建（构）筑物、管线的结构、基础形式等资料，与盾构隧道位置高程进行比较。了解详细工况条件后，制定具有针对性的技术方案。

（2）对该处基岩凸起区做适量补勘，进一步摸清岩面的分布形态。根据实际补勘情况，进一步确定爆破处理范围。

（3）对存在的孤石、基岩凸起采取深孔爆破预处理。具体方法为：利用地质钻机从地面钻孔，然后从地表将炸药安放在岩石的指定位置，利用炸药爆破产生的能量将岩石破碎、解体。

爆破施工大样图见图6-4-2。图中，爆破孔布置间距 a 为0.8~1.5m，超深 b 为1.0~2.0m，装药深度比基岩深0.8~1.5m。爆破过程中须沿隧道方向分段成孔（一般2~3排进行一次爆破），等爆破产生自由面后，再进行后续爆破。

爆破时对爆破区域及周边的建（构）筑物及管线进行监测与保护，要求爆破速最大不超过2cm/s。

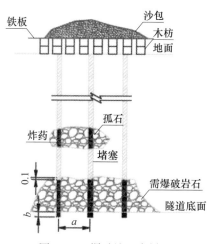

图6-4-2 爆破施工大样图

（4）爆破完成后，采用钢花管在原爆破孔位置注浆，对孤石及基岩凸起位置的破碎岩土体进行注浆，注浆完成后拔出钢花管。注浆采用水泥浆液，水灰比为

1:1，注浆压力控制在 2MPa，根据现场实际情况可适当调整注浆参数。

爆破施工需有资质和经验的单位承担细化设计和爆破作业。爆破前编制相关应急预案与措施。

2. 盾构机设计针对性措施

盾构机设备针对性配置表见表 6-4-1。

盾构机设备针对性配置表 表 6-4-1

针对性配置	主要功能
正面泥水压力控制	压力波动较敏感，便于正面压力平衡控制，对大堤沉降控制精度高
常压可更换刀盘	根据不同地层分布，合理选择和布置刀具，保证刀盘穿越大堤时连续均衡施工
刀盘、刀具磨损检测	在刀盘、刀具上配备相应的监测系统，为判断刀具磨损提供参考
颚式碎石机	配置高性能的破碎机，破碎后的颗粒能满足泥水排浆系统的正常工作，并且其破碎的效率满足盾构机推进速度
垃圾箱布置	排泥管路上设置垃圾箱，保证排泥出渣顺畅
盾尾油脂压注监测	可根据压力情况自动补压，杜绝人为欠压现象的发生。盾尾油脂压注应定期、定量、定位
自动导向系统	实时提供盾构姿态，便于操作人员控制好盾构姿态，可有效防止由于不当纠偏引起的大堤沉降

穿越施工前，严格按照盾构机制造商提供的盾构机设备保养手册对盾构机进行检查、维护和保养，发现异常情况，及时处理，确保盾构机处于良好的状态，保证安全施工。

3. 盾构机推进针对性措施

盾构机穿越爆破区推进措施见表 6-4-2。

盾构机穿越爆破区推进措施 表 6-4-2

参数控制	主要措施
正面平衡压力	严格控制切口平衡泥水压力，防止过量超挖、欠挖，切口水压波动值控制在 −0.005～0.005MPa，并根据监测信息，及时调整设定切口水压
推进速度	推进速度宜控制在 10mm/min 以内，尽量均衡施工，减少对周围土体的扰动
盾构纠偏	不急纠、不猛纠，采用稳坡法、缓坡法推进，减少盾构施工对地面的影响

在盾构推进过程中，加强对盾构机刀具的管理：及时进行常压刀具检查和更换，确保刀具处于良好的状态，保证施工安全可靠。

4. 盾构穿越后技术措施

施工前制订详细的监测计划，施工期间应加强监控量测，对于沉降速率及累计沉降量等的监测控制应包括预警值、报警值、极限值。根据监测结果指导施工，做到真正的动态施工。二次补注浆穿越完成后，根据地面监测情况和实际情况进行隧道内二次注浆。

6.5 下穿对澳门供水／电管施工技术

6.5.1 施工特点

对澳门供水管道采用顶管法施工，钢管外径为1820mm，壁厚为20mm，钢管为8m一节，管节之间焊接连接。盾构机与对澳门供水管平面夹角约33°（图6-5-1），穿越点盾构机埋深与对澳门供水管埋深不一致，二者竖向净距见图6-5-2。

图6-5-1 隧道与供水管平面图

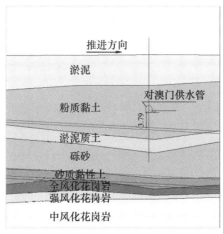

图6-5-2 隧道与供水管平面图

对澳门供电在盾构机穿越处为电缆穿管直埋，考虑十字门隧道后期下穿影响，对澳门供电在设计与施工阶段采取了针对性加强措施：在沟槽底部铺设0.5m厚砂垫层，同时，穿越段电缆采用MPP管防护，接头熔接，抵御不均匀沉降，穿越段MPP管外面采用C20细石混凝土填实。

6.5.2 风险控制措施

1. 施工风险分析

同6.2.2节1.（1）～（3）内容。

2. 推进前针对性措施

（1）为预防隧道上浮，在穿越前对注浆系统进行维修保养，确保穿越施工正常。主要对注浆压力、流量表进行检查，保证注浆控制的准确。对注浆管路进行清理，可以有效减小注浆压力，确保穿越过程中注浆的通畅。

（2）在盾构穿越对澳门供水／电管前60m处，每日对隧道上浮量进行测量。通过上浮量数据，调整施工参数，确保穿越时隧道上浮量控制在40mm以下。

（3）在穿越施工前，根据已有的监测数据调整穿越段切口水压，保证穿越过程中切口水压和埋深的匹配。

（4）在盾构机车架安装剪切泵和拌浆桶（图6-5-3），与进浆管路连通。当泥水管路堵塞或接泥水管路时，及时拌制新浆补充浆液和压力。

图6-5-3 剪切泵和拌浆桶

（5）盾构机在曲线段施工时，姿态随着掘进位置不断发生变化。盾构机切口部位不断超挖土体，造成地层损失，引起地表沉陷。为此，我们考虑在盾构机上设置注浆孔，当盾构机在曲线段掘进时，通过盾构机的注浆孔在曲线外侧注浆，补充掘进引起的地层损失，同时，由于补浆可以在曲线外侧给盾构机一个侧压力，使盾构机头向曲线内侧偏转，既补充了由于曲线掘进引起的地层损失，又促使盾构机头沿轴线掘进。

（6）穿越施工对浆液配比进一步优化，增加砂用量，起到增加浆液抗剪性能的作用。增加石灰用量，使浆液抗剪强度达到1kPa，所需时间在1h左右。浆液主要材料配合比见表6-5-1。

浆液主要材料配合比（$1m^3$） 表6-5-1

浆液材料	砂	水	石灰	膨润土	粉煤灰	添加剂
用量	1200kg	285～300L	100kg	30kg	300kg	3kg

（7）对方案中制定的盾构机推进施工参数严格控制，并根据监测情况及时调

整。穿越前，对井下施工班组进行详细技术交底，穿越过程中安排专人24h值班，对监测数据分析，并通知井下操作人员调整。

（8）定期检查供电线路、绝缘情况，高压电源变压器设防护栅、标识禁止入内。加强对供电设施的检查和保护，不因施工原因造成停电事故。同时，对老化的电线及时更换，确保不因施工线路问题停电。密切注视各种媒体发布的停电信息，做好自发电准备，避免停电影响工程正常施工。与当地供电部门密切联系，掌握本项目所在电力线路的停电、检修情况。

3. 盾构推进针对性措施

（1）严格控制泥水指标质量。穿越施工时，在盾构机开始推进前、推进中、推进完，对泥水指标进行测试。泥水重度控制在$1.2 \sim 1.3 kN/m^3$，黏度控制在18s以上。

（2）穿越前，预先在泥水场地拌制150m^3新浆，如泥水指标不达标，将新浆注入调整池改善进泥指标。

（3）保持盾尾间隙的均匀。盾构进行平面或高程纠偏的过程中，会增加对土体的扰动，因此在穿越过程中，在确保盾构正面沉降控制良好的情况下，尽可能使盾构匀速、直线通过，减少盾构纠偏量和纠偏次数。推进时，不急纠、不猛纠，多注意观察管片与盾壳的间隙，采用稳坡法、缓坡法推进，减少盾构施工对澳门供水管的影响。拼装点位选择合理，保持四周均匀间隙。

（4）盾尾油脂起到盾尾密封和保护盾尾刷的作用。本工程中选用的盾构机盾尾设置了三道钢丝刷和一道钢板刷和一道应急密封装置，推进过程中应确保同步注浆量和盾尾油脂的足量压注。

（5）对每一环浆液进行质量检查。同步浆液在拌浆站进行原材料和坍落度检查。浆液进入施工现场再对坍落度检查，坍落度指标控制在$12\pm2cm$。

（6）管片堆载穿越阶段每环拼装完成后，将下一环管片中的3块放置在脱出盾尾管片和盾尾之间的管片上，再进行下一环推进。3块管片总重约45t。

6.5.3 对澳门供水／电管保护措施

（1）当盾构机穿越对澳门供水／电管后，持续对澳门供水管变形进行监测，并绘制报表，当管路的沉降达到预警值时，要打管注浆。

（2）根据实际地面沉降情况，进行隧道内壁后补压浆。

（3）在盾构机顺利穿越对澳门供水／电管路后，应及时总结，清楚地掌握盾构机穿越对澳门供水管路时各项施工参数对管路的影响，为后续盾构机推进施工做好技术准备。

6.6 盾构施工测量与监测

由于盾构穿越地层的地质条件千变万化,岩土介质的物理力学性质也异常复杂,对地质条件和土体的物理力学性质的认识总存在诸多不确定性和不完善性。为保证盾构掘进隧道工程的施工安全和周围环境安全,并在施工过程中积极改进施工工艺和参数,须对盾构施工的全过程进行监测。

在设计阶段要根据周围环境、地质条件、施工工艺特点,编制施工监测方案,在施工阶段要按监测结果及时反馈,合理调整施工参数和采取技术措施,最大限度地减少地层移动,确保工程安全并保护周围环境。

6.6.1 测量布置

包括地面测量和隧道内测量两部分,每一部分又分平面控制测量和高程控制测量。地面平面控制测量常采用三角网、电磁波测距导线、GPS 网。隧道内平面控制测量主要采用导线控制网实施。地面和隧道内的高程控制,一般都采用水准测量,按国家二等水准要求施测。隧道内控制测量精度主要取决于隧道贯通精度、隧道长度与形状、开挖面的数量以及施工方法等。

1. 地面控制测量

可以用布设的 GPS 控制网完成测量,并在控制网中加设高精度全站仪,从而对 GPS 网增益。隧道内平面测量可在其基础上进行。把控制点成果用闭合导线或三角网的图形方式引测到井口,供盾构机出洞施工需要。也为提高测量精度,可在江南江北选取适当的控制点作为基准,构成一条沿着隧道掘进方向的控制基准线,在此基础上进行加密,组成施工控制网。平面布设示意图见图 6-6-1。

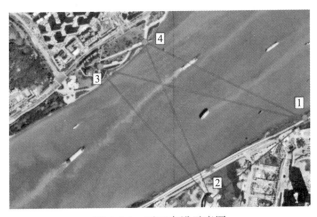

图 6-6-1 平面布设示意图

由于本标段的江面跨度达到 0.7km 左右，因而采用大地四边形测距三角高程法传递，施测要求按照《国家一、二等水准测量规范》GB 12897—2006 中对应的越江高程施测要求来实施，成果精度满足二等水准精度要求。在隧道贯通前应至少独立进行 2 或 3 次。越江水准布设示意图如图 6-6-2 所示。

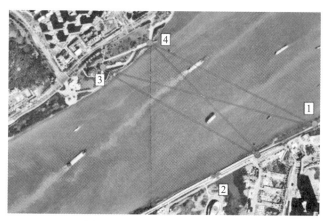

图 6-6-2 越江水准布设示意图

2. 高程控制测量

高程起算点的布设应远离工程影响范围，布置于便于重复测量的位置，起算点利用业主提供的高程控制点。监测单位在利用其提供的测量成果基础上，在各个工点周边稳定区域布设不少于 3 个高程工作基点，与沿线的高等级控制点联测，确保测量成果的准确性和高程系统的统一性。基准点的复核联测频率为 1 次 /1～2 个月。

为了便于观测和减小测量成果的测量误差，工作基点应选在工程周边相对稳定和方便使用的位置（选择通视良好、稳固的、能够永久保存的地方或建筑物上）。

3. 联系测量

为了保证本工程盾构掘进贯通，必须建立与地面统一的地下控制测量系统，为了建立地面、地下统一的测量坐标系统和高程系统，必须将该系统通过一定的测量方法将地面上的坐标、方向传递到地下，在地下进行平面控制测量，进一步求得井下导线起算边（起始边）的坐标、方位角及井下导线起算点的平面坐标和井下高程控制起算点高程。建立和地面统一的地下控制测量系统分平面联系测量和高程联系测量两步进行。

平面联系测量采用的方法为一井定向法和两井定向法。一井定向法又叫深化几何定向法。由于本标段盾构始发工作井尺寸较窄，因而平面联系测量采用深化几何定向法实施，它根据几何原理，正确、快速地建立竖直面，具有成本低、快速、有效、可靠性强等优点。两井定向法利用了钢丝高精度投点优势,具有高精度、作业时不影响施工的优点。平面联系测量次数不低于3次,基线边长度不宜过短,在隧道施工至200m进行一次联系测量。根据实际施工情况,必要时再增加一至两次平面联系测量,保证隧道精确贯通。

高程联系测量。严格按照国家二等精密水准作业规范进行测设,在工作井上部预先制作一个钢制支架,在支架上悬挂一把50m钢卷尺至基坑底部,钢卷尺下端悬吊与钢卷尺检定时相同质量的重锤。测定温度时,对钢卷尺进行温度改正。在地面和工作井下各安置一台水准仪同时读数。传递的高程为大、小盾构施工提供高程基准,高程联系测量如图6-6-3所示。

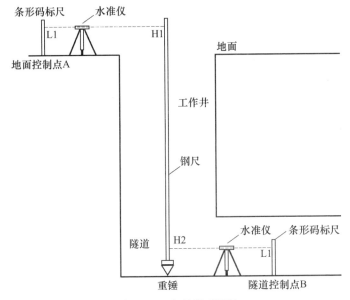

图6-6-3 高程联系测量

4. 地下施工测量

为满足施工需要,地下施工测量工作的控制测量和施工测量是交错进行的。在每次联系测量完成后都应及时进行地下控制测量,从而确保整个隧道测量成果的可靠性。

在盾构机出洞前,应仔细测量盾构机的切口和盾尾坐标,及布设在盾构内部的棱镜坐标。应当测量盾构机头外周与洞门之间的间隙,为盾构机经过后封洞门做好准备工作。在盾构机顺利出洞后,应布设施工导线用以进行放样并指引盾构掘进。导线点应设置于洞壁一侧,并及时测定盾构观测台的坐标,为盾构施工测量做准备。

考虑本工程的开挖直径为15.8m。且曲线段转弯半径小,因而在布设导线网时应避免短边的出现。当盾构掘进100~200m时,为了检查隧道轴线与设计轴线是否相符,必须选择部分施工导线点敷设边长较长(100~200m),精度要求较高的基本导线。

地下水准测量是在联系测量完成后进行的测量工作,其使用联系测量的成果作为起始点。地下水准测量分为地下控制水准测量和地下施工水准测量。作为控制用的水准点应埋设在稳固的区域,并且水准点之间的平均距离为200m左右。地下控制水准测量需要用往返观测及多次观测进行验核。并且,水准测量应该严格按照国家二等精密水准进行测设,具体要求同地面高程控制测量。

6.6.2 监测内容

本段施工影响范围管线主要集中在江南、江北既有路面的非机动车道和隔离绿化带中。其中,南岸管线2条,隧道于YK0+754~YK0+776.4处以82°穿越南岸大堤,隧道此处埋深为16.5~17.3m;马骝洲江段对澳门供水管采用顶管法施工,钢管外径为1820mm,壁厚为20mm,对澳门供水管与本工程隧道净距离为3.79m,以33°与里程YK0+945.5处相交,隧道此处埋深为15m;马骝洲江段对澳门供电管以79°与里程YK1+580处相交。北岸管线较多,但该部分管线影响施工,在盾构施工前将进行改迁。北岸在YK1+600~YK1+630处横穿情侣路辅路,YK1+500~YK1+530处为北岸岸堤范围。

本项目的监测工作涵盖了多个参数和部位。首先,对江南、江北大堤施工期间的周边地表进行了地表沉降、地下管线及建筑物的监测,共实测1521点次,监测点数为40个。其次,对新建隧道拱顶进行了沉降监测,实测2878点次,共监测了90个监测点。再次,在新建隧道拱顶或拱腰处进行了隧道水平位移监测,实测2827点次,设立了92个监测点。最后,对新建隧道拱顶或拱腰处进行了隧道净空收敛监测,实测1540点次,共设置了15个监测点。通过这些监测工作,可以及时了解工程变形情况,确保工程施工的安全性和稳定性。

1. 地表沉降点

布设测点前用全站仪在现场按设计里程及坐标放样出隧道轴线位置。在现场布置平行于隧道轴线的沉降监测点和垂直于隧道轴线的沉降监测点,平行于隧道轴线的沉降监测点一般情况每6m(3环)布设一组断面,每个断面3点(含轴线点),间距7m;每24环布设1组长断面,每组均为13点(含轴线点),距离隧道轴线两侧分别为2m、5m、9m、15m、21m、27m。地表沉降监测示意图如图6-6-4所示。地表点根据隧道埋深和现场情况进行调整。另外,为了解地下深层变化情况,在有条件允许的情况下布设深层监测点。

地表点埋设方法:直接在地面设定位置冲击钻孔,并打入测量专用道钉,并确保其牢固。或采用地表桩的形式,直接布置在土层内,测点采用约0.5m长钢筋埋设，周边浇捣混凝土固定。

深层沉降点埋设：在地面深层沉降监测点布设时穿透表面结构硬壳层，沉降标杆采用直径 25mm 螺纹钢标杆，螺纹钢标杆深入原状土 60cm 以上，沉降标杆外侧采用内径不小于 10cm 的金属套管保护。保护套管内的螺纹钢标杆间隙用黄砂回填。金属套管顶部设置管盖，管盖安装须稳固，与原地面齐平；为确保测量精度，螺纹钢标杆顶部应在管盖下 20cm。深层沉降点布设及保护措施示意图见图 6-6-5。

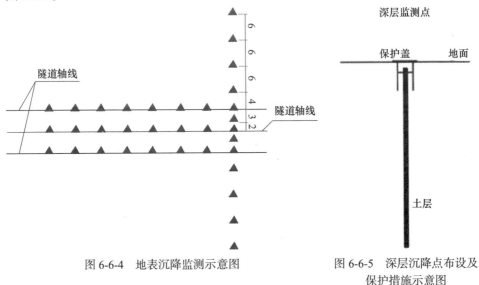

图 6-6-4 地表沉降监测示意图

图 6-6-5 深层沉降点布设及保护措施示意图

2. 盾构工作井加固区

在盾构机出洞时，因盾构机出洞井口距马骝洲水道距离仅 30m，故拟在长约 30m、宽约 50m 范围内加密监测点。在盾构机进洞时，拟在长约 50m、宽 50m 内加密监测点。盾构机进出洞监测点布置示意图见图 6-6-6。

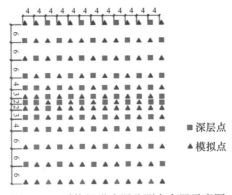

图 6-6-6 盾构机进出洞监测点布置示意图

3. 管线监测点

对区间隧道中线两侧 45m 范围内管线进行保护性的沉降监测。施工前与各管线单位联系，对已有管线资料进行核实，如有差异应将管线落到具体的地形图上，按管线单位要求进行监测点的埋设，尽量利用管线设施布设直接监测点，重点监测上水、煤气管道。

根据各路口环境的特殊情况及盾构施工对地下管线影响的监测要求，本着既能全面掌握信息，又要经济安全地完成整个隧道工程的施工原则，对常规管线利用地表沉降监测网和地面沉降断面监测。但为了更直接了解盾构施工对部分重要管线（如合流总管、大直径管线等）的影响程度，应布设直接监测点进行监测。

地下管线位移监测点采用钻孔的方式，将测杆埋设于管线顶部结构上，测杆底端用混凝土与管线结构或者周边土体固定，测杆外加保护管，保护管外侧用回填土密实。地下管线监测点埋设示意图见图 6-6-7。

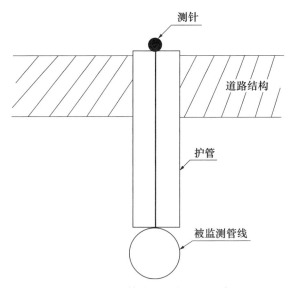

图 6-6-7　地下管线监测点埋设示意图

4. 房屋监测点

（1）通过房屋监测点对隧道轴线两侧 30m 范围内房屋进行保护性的沉降监测。监测点的布设应能全面反映建筑及地基变形特征，并顾及地质情况及建筑结构特点。点位宜选设在下列位置：

建筑的四角、核心筒四角、大转角处及沿外墙 10～20m 处或每隔 2～3 根柱基上。

高低层建筑、新旧建筑、纵横墙等交接处的两侧。

建筑裂缝、后浇带和沉降缝两侧、基础埋深相差悬殊处、人工地基与天然地基接壤处、不同结构的分界处及填挖方分界处。

对于宽度大于等于15m或小于15m而地质复杂以及膨胀土地区的建筑，应在承重内隔墙中部设内墙点，并在室内地面中心及四周设地面点。

埋设方法：直接用电锤在建筑物承重墙上钻孔，并将膨胀螺栓或钢制钉打入，或利用其原有沉降监测点观测，沉降监测点埋设示意图如图6-6-8所示。

测量方法：沉降监测采用独立高程系统，每次观测宜形成闭合观测路线。一般房屋布设4~6个沉降监测点，如图6-6-9所示。

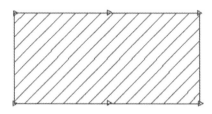

图6-6-8 沉降监测点埋设示意图

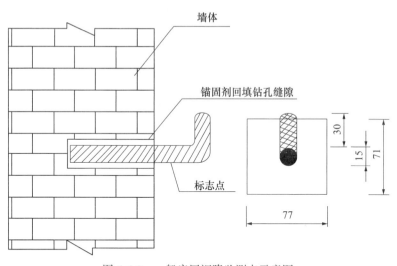

图6-6-9 一般房屋沉降监测点示意图

对于面积较大或者不规则建筑物，视具体情况加密沉降监测点，尽量将沉降监测点布设在角点上。

（2）房屋倾斜监测

建筑主体倾斜监测应测定建筑顶部监测点相对于底部固定点或上层相对于下层监测点的倾斜度、倾斜方向及倾斜速率。刚性建筑的整体倾斜，可通过测量顶面或基础的差异沉降间接确定。

本工程采用测水平角法，对塔形、圆形建筑或构件每测站的观测应以定向点作为零方向，测出各观测点的方向值和至底部中心的距离，计算顶部中心相对底部中心的水平位移分量。对矩形建筑，可在每测站直接观测顶部观测点与底部观测点之间的夹角或上层观测点与下层观测点之间的夹角，以所测角度值与距离值计算整体的或分层的水平位移分量和位移方向，房屋倾斜监测示意图见图 6-6-10。每次观测采用相同的测站点，用全站仪照准后视点后测出水平角 β_1 与 β_2。

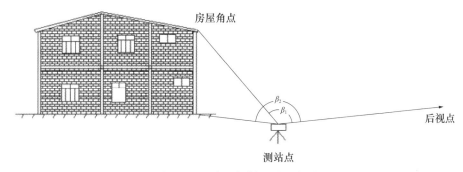

图 6-6-10　房屋倾斜监测示意图

在江南、江北大堤施工期间，地表沉降、地下管线及建筑物的变形监测报警值为 21mm。同时，隧道拱顶的沉降报警值为 ±25mm，隧道水平位移报警值为 ±25mm，隧道净空收敛报警值为 ±25mm。以上数值是根据设计要求设定的，一旦监测数值达到或超过这些报警值，将触发预警机制，及时采取保护措施以确保工程安全，避免超出安全范围的变形情况。

5. 隧道盾构段

拱顶下沉与隧底隆起监测在同一个断面内进行。100 环测点中，每 5 环布置管片拱顶下沉、隧道隆起测点，100 环共计 21 个测点，在每个断面的隧道底部钻孔埋设十字测钉。管片净空收敛监测点布设间距 50m，盾构隧道采用预制管片拼接安装、难以钻孔，拱顶下沉及本项的净空收敛可采用反射贴片作为测点（图 6-6-11）。

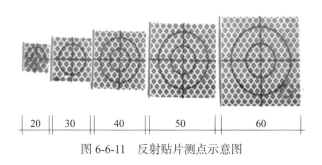

图 6-6-11　反射贴片测点示意图

6.6.3 监测频率与阈值

根据设计的沉降控制要求,监测报警指标见表 6-6-1。

监测报警指标　　　　　　　　　　　　　　　表 6-6-1

序号	监测项目	判定内容	控制值 累计值(mm)	控制值 变化速率(mm/d)
1	洞内外观察	—	—	—
2	拱顶下沉	沉降绝对变化量	30	3
3	隧底隆起	隆起绝对变化量	30	3
4	周边收敛	周边收敛绝对变化量	0.2%D(30)	3
5	地表沉降	地表沉降绝对变化量	−15～5	2

注:D 是隧道直径。

预警分为监测数据预警、巡视预警和综合预警三类。数据预警、巡视预警分黄、橙、红;综合预警分黄、橙、红。根据工程建设的安全风险特点,监测项目按"分区、分级、分阶段"的原则制定监控标准,并按照黄色、橙色、红色三级预警进行反馈与控制,具体划分标准见表 6-6-2。

监测项目预警分级标准　　　　　　　　　　　表 6-6-2

预警级别	预警状态描述
黄色预警	"双控"实测值均达到相应监测对象及项目的控制指标的 70%(含)以上,或者"双控"实测值之一达到控制指标值的 85%(含)以上
橙色预警	"双控"实测值均达到相应监测对象及项目的控制指标的 85%(含)以上,或者"双控"实测值之一达到控制指标值(含)以上
红色预警	"双控"实测值均达到相应监测对象及项目的控制指标(含)以上

黄色预警:监理单位组织分析,项目总监或者总代表,施工单位总工,施工监测单位负责人,第三方监测单位技术负责人,风险监控咨询单位技术负责人,总承包单位、勘察、设计单位代表,业主代表现场代表参加处理方案的制定和风险处理,施工单位总工组织风险处理。施工单位、监理单位、第三方监测单位、总承包单位加强监测和巡视,监理单位负责协调处理和跟踪监督,监控中心(风险监控咨询单位)监控跟踪。当发生突发事故时,启动相应级别应急预案。

橙色预警:监理单位组织分析,项目总监,施工单位项目负责人,施工监测单位项目负责人,第三方监测单位项目负责人,风险监控咨询单位项目负责人,总承包单位、勘察、设计单位项目负责人,业主代表现场代表参加处理方案的制定和风险处理过程的监督、管理。项目经理组织风险处理，监控中心加强监控跟踪，总承包单位、建设单位加强督查和协调处理。

红色预警：施工单位应组织专家论证，启动应急预案。施工单位企业主管领导组织风险处理，勘察单位和设计单位技术负责人及公司分管领导，项目总监，风险咨询项目负责人，第三方监测项目负责人，总承包单位，建设单位分管领导参与风险处理风险的制定和风险处理过程。

6.7　本章小结

本章针对海底隧道典型地层下的盾构施工，对关键技术进行深入探讨。通过合理运用地质勘察、水下环境保护、刀具选型等技术措施，能够有效应对施工风险，确保海底隧道施工的安全性、高效性和环境友好性。这些技术的应用为海底隧道工程的成功实施提供了重要的技术支持。

（1）分析盾构在穿越南、北岸大堤时所面临的挑战。通过对施工风险的分析，提出了一系列技术保障措施，确保盾构机顺利穿越大堤。

（2）盾构机在高水压砂质地层中推进易出现刀盘、刀具磨损、盾尾渗漏等风险。结合本工程复杂地层条件，对盾构机配置合适的刀具进行切削，并进行泥水管理、同步注浆控制进行风险控制。在小半径曲线施工过程中面临盾构正面土体失稳、隧道上浮、盾尾渗漏、轴线控制困难等问题，可通过管片和盾体的设计来确保施工过程的安全性。

（3）在盾构穿越孤石及北岸花岗岩区域时，会存在沉降控制、轴线控制、开挖面失稳、刀具磨损严重问题。加强监控量测、施工前制订详细的监测计划，施工期间应加强监控量测，对于沉降速率及累计沉降量等的监测控制应包括预警值、报警值、极限值可减少上述风险的影响。

（4）对既有对澳门供水/电管的保护也是施工分析控制的重点，当盾构穿越对澳门供水/电管后，持续对澳门供水管变形进行监测，根据实际地面沉降情况，对隧道内壁进行补浆。

第7章 盾构掘进大数据智能预测预警研究

盾构姿态的智能预警整改设计是未来盾构隧道施工的必然发展趋势，本章提出了一种将小波变换融入随机森林的姿态和运动轨迹实时预测框架。以十字门隧道为例，对模型进行了验证。此外，基于输入参数和输出参数之间的皮尔逊系数，研究了输入参数组合与预测精度之间的相关性。讨论了预测结果的分布和最优的输入参数组合。

7.1 概述

盾构法因其环境扰动小、施工效率高等独特优势，在城市隧道施工中得到广泛应用。但由于盾构规模大，使用条件复杂，难以精确控制隧道盾构姿态。盾构姿态并不总是与理论设计隧道轴线保持一致。一些用于控制盾构姿态的自动控制系统仅基于现有的工程经验，没有理论支持。如果盾构姿态偏差过大，可能会导致不利后果，如盾构尾部变形、管片破裂、盾构机翻转等。

在实践中，由于刀盘直径略大于盾体直径，开挖区域与盾体外表面之间存在一定的间隙。由于千斤顶控制或曲线掘进的不精确，盾构机掘进过程通常呈现"蛇形"运动的趋势。"蛇形"运动的幅度越大，施工的安全性越低。目前，工程中主要由盾构机操作员靠经验控制盾构机，但传统的人工姿态调整存在滞后性和不准确性。当盾构隧道处于透水砂层或高压下时，对盾构姿态控制的要求较高，施工风险较大。仅凭经验进行操作将无法满足未来更为严格的施工安全要求。因此，对盾构姿态的智能预测研究极为重要。在目前的研究中，大多数已建立的盾构姿态理论模型都是基于简单的力学模型，对土力学特性的描述不够准确。而且，深度学习算法在姿态控制方面的应用较少，仍处于起步阶段。开展基于深度学习的盾构姿态研究具有重要意义。

7.2 基础方法

7.2.1 盾构姿态预测实施框架

图 7-2-1 显示了基于小波变换（WT）与随机森林算法的实时预测姿态和运动轨迹的框架。基本数据库分为两组，即训练组（占总数据的 80%）和测试组（占总数据的 20%）。对于训练组，利用不同的深度学习算法，通过 k—fold 交叉验证确定超参数的最优组合。将训练集分为 5 个子集，其中 4 个为训练子集，1 个为验证子集，以达到最优预测效果。

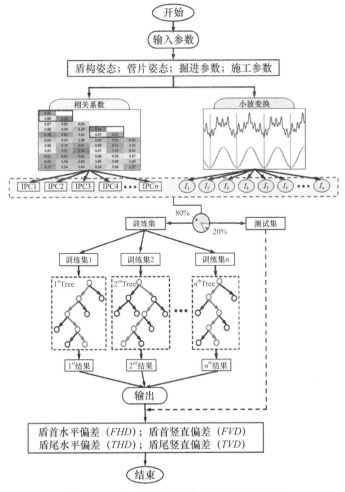

图 7-2-1 实时预测姿态和运动轨迹的框架

提出的智能框架分为三个阶段：

（1）第一阶段：数据描述。利用盾构姿态、管片姿态、掘进参数和施工参数说明模型的适用性。

（2）第二阶段：数据集准备。包括两个部分，即输入参数与输出参数的相关性分析和 WT 噪声滤波。根据相关系数的排序，建立不同数量的输入参数组合案例（IPC）。

（3）第三阶段：数据预测。在前两步的基础上，利用随机森林深度学习算法，对去噪后的输入参数进行建模和分析。输出预测盾构姿态参数的最优 IPC。

7.2.2 小波变换

WT 是继承和发展短时傅里叶变换（FT）的局部化思想的一种新的变换分析方法。WT 克服了窗口大小随频率变化的缺点，提供了随频率变化的"时频"窗口，是进行信号时频分析和处理的理想工具。它的主要特点是通过变换充分突出了一个问题的特征。因此，WT 在许多领域得到了成功的应用。WT 的原理与 FT 相似，傅里叶变换如式（7-2-1）所示，用小波变换代替傅里叶变换中的三角函数得到小波变换公式，如式（7-2-2）所示。

$$F(w) = \int_{-\infty}^{+\infty} f(t) \cdot e^{-iwt} \, dt \tag{7-2-1}$$

$$WT(a, \tau) = \frac{1}{\sqrt{a}} \int_{-\infty}^{+\infty} f(t) \cdot \psi\left(\frac{t-\tau}{a}\right) dt \tag{7-2-2}$$

式中，$f(t)$ 为原始信号，t 为时间，a 为尺度因子，τ 为平移因子。如式（7-2-2）所示，小波变换有两个变量：尺度因子 a 和平移因子 τ。a 控制小波函数的展开和收缩，τ 控制小波函数的平移。尺度因子对应频率（反比关系），平移因子对应时间。小波变换的引入，意味着信号的分析可以在时域和频域同时实现。小波变换分为以下几个步骤：

（1）使用一个小波，并与信号的初始部分进行比较。

（2）计算相关因子 C，C 表示小波与这些数据之间的相关性，C 越大，两者越相似。

（3）移动小波，重复步骤（1）和（2），遍历整个数据。

（4）将小波缩放到不同的尺度，重复步骤（1）~（3）。

（5）在所有尺度上重复上述步骤。

小波变换分为两类：连续小波变换（CWT）和离散小波变换（DWT）。CWT 是信号 $F(x)$ 与小波函数在信号存在的周期内的乘积的积分。CWT 变换的结果是许多小波系数 C，它们是 a 和 τ 的函数。CWT 的缺点是数据量大，数据冗余，不利于分析和处理。因此，引入了 Dossal 等人提出的一种快速 DWT 算法，该算法可以减小信号数据的大小，实现数据降维和融合。用 Mallat 算法对时间序列信号进行分解，见式（7-2-3）。

$$f(t) = A_n(t) + D_n(t) + D_{n-1}(t) + \cdots D_1(t) \quad (7\text{-}2\text{-}3)$$

式中，$A_n(t)$ 是原始信号 $f(t)$ 的估计值，$D_i(t)$ 是 i^{th} 分解层中与噪声数据相关的余项。此外，分解水平和基本小波是影响降噪效果的两个重要参数。

7.2.3 随机森林

随机森林（RF）是一种集分类、回归和预测于一体的学习方法，它在训练时间内构建多棵决策树，并输出其平均值作为单个树预测的累积标签。算法框架如图 7-2-2 所示。将 Bagging 法和 RSM 随机子空间法集成到随机森林算法中。Bagging 是机器学习领域中用于模型合并的一种算法，它可以提高统计分类器和回归器的稳定性和准确性，也可以帮助模型避免过多拟合。RSM 也称为属性 Bagging 或特征 Bagging，是一种集成学习，通过使用随机的部分特征来减少每个分类器之间的相关性，而不是使用所有特征来训练每个分类器。RF 是集成学习算法的一个例子，是 Bagging 的一个子集。RF 与 Bagging 的主要区别在于 RF 中引入了随机特征选择。当 RF 算法为每棵决策树选择一个分裂点时，随机选择一个特征子集，然后在该子集上进行传统的分裂点选择。

Bagging 有效地降低了预测方差。RSM 通过使用随机的部分特征而不是所有特征来训练每个分类器，以减少每个分类器之间的相关性。通过替换训练集中的 n 个训练样本，对 n 个子数据集进行采样。子集中的样本和特征的数量是任意的，少于原始数据。然后，将每个子数据集构造为决策树。每个节点代表一个特定的属性，树的叶子代表输出。树继续向下发展分支，输出相应的值。表 7-2-1 列出了 RF 模型的超参数设置。

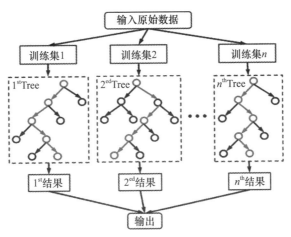

图 7-2-2　随机森林（RF）算法框架

RF 模型超参数设置　　　　　　　　　　表 7-2-1

超阐述	定义	值
Ntree	树的数量	100
Itree	树的间隔	10
Ntry	特征数量	等于输入参数种类
Itry	特征间隔	1

7.2.4 评价指标

为了比较不同机器学习算法的性能差异，通常使用 8 个性能指标。现采用平均绝对误差（MAE）、均方根误差（$RMSE$）和决定系数（R^2）3 个常用指标评价所建立的小波信号去噪（WSD）—RF 模型的性能。这 3 个指标的表达见式（7-2-4）～式（7-2-6）。

$$MAE = \frac{1}{n}\sum_{i=1}^{n}|r_i - p_i| \qquad (7\text{-}2\text{-}4)$$

$$RMSE = \sqrt{\frac{1}{n}\sum_{i=1}^{n}(r_i - p_i)^2} \qquad (7\text{-}2\text{-}5)$$

$$R^2 = 1 - \frac{\sum_{i=1}^{n}(r_i - p_i)^2}{\sum_{i=1}^{n}(r_i - \bar{r}_i)^2} \qquad (7\text{-}2\text{-}6)$$

式中，r 为实测输出值，p 为预测输出值，$\bar{r}$ 为实测输出值的平均值，n 为数据集总数。MAE 和 $RMSE$ 值越小，R^2 值越高，表明模型的性能越好。

7.3 掘进预测工程应用

7.3.1 数据准备

（1）数据预处理

为了减少计算时间，避免不同尺度的影响，在执行操作之前，应将应用于训练模型的数据归一化并映射到 [-1, 1] 的范围内。对于参数 x，使用式（7-3-1）得到归一化值 x。

$$x_{\text{norm}} = \frac{x - x_{\min}}{x_{\max} - x_{\min}}(\bar{x}_{\max} - \bar{x}_{\min}) + \bar{x}_{\min} \qquad (7\text{-}3\text{-}1)$$

式中，x_{norm} 为变量 x 的归一化值，x_{max} 和 x_{min} 分别为变量 x 的最大值和最小值，$\bar{x}_{max}$ 和 $\bar{x}_{min}$ 分别等于 1 和 -1。输出应该转换成原始向量空间。

（2）输出和输入变量的选择

本研究旨在利用 WSD—RF 模型实现基于盾构隧道的输入参数优化中姿态和运动轨迹的实时预测。以十字门隧道工程为例，采用 1~461 号环共 461 组数据作为预测数据库，每组数据长度约为 2.0m。输出参数为盾首水平偏差（FHD）、盾首垂直偏差（FVD）、盾尾水平偏差（THD）和盾尾垂直偏差（TVD）。这 4 个参数描述实时盾构姿态与隧道对中偏差（DTA）。如表 7-3-1 所示，选取 21 个输入参数，分别为 $[I_1, I_2, I_3, \cdots, I_{21}]$。输入参数分为盾构姿态、管片姿态、掘进参数和施工参数。除了这 4 种参数外，还利用盾构姿态参数中的隧道坡度（TS）作为输入参数。由于地质钻孔样本数量有限，地质参数缺乏连续性。在数量上，地质参数的数量无法与隧道参数的数量匹配。需要注意的是：由于盾构机的状态随地质条件的不同而不同，所以盾构机的运行数据，如推力（TH）、扭矩（TO）等，一定程度上反映了这些地质条件。因此，不考虑地质数据。

输入与输出统计信息　　　　表 7-3-1

序号	参数类型	参数	最小值	最大值	平均值	单位	I/O
1	盾构姿态	盾首水平偏差（FHD）	-47.00	34.00	-0.87	mm	O_1
2		盾首垂直偏差（FVD）	-69.00	-25.00	-45.86	mm	O_2
3		盾尾水平偏差（THD）	-87.00	43.00	-5.40	mm	O_3
4		盾尾垂直偏差（TVD）	-60.00	8.00	-36.85	mm	O_4
5		隧道坡度（TS）	-55.30	49.40	3.87	‰	I_1
6	管片姿态	管片水平偏差（SHD）	-83.17	67.00	-6.95	mm	I_2
7		管片垂直偏差（SVD）	-82.00	33.00	-31.14	mm	I_3
8		管片水平直径（SHDI）	13820.00	13947.00	13889.89	mm	I_4
9		管片垂直直径（SVDI）	13865.00	13993.00	13927.81	mm	I_5

续表

序号	参数类型	参数	最小值	最大值	平均值	单位	I/O
10		推力（TH）	57753.00	112047.00	89270.86	kN	I_6
11		扭矩（TO）	2.00	16.00	6.53	kN·m	I_7
12		刀盘转速（CRS）	0.98	1.68	1.28	r/min	I_8
13		掘进速度（AR）	6.00	37.00	24.57	mm/min	I_9
14		泥水舱压力（CP）	2.20	3.97	3.36	bar	I_{10}
15		注浆量（GV）	29.10	46.99	45.87	m	I_{11}
16	掘进参数	盾尾油脂（STG）	157.06	191.92	171.27	Kg	I_1
17		推进油缸 A 的行程（SCA）	37.00	2933.00	1997.72	mm	I_{13}
18		推进油缸 B 的行程（SCB）	38.00	2990.00	2004.53	mm	I_{14}
19		推进油缸 C 的行程（SCC）	40.00	3015.00	2007.71	mm	I_{15}
20		推进油缸 D 的行程（SCD）	40.00	2915.00	2012.92	mm	I_{16}
21		推进油缸 E 的行程（SCE）	38.00	2915.00	2005.14	mm	I_{17}
22		推进油缸 F 的行程（SCF）	36.00	3000.00	1995.22	mm	I_{18}
23		覆土厚度（CD）	18.19	30.64	25.33	m	I_{19}
24	施工参数	气垫舱压力（ACP）	2.20	3.97	3.36	bar	I_{20}
25		泥浆黏度（SV）	17.00	48.00	24.38	s	I_{21}

注：I 和 O 分别表示输入和输出。

（3）变量描述

在 WSD—RF 预测模型中，涉及许多不同类型的参数，因此，需要对一些关键参数进行解释。首先，对输出参数的选择和定义进行说明。如果将盾构机整体视为刚体，在掘进过程中，盾构机上任意两点之间的距离保持不变。用4个参数描述盾构姿态：刀盘中心坐标（x_0，y_0，z_0），水平偏角α，俯仰角β，滚动角Ω。姿态角如图7-3-1所示。但在实际工程中，由于姿态角非常小，很难精确测量它的小尺度变化。因此，在掘进过程中，通过测量FHD、FVD、THD和FVD，可以更准确地描述盾构姿态与DTA。这4个参数由激光导航系统获取，并被选为WSD—RF模型的输出参数。图7-3-2为推进路线的投影视图和轨迹偏差示意图。如图7-3-2所示，在水平方向，当盾构机头位于DTA右侧时，THD为正，FHD为负；反之FHD为正，THD为负。在垂直方向上，当盾构机头高于DTA时，FVD为正，TVD为负；反之，FVD为正，TVD为负。

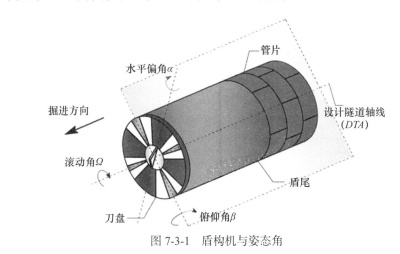

图7-3-1 盾构机与姿态角

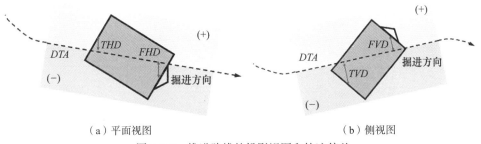

（a）平面视图　　　　　　　　　　（b）侧视图

图7-3-2 推进路线的投影视图和轨迹偏差

管片姿态对盾构姿态影响较大。理想情况下，管片轴线应与盾构轴线重合，见图7-3-3（a），但经常出现如图7-3-3（b）～（d）所示的异常状态。与其他研究不同的是，本研究考虑并选择了管片姿态参数作为输入参数。其中，选取管片水平偏差（SHD）、管片垂直偏差（SVD）、管片水平直径（SHDI）和管片垂直直径（SVDI）作为输入参数。图 7-3-4 描述了 4 种分段姿态参数，如图 7-3-4（a）所示，用 SVD 和 SHD 描述管段实际轴线与隧道设计轴线的偏差。如图 7-3-4（b）所示，用 SVDI 和 SHDI 描述单个环段的椭圆度。

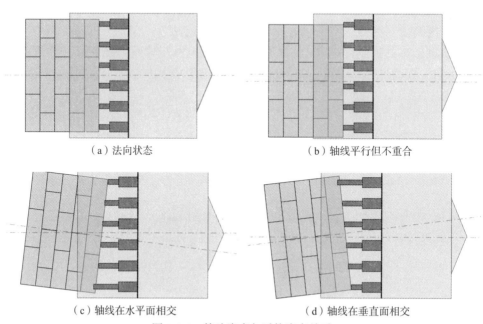

（a）法向状态　　　　　　　　　（b）轴线平行但不重合

（c）轴线在水平面相交　　　　　（d）轴线在垂直面相交

图 7-3-3　管片姿态与盾构姿态关系

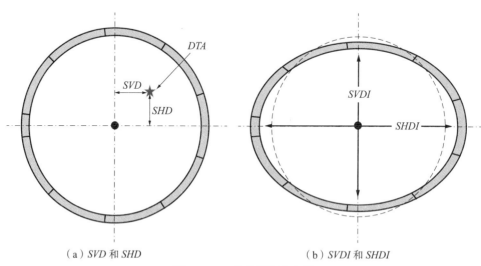

（a）SVD 和 SHD　　　　　　　　（b）SVDI 和 SHDI

图 7-3-4　4 种分段姿态参数

7.3.2 结果分析

1. 小波参数的确定

盾构机不总是处于掘进状态,对每个开挖环都需要停下来进行分段拼装。此外,还需要盾构机停机维护和打开舱室进行工具更换,掘进参数受到测量系统本身和环境影响。因此,必须对原始数据去噪。首先,选择合适的小波基。Symlet(sym$N$)、Daubechies(db$N$)、双正交(biorN_r, N_d)、Fejer—Korovkin(fk$N$)和 Coiflet(coif$N$)是常见的小波基,N 是小波的阶数。它们之间有不同的特点,如表 7-3-2 所示。Daubechies 是由世界著名的小波分析专家 Ingrid Daubechies 构造的小波函数。db$N$ 小波具有良好的规律性,即小波作为稀疏基引入的平滑误差不易被检测,这使得信号重构过程相对平滑。因此,选择 db$N$ 对原始隧道参数去噪。在这个过程中应用了经验贝叶斯方法。N 和 Level 去噪水平是两个关键参数,不同掘进参数对应的最优去噪参数组合(N 和 Level)存在一定差异。这里,均方误差(MSE)作为评价其去噪效果的指标。MSE 计算如式(7-3-2)所示。

$$MSE = \frac{\sum_{i=1}^{n}(\tilde{r}_i - p_i)}{n} \tag{7-3-2}$$

式中,$\tilde{r}_i$ 为离散小波变换(DWT)得到的值。我们对不同 N 和能级条件下的每个隧道参数进行去噪,选择 MSE 值最小所对应的最优组合。

图 7-3-5 为 6 个关键参数的最佳小波参数。如图 7-3-5 所示,对于不同的掘进参数,最优小波参数中的 N 值是不同的。而第 1 级是除第 2 级 CD 之外,对掘进参数的最优分解水平。但从图 7-3-5(f)中可以看出,由于 CD 是具有较好的连续性和波动性的设计值,去噪后 CD 的 MSE 值非常小。随着等级的增加,数据去噪的计算时间会大大增加。另外,如果 N 不变,随着 Level 的增加,MSE 也增加,最后趋于平缓。高 Level 值并不一定能获得良好的预测结果。因此,对于剩余的输入参数,不考虑更高级别的情况,只考虑级别 1、2、3 的去噪结果。表 7-3-3 给出了最终的结果。表 7-3-3 中的这些去噪参数将用于后续的预测中。

常用小波函数的特点　　　　　　　　　　　　表 7-3-2

小波函数	正交	双正交	紧凑型支持	DWT	连续小波变换(CWT)	过滤器长度	规律性	对称	Psi 消失瞬间的数量
Symlet	是	是	是	可能的	可能的	2N	—	从附近	N

续表

小波函数	正交	双正交	紧凑型支持	DWT	连续小波变换（CWT）	过滤器长度	规律性	对称	Psi 消失瞬间的数量
Daubechies	是	是	是	可能的	可能的	$2N$	大 N 约为 $0.2N$	远离	N
Fejer—Korovkin	是	是	是	可能的	可能的	—	—	—	—
Biorthogonal	否	是	是	可能的	可能的	$\text{Max}(2Nr, 2Nd)+2$	结点处的 $Nr\text{-}1$ 和 $Nr\text{-}2$	是	Nr
Coiflets	是	是	是	可能的	可能的	$6N$	—	从附近	$2N-1$

注：N 为小波阶。

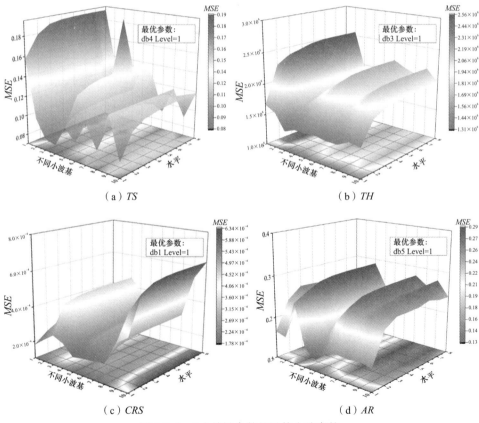

(a) TS　　(b) TH

(c) CRS　　(d) AR

图 7-3-5　6 个关键参数的最佳小波参数

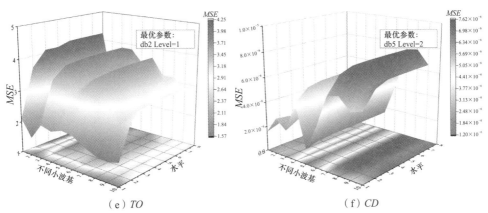

（e）TO　　　　　　　　　　　　　（f）CD

图 7-3-5　6个关键参数的最佳小波参数（续）

不同输入变量的最优小波参数　　　　　　表 7-3-3

序号	变量	小波基	水平	最小均方误差
1	TS	DB4	1	0.079‰
2	SHD	DB8	1	20.48mm
3	SVD	DB4	2	27.35mm
4	SHDI	DB2	2	43.34mm
5	SVDI	DB8	3	44.03mm
6	TH	DB3	1	1318927.30kN
7	TO	DB2	1	0.13kN·m
8	CRS	DB5	1	0.00018r/min
9	AR	DB2	1	1.57mm/min
10	CP	DB4	3	1.86×10^{-6}bar
11	GV	DB5	2	0.063m
12	STG	DB10	1	61.73kg
13	SCA	DB4	2	568.32mm
14	SCB	DB1	1	636.57mm
15	SCC	DB1	1	655.13mm
16	SCD	DB4	1	700.33mm
17	SCE	DB4	1	679.53mm
18	SCF	DB2	1	711.53mm
19	CD	DB2	2	1.20×10^{-6}m
20	ACP	DB6	2	0.00018bar
21	SV	DB8	2	2.53s

2. 输入参数组合

为了揭示输入变量与输出变量之间的相关性,利用 Pearson 相关系数（PCC）进行敏感性分析,考察输入参数在纠偏过程中的显著性。PCC 计算见式（7-3-3）。

$$PCC = \frac{\sum_{i=1}^{n}(r_i p_i) - \dfrac{\sum_{i=1}^{n} r_i \sum_{i=1}^{n} p_i}{n}}{\sqrt{\left(\sum_{i=1}^{n} r_i^2 - \dfrac{\left(\sum_{i=1}^{n} r_i\right)^2}{n}\right)\left(\sum_{i=1}^{n} p_i^2 - \dfrac{\left(\sum_{i=1}^{n} p_i\right)^2}{n}\right)}} \quad (7\text{-}3\text{-}3)$$

图 7-3-6 为不同输入参数与 4 种姿态参数之间 Pearson 相关系数的计算结果。PCC 的正值和负值分别表示两个参数之间的正相关和负相关。结果显示,FHD 与 CD 的相关性最高（$PCC = 0.547$）。FVD 与 TS 的相关性最高,SHD 其次,PCC 值的绝对值超过 0.8。THD 与 TS 的相关性最高（$PCC = 0.319$）。TVD 与输入参数的相关性普遍较低,但 TVD 与 SVD 之间的 PCC 值达到 0.63。因此,输入参数与四种姿态参数之间的相关性存在较大差异。

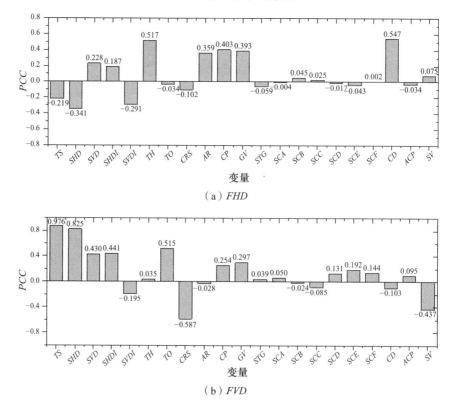

（a）FHD

（b）FVD

图 7-3-6　不同输入参数与 4 种姿态参数之间 Pearson 相关系数的计算结果

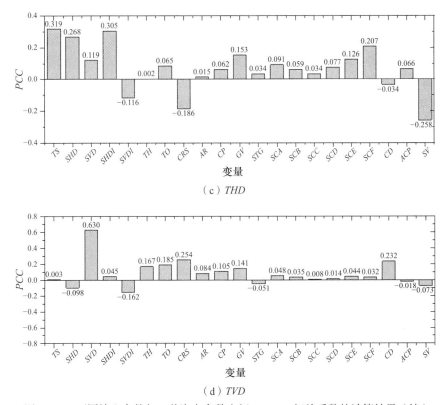

图 7-3-6 不同输入参数与 4 种姿态参数之间 Pearson 相关系数的计算结果（续）

在上述计算结果的基础上，为充分考虑各输入参数的重要性，将不同姿态参数的 PCC 绝对值相加。得到不同掘进参数对姿态参数综合影响的结果，如图 7-3-7 所示。输入参数对应值越大，对预测结果的贡献也越显著。TS 是姿态参数之一，SHD 和 SVD 属于管片姿态参数的范畴。隧道坡度和管片姿态参数对盾构姿态的影响显著。一般来说，增加输入参数的多样性有助于提高输出参数（FHD、FVD、THD 和 TVD）的预测精度。然而，一些相关性较低的参数对提高预测精度的帮助较小。相比之下过多类型的输入参数会增加一些不必要的计算，降低计算效率。

因此，有必要分析输入参数组合对输出变量预测精度的影响。根据总和 |PCC| 的排序，设置 8 种输入参数组合（IPC），如表 7-3-4 所示。在 IPC 中，最小输入参数的种类为 7，最大输入参数种类为 21。

3. 模型性能比较

基于 WSD—RF 模型，考虑多个参数对盾构机掘进过程中的姿态和运动轨迹进行预测。如表 7-3-1 所示，上一节描述了 4 个代表性姿态参数，包括 FHD、FVD、THD 和 TVD 作为输出参数。为了描述不同输入参数组合下预测模型的有效性能,给出了 4 种盾构姿态的实测数据与预测数据之间的关系。选取 0~370 环的掘进参数作为预测模型训练和测试的数据基础。根据确定的小波参数对输入参数去噪,图 7-3-8 显示了 0~370 环预测结果与实测结果对比,结果显示预测值与实测值基本一致。WSD—RF 模型采用相同的评价指标、输入模型、编程环境和数据集。如图 7-3-8 所示,FHD 和 FVD 的正值与负值之比接近 1,而 THD 和 TVD 几乎都为负值。对比工程地质剖面可以发现:盾构隧道在平面视图上的设计轴线基本对称,而在侧视图上,隧道的设计轴线则不同。因此,实测数据与工程实际是一致的。从 3 个评价指标来看,在训练和测试数据集(0~370 环)中,IPC2 对 FHD 的预测值最接近实测值,MAE 为 1.80,$RMSE$ 为 2.60,R^2 为 0.95。对于 FHD,IPC5 和 IPC6 的 3 个评价指标相似,表明 SCD 和 ACP 对提高预报精度的影响最小。在训练和测试数据集中,与其他输出参数对应的最优输入参数组合是不同的。对于 FVD,IPC1 为输入参数组合时预测效果最好,IPC1 为输入参数最少的情况。同样,对于 THD 和 TVD,IPC1 的预测精度最高。最重要的是,对于不同的盾构姿态特征参数,采用更少的输入参数,可以获得更好的预测效果。基于本项目的监测数据,在训练和测试数据集(0~370 环)中,预测精度至少提高了 15%。

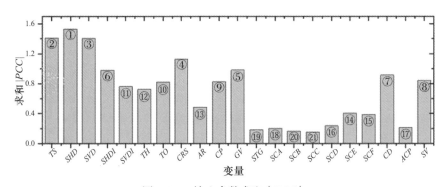

图 7-3-7 输入参数求和 $|PCC|$

输入参数组合(IPC) 表 7-3-4

IPC 编号	求和 $|PCC|$ 的排名	输入参数的种类	输入参数
IPC1	1~7	7	SHD, TS, SVD, CRS, GV, $SHDI$, CD
IPC2	1~9	9	SHD, TS, SVD, CRS, GV, $SHDI$, CD, SV, CP
IPC3	1~11	11	SHD, TS, SVD, CRS, GV, $SHDI$, CD, SV, CP, TO, $SVDI$
IPC4	1~13	13	SHD, TS, SVD, CRS, GV, $SHDI$, CD, SV, CP, TO, $SVDI$, TH, AR

第7章 盾构掘进大数据智能预测预警研究

续表

IPC 编号	求和 |PCC| 的排名	输入参数的种类	输入参数
IPC5	1～15	15	*SHD*, *TS*, *SVD*, *CRS*, *GV*, *SHDI*, *CD*, *SV*, *CP*, *TO*, *SVDI*, *TH*, *AR*, *SCE*, *SCF*
IPC6	1～17	17	*SHD*, *TS*, *SVD*, *CRS*, *GV*, *SHDI*, *CD*, *SV*, *CP*, *TO*, *SVDI*, *TH*, *AR*, *SCE*, *SCF*, *SCD*, *ACP*
IPC7	1～19	19	*SHD*, *TS*, *SVD*, *CRS*, *GV*, *SHDI*, *CD*, *SV*, *CP*, *TO*, *SVDI*, *TH*, *AR*, *SCE*, *SCF*, *SCD*, *ACP*, *SCA*, *STG*
IPC8	1～21	21	*SHD*, *TS*, *SVD*, *CRS*, *GV*, *SHDI*, *CD*, *SV*, *CP*, *TO*, *SVDI*, *TH*, *AR*, *SCE*, *SCF*, *SCD*, *ACP*, *SCA*, *STG*, *SCB*, *SCC*

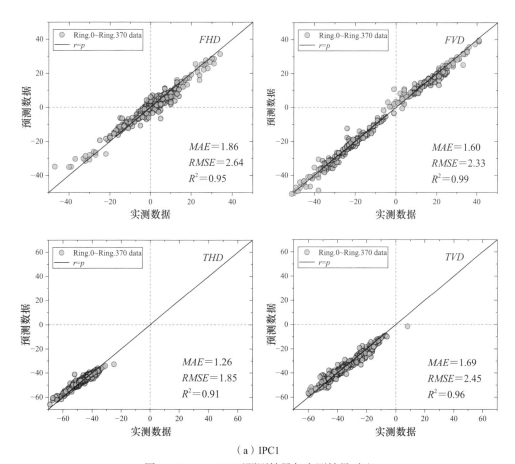

（a）IPC1

图 7-3-8　0～370 环预测结果与实测结果对比

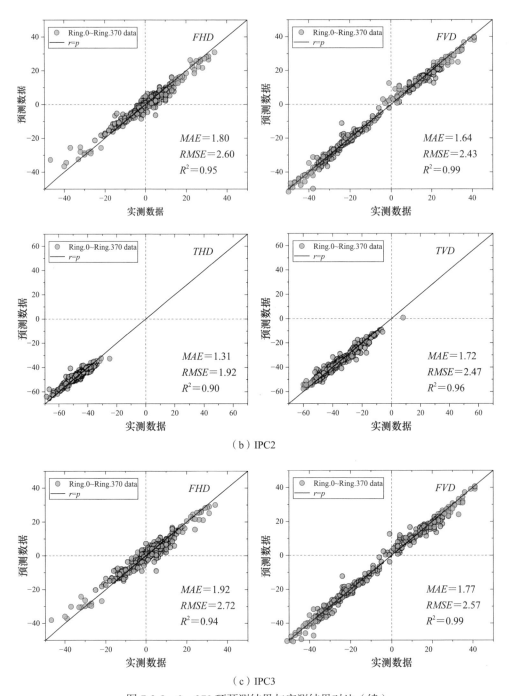

(b) IPC2

(c) IPC3

图 7-3-8 0~370 环预测结果与实测结果对比（续）

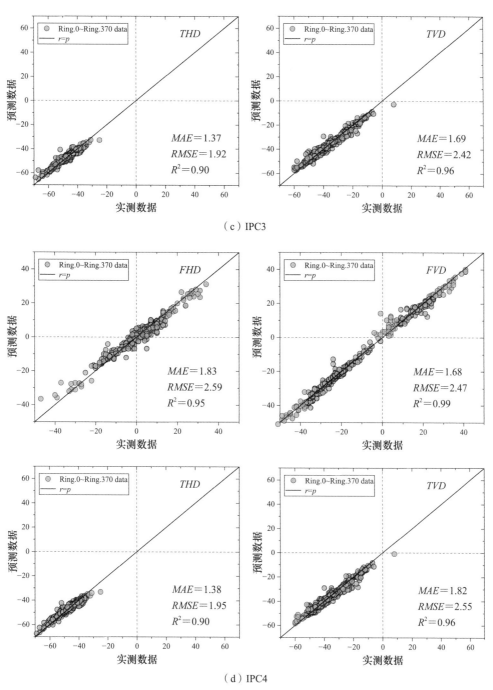

（c）IPC3

（d）IPC4

图 7-3-8　0～370 环预测结果与实测结果对比（续）

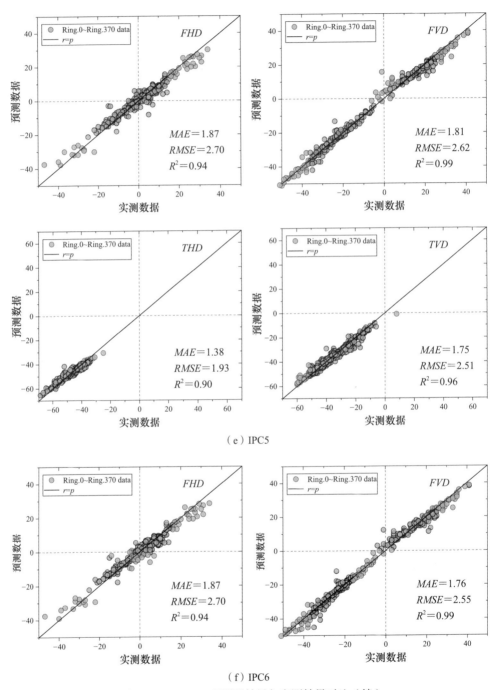

(e) IPC5

(f) IPC6

图 7-3-8 0～370 环预测结果与实测结果对比（续）

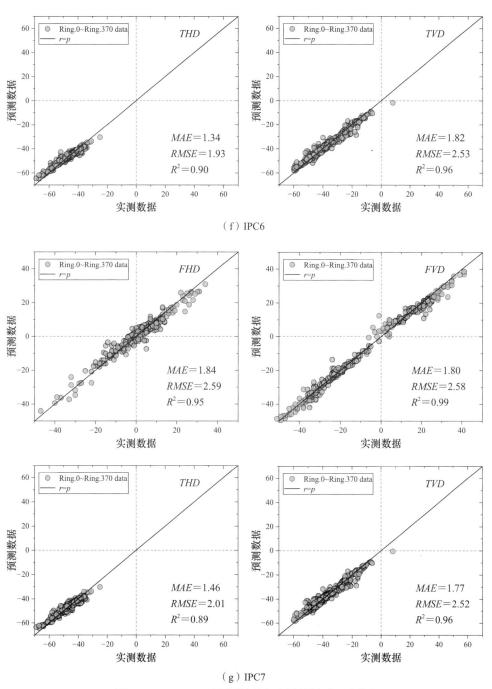

（f）IPC6

（g）IPC7

图 7-3-8　0～370 环预测结果与实测结果对比（续）

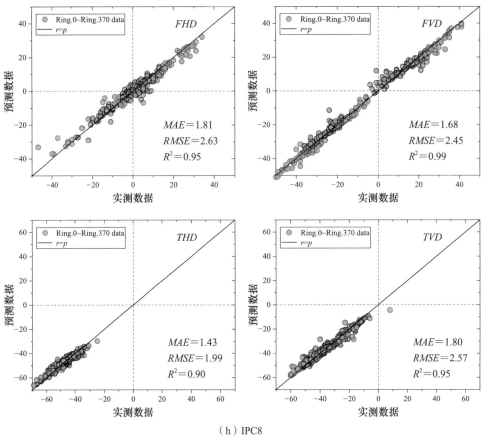

（h）IPC8

图 7-3-8　0～370 环预测结果与实测结果对比（续）

371～463 环隧道区间为预测区间。图 7-3-9 为 WSD—RF 模型对 4 个输出变量的预测结果，表明所建立的 WSD—RF 模型能够成功预测盾构姿态参数。但是，在不同的输入参数下，预测精度存在较大差异。如图 7-3-9 所示，不同 IPC 下预测值与实测值的绝对误差变化趋势相似。对于 FHD，随着输入参数类型的增加，本研究的 MAE 和 $RMSE$ 呈上升趋势。在这种情况下，MAE 从 6.54 变为 8.19。IPC1 的预测精度最好，比 IPC7 的预测结果高。对于 FVD，在 375 环和 445 环之间，误差波动较小，但在 447 环处，由于 445 环靠近设计轴的曲线和直线相交处，误差突然增大。如图 7-3-9（b）所示，IPC1～IPC6 的 MAE 和 $RMSE$ 在 5～10 波动。IPC7 对 FVD 的预测精度最低，MAE 为 15.45。最优输入参数组合为 IPC3，IPC3 的预测精度比 IPC7 高。图 7-3-9（c）为 371～463 环的 THD 误差分析。IPC1～IPC6 预测结果的 MAE 在 4 左右波动，但对于 IPC7 和 IPC8，MAE 显著增加。最优输入参数组合为 IPC2。如图 7-3-9（d）所示，TVD 在 441 环处误差明显增大。相比之下，在 8 种不同输入参数组合的情况下，模型的预测精度波动相对稳定，MAE 基本保持在 5.5 左右。对于 TVD，最优输入参数组合为 IPC6。综上所述，除 TVD 外，其他输出参数在输入参数类型较少的情况下预测性能最优，所建立的 WSD—RF 模型对盾构姿态参数的预测精度较高。

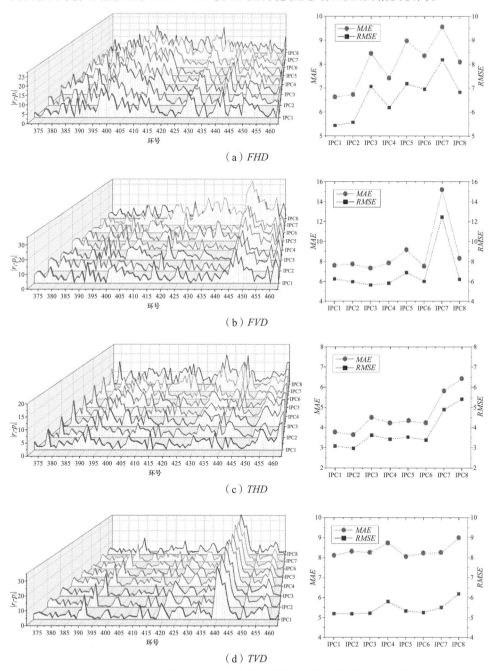

图 7-3-9　371～463 环 WSD—RF 模型对 4 个输出变量的预测结果

仅通过误差指标评价不同输入组合的预测性能存在一定缺陷，不能反映数据的分布特征。为了进一步评价 WSD—RF 模型的可行性，有必要对预测值和实测值的分布进行讨论。371~463 环 WSD—RF 模型实测值和预测值的分布如图 7-3-10 所示。盾构姿态参数呈现偏于较高值的分布，与实测结果一致。从图 7-3-10 中可以看出：IPC8 曲线与 THD 实测值拟合最好，与图 7-3-9 的结果略有不同。然而，除了 THD 外，其他 3 个参数的结果与如图 7-3-9 所示结果相似。因此，预测结果的分布与实测值的对比也应作为评价预测模型性能的指标之一。如图 7-3-10 所示，输入参数类型的增加有助于提高预测结果分布的合理性。

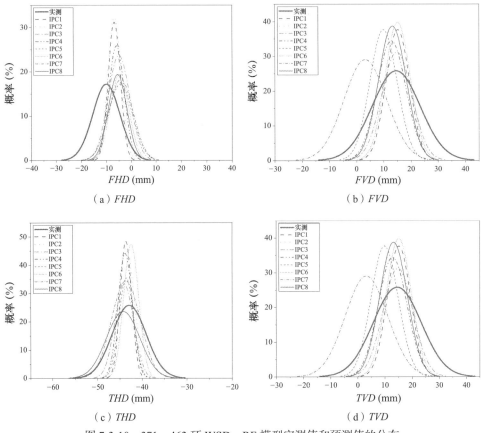

图 7-3-10　371~463 环 WSD—RF 模型实测值和预测值的分布

在本项目中，采用不同的输入参数组合，以获得不同盾构姿态参数的最高预测精度。如果针对不同的盾构姿态数据选择不同的输入参数组合，将大大降低计算效率和预测实时性。因此，我们对不同输出参数的预测精度评价指标进行求和，然后综合评价不同情况下的预测效果，如图 7-3-11 所示。与其他组合相比，IPC1 和 IPC2 在预测精度上有明显优势。IPC1 和 IPC2 是输入参数类型最少的两种情况。研究结果表明：输入参数类型的数量并不是决定模型预测精度的关键因素，添加相关较小的输入参数将大大降低模型的预测性能。

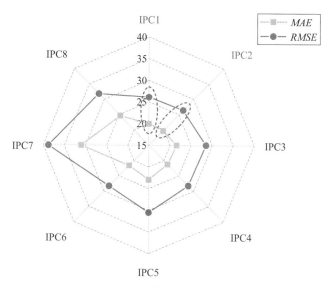

图 7-3-11　输出参数的 MAE 和 $RMSE$ 之和

基于研究成果，可以对盾构姿态控制和预测有进一步的了解。由于盾构掘进过程的不连续，掘进参数的去噪显得尤为重要。从预测结果可以看出，管片姿态对盾构姿态影响很大，而盾构姿态差会导致管片拼装质量差，两者相互影响。隧道设计轴线的复杂程度将直接影响盾构姿态控制的难度。因此，在实际工程中，需要对盾构姿态进行控制和预测，并对偏差进行提前修正。

7.4　本章小结

本章提出了一种基于最优输入参数组合预测掘进中盾构姿态和移动轨迹的深度学习模型。以十字门隧道不同输入参数类型为例，对该预测模型的适用性进行评价。讨论所建立的盾构姿态参数 WSD—RF 模型的可靠性。得出如下主要结论：

（1）采用随机森林算法和 Daubecies 小波基对盾构姿态参数进行预测。采用 MAE、$RMSE$ 和 R^2 对 WSD—RF 模型的性能进行了评价，并通过十字门隧道现场开挖数据验证了该模型对盾构姿态（FHD、FVD、THD 和 TVD）预测的有效性。

（2）选择 21 个输入参数，分为盾构姿态、管段姿态、掘进参数和施工参数

4类。变量重要性分析表明：输入参数与4种姿态关键参数之间的相关性差异较大。为充分考虑各输入参数的重要性，将不同姿态参数的 PCC 值的绝对值相加，设置8个输入参数组合。

（3）讨论了不同输入参数类型情况下预测模型的可靠性。模型对不同盾构姿态特征参数采用较少的输入参数类型，取得了较好的预测效果。在训练测试数据集和预测数据集，预测精度分别提高。

（4）模型性能分析表明：在输入参数类型较少的情况下，输出参数的预测性能最优，所建立的 WSD—RF 模型对盾构姿态参数的预测精度足够。然而，使用相关程度较低的输入参数会大大降低了模型的预测性能。与其他组合相比，IPC1 和 IPC2 在预测精度上有明显的优势。

第 8 章 隧道安全智慧运营关键技术

隧道建设是交通运输体系的重要组成部分，由于隧道结构的空间相对狭小，纵深较长且封闭性强，使得照明通风系统成为隧道建设重点内容。本章将基于十字门隧道工程背景，进行隧道照明与通风优化研究，通过隧道照明优化改善照明条件，增强驾驶员对道路环境的感知能力；通过隧道通风优化改善隧道内的空气质量，减少烟气的积聚和传播，提供疏散通道和安全空间。对隧道照明与通风的优化研究可进一步提高能源利用效率，降低运营成本，实现节能减排的目标。

8.1 隧道入口段照明动态控制

目前，隧道照明节能研究内容主要有隧道洞口减光、隧道洞内结构及材料技术、灯具布置及类型、照明控制方法。隧道照明系统具有时变性、非线性和复杂性。影响隧道照明的因素有很多，包括洞外亮度、车速、车流量以及能见度等。考虑因素的多样性，无法建立准确的数学模型进行照明控制。相比之下，模糊控制法由于不需要建立复杂的数学模型，仅利用经验知识以及人的思维模式为基础控制，被广泛应用于隧道照明控制。因此，本节采用模糊控制法介绍隧道照明动态控制。

8.1.1 照明亮度需求

针对隧道照明的特殊性，现行标准《公路隧道照明设计细则》JTG/T D70/2-01 要求对隧道进行分区段设计（包括入口段、过渡段、中间段和出口段）。每个区段的照明亮度应根据其特点进行选择，隧道照明分区如图 8-1-1 所示。驾驶员需要一定的适应时间才能适应高低亮度之间的变化，白天进入隧道入口段，由于隧道洞外亮度较高，从高亮度到低亮度的变化会延长驾驶员的视觉反应时间，从而产生"黑洞效应"，危及行车安全。因此，对入口段的亮度控制至关重要。

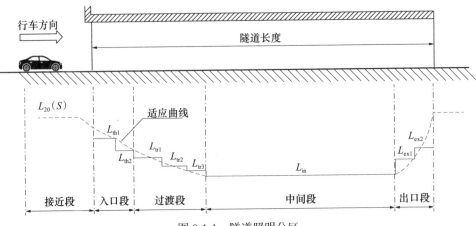

图 8-1-1 隧道照明分区

图中，L_{th1}、L_{th2}、L_{tr1}、L_{tr2}、L_{tr3}、L_{in}、L_{ex1}、L_{ex2} 分别为入口段、过渡段、中间段和出口段的亮度，$L_{20}(S)$ 为洞外环境亮度。

8.1.2 模糊控制流程

选取隧道洞外亮度、车速和车流量作为模糊控制的输入参数，输出参数为洞内亮度，建立一个三输入、一输出的照明控制模型，实现隧道照明亮度的动态调节。模糊控制流程如图 8-1-2 所示。

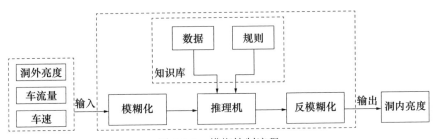

图 8-1-2 模糊控制流程

1. 参数模糊化处理

根据细则设定洞外亮度 L 为 [0, 4000]，车速 V 为 [0, 80]，车流量 Q 为 [0, 1500]。模糊规则划分如表 8-1-1~表 8-1-3 所示。

洞外亮度模糊规则划分　　　　　　表 8-1-1

模糊集	N（暗）	PN（较暗）	Z（中等）	PB（较亮）	B（亮）
洞外亮度（cd·h^{-1}）	200	1150	2100	3050	4000

车速模糊规则划分　　　　　　　　　　表 8-1-2

模糊集	N（慢）	Z（中）	B（快）
车速（km·h^{-1}）	40	60	80

车流量模糊规则划分　　　　　　　　　　表 8-1-3

模糊集	N（小）	PN（较小）	Z（中等）	PB（较大）	B（大）
车流量 [veh/(h·ln)]	300	600	900	1200	1500

实际输入可通过标度变换转换为所需论域，假设 X_0^* 为实际输入量，其取值范围为 $[X_{\min}^*, X_{\max}^*]$，所求论域为 $[X_{\min}, X_{\max}]$，通过线性变换可得式（8-1-1）和式（8-1-2）。

$$X_0 = \frac{X_{\min}+X_{\max}}{2} + k\left(X_0^* - \frac{X_{\min}^* + X_{\max}^*}{2}\right) \quad (8\text{-}1\text{-}1)$$

$$k = \frac{X_{\max} - X_{\min}}{X_{\min}^* + X_{\max}^*} \quad (8\text{-}1\text{-}2)$$

式中，k 为比例因子。得到输入输出的论域及模糊子集如表 8-1-4 所示。

输入输出的论域及模糊子集　　　　　　　　　　表 8-1-4

输入输出	论域	模糊子集
洞外亮度 L	{-6, -5, -4, -3, -2, -1, 0, 1, 2, 3, 4, 5, 6}	{L_N, L_{PN}, L_Z, L_{PB}, L_B}
车速 V	{-6, -5, -4, -3, -2, -1, 0, 1, 2, 3, 4, 5, 6}	{V_N, V_Z, V_B}
车流量 Q	{-6, -5, -4, -3, -2, -1, 0, 1, 2, 3, 4, 5, 6}	{Q_N, Q_{PN}, Q_Z, Q_{PB}, Q_B}
洞内亮度 L^*	{-6, -5, -4, -3, -2, -1, 0, 1, 2, 3, 4, 5, 6}	{L_N^*, L_{PN}^*, L_Z^*, L_{PB}^*, L_B^*}

解决模糊控制问题的关键在于选取较为适宜的输入输出参数隶属函数，三角隶属函数形状简单、计算量少且具有更高的灵敏度，因此，选用三角隶属函数，输入输出参数的隶属函数如图 8-1-3 所示。

2. 模糊控制规则

依据设计细则和专家相关经验建立模糊控制规则，规则包含所有输入状态，即每种输入状态下都有其相对应的控制规则发挥作用。此外，在设计控制规则时必须避免控制规则间相互矛盾，保证输入状态与规则的一一对应关系。照明控制系统由三个输入变量和一个输出变量组成的，输入的三个模糊变量分别有 5 个语言值、3 个语言值和 5 个语言值，建立模糊系统控制规则如表 8-1-5 所示。

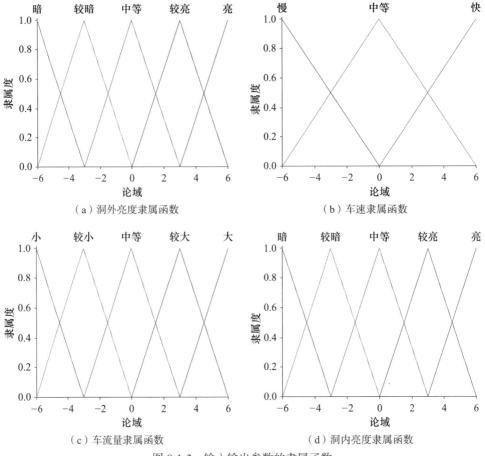

（a）洞外亮度隶属函数　　（b）车速隶属函数

（c）车流量隶属函数　　（d）洞内亮度隶属函数

图 8-1-3　输入输出参数的隶属函数

每条模糊语句对应一个输入输出模糊关系 R_i，见式（8-1-3）和式（8-1-4）。

$$R_i = (L_j \times V_k \times Q_m)^{T_i} \times L_n^* \quad (8\text{-}1\text{-}3)$$

$$R_i = \bigcup_{i=1}^{75} R_i \quad (8\text{-}1\text{-}4)$$

式中，L_j 为洞外亮度语言值，V_k 为车速语言值，Q_m 为车流量语言值，L_n^* 为洞内亮度语言值，T_i 为矩阵的维数，$i=1, 2, 3\cdots\cdots 75$，$j=m=n=1, 2, 3, 4, 5$，$k=1, 2, 3$。因此，控制规则的数目为 75。

模糊系统控制规则　　表 8-1-5

项目	V_N					V_Z					V_B				
	L_N	L_{PN}	L_Z	L_{PB}	L_B	L_N	L_{PN}	L_Z	L_{PB}	L_B	L_N	L_{PN}	L_Z	L_{PB}	L_B
Q_N	L_N^*	L_N^*	L_{PN}^*	L_{PN}^*	L_Z^*	L_N^*	L_{PN}^*	L_{PN}^*	L_Z^*	L_Z^*	L_N^*	L_{PN}^*	L_Z^*	L_Z^*	L_{PB}^*
Q_{PN}	L_N^*	L_{PN}^*	L_{PN}^*	L_Z^*	L_Z^*	L_{PN}^*	L_{PN}^*	L_Z^*	L_Z^*	L_{PB}^*	L_{PN}^*	L_Z^*	L_Z^*	L_{PB}^*	L_{PB}^*

续表

项目	V_N					V_Z					V_B				
	L_N	L_{PN}	L_Z	L_{PB}	L_B	L_N	L_{PN}	L_Z	L_{PB}	L_B	L_N	L_{PN}	L_Z	L_{PB}	L_B
Q_Z	L^*_{PN}	L^*_{PN}	L^*_Z	L^*_Z	L^*_{PB}	L^*_{PN}	L^*_Z	L^*_Z	L^*_{PB}	L^*_{PB}	L^*_Z	L^*_Z	L^*_{PB}	L^*_{PB}	L^*_B
Q_{PB}	L^*_{PN}	L^*_Z	L^*_Z	L^*_{PB}	L^*_{PB}	L^*_Z	L^*_{PB}	L^*_{PB}	L^*_{PB}	L^*_B	L^*_{PB}	L^*_{PB}	L^*_{PB}	L^*_B	L^*_B
Q_B	L^*_Z	L^*_Z	L^*_{PB}	L^*_{PB}	L^*_B	L^*_Z	L^*_{PB}	L^*_{PB}	L^*_B	L^*_B	L^*_{PB}	L^*_B	L^*_B	L^*_B	L^*_B

3. 反模糊化处理

经过上述流程后最终可得到模糊变量结果,需要进行反模糊化处理将模糊控制结果转换为精确值。最大隶属度法和重心法是最常用的反模糊化方法,最大隶属度法虽简单易行,但该方法完全不考虑其他隶属度较小的控制因素的作用,未能充分利用所获取的信息。相较于最大隶属度法,重心法具有更加平滑的输出推理控制,而且输出信号会随着输入信号的微小变化而变化。因此采用重心法进行反模糊化,见式(8-1-5)。

$$E_R = \frac{\sum_i \mu_R(R_i) R_i}{\sum_i \mu_R(R_i)} \qquad (8\text{-}1\text{-}5)$$

式中,E_R为洞内亮度精确值,μ_R为洞内亮度隶属函数,R_i为洞内亮度语言值。

8.1.3 隧道照明仿真

利用 Python 的 sklearn-fuzzy 模块搭建模糊控制系统,将上述模糊控制规则进行仿真,可得到隧道照明控制决策曲面。仿真试验采用控制变量法,分为三种输入情况:(1)控制洞外亮度 L 不变,将车速和车流量作为参数变量;(2)控制车速 V 不变,将洞外亮度和车流量作为参数变量;(3)控制车流量 Q 不变,将洞外亮度和车速作为参数变量。得到各控制参数分别在小、中、大程度上的决策图形,结果如图 8-1-4 所示。

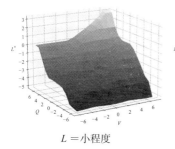
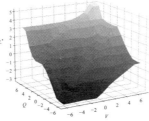

(a)车速、车流量为参数变量

图 8-1-4 隧道照明决策图形

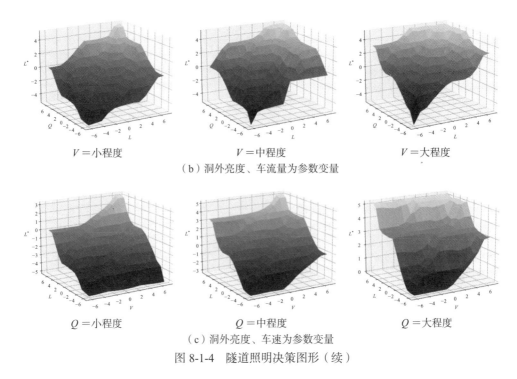

图 8-1-4 隧道照明决策图形（续）

当车速与车流量均较大时，所需洞内亮度较大；当车速很快而车流量较小时，所需洞内亮度较小，隧道不会因少数车辆的高速行驶而提高所需洞内亮度值；此外，当车流量较大时，洞内亮度较大，这是由于车流量较大导致前后车车距变小，为确保行车安全需增加洞内亮度，仿真结果符合实际情况。

当洞外亮度与车流量均处于较大值或洞外亮度处于较大值时，所需洞内亮度值较大，这是为避免驾驶员进入隧道时，因视觉反差较大而产生"黑洞效应"。

当洞外亮度与车速均较大时，所需洞内亮度较大；当车速较快而洞外亮度较小时，所需洞内亮度也较小，这是为避免隧道内亮度过大使驾驶员进入隧道时因视觉反差较大而产生不适。

8.2 隧道曲线段照明优化

隧道作为现代交通基础设施中的重要组成部分，其安全性和通行效率一直备受关注，目前，对隧道照明的研究大多是针对隧道正常运行情况下的优化研究，并未涉及隧道类型以及异常工况的影响，一旦发生火灾等紧急情况，隧道照明则是疏散和救援的重要支撑。对于曲线隧道这类需要特殊考虑的隧道，因为其曲线形状导致人员通行视线难度加大,进一步增加了通行风险。此外,大多数隧道的灯具布置并未考虑隧道直线段与曲线段布灯的差异,均采用同一间距进行灯具布置,这会导致不必要的能源浪费。因此,本节主要探讨曲线隧道照明优化的问题,对于曲线隧道照明的设计和优化提出一些具有实际意义的建议。

8.2.1 亮度安全阈值

1. 反应时间与亮度的关系

人眼的视觉范围根据照明理论可分为明视觉、暗视觉和中间视觉。其中,中间视觉是指人眼在现实环境中的适应范围。已有研究通过建立模拟隧道环境的静态和动态试验,获得了反应时间和环境亮度关系曲线如图 8-2-1 所示,得到拟合公式如表 8-2-1 所示。可以看出,反应时间与环境亮度成反比关系。随着环境亮度的增加,反应时间会减少,而当反应时间到达一个环境亮度变化不敏感的值时,即达到了识别中间视觉的上限。因此,可以通过确定一个环境亮度安全临界阈值指导隧道照明设计。

通过选择适当的反应时间,可确定隧道环境亮度的安全阈值。需要注意的是,静态试验只考察了在环境亮度不变的情况下人眼识别障碍物的反应时间,而动态试验则模拟了车辆进入隧道时环境亮度变化对人眼反应时间的影响,更符合隧道照明的实际情况。因此,选用动态试验的结果曲线进行计算分析较为合理。

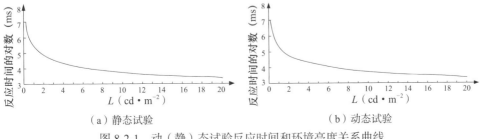

(a)静态试验 (b)动态试验

图 8-2-1 动(静)态试验反应时间和环境亮度关系曲线

动(静)态试验反应时间和环境亮度的拟合结果   表 8-2-1

试验类型	拟合公式	相关性系数 R^2	适用区间(cd·m^{-2})
静态模拟	$t = \exp(5.3602L^{-0.1532})$	0.9525	0.2~20
动态模拟	$t = \exp(5.4630L^{-0.1572})$	0.9587	0.2~20

2. 反应时间的确定

由于隧道结构的特殊性和半封闭特点,在隧道中极有可能因照明不足、车流量大或车速过快等原因而发生碰撞事故,因此,碰撞预警技术显得极为重要。国内外对碰撞预警技术的研究主要分为安全距离和安全时间两大类。安全时间主要是对距离碰撞的时间进行研究,常使用碰撞时间(TTC)作为阈值进行预警。碰撞时间指两车发生冲突时,两车保持原有速度差,从当前时刻至潜在冲突发生的时间段,可用式(8-2-1)表示。

$$\frac{1}{2}(a_0-a_1)T_{TTC}^2+(v_0-v_1)T_{TTC}-D=0 \qquad (8-2-1)$$

式中,v_0、a_0 为自车行驶速度和加速度,v_1、a_1 为前车行驶速度和加速度,D 为自车与前车的相对距离。

由式(8-2-1)可知 TTC 仅与行车速度及车辆相对距离有关,TTC 阈值在以前的安全评价中常用的值为 1~4s,其主要划分如表 8-2-2 所示。

TTC 阈值划分　　表 8-2-2

风险等级	高	中	低	方法
碰撞时间(TTC)	0.00~1.00s	—	1.00~3.00s	Hirst
	0.00~1.00s	1.00~1.50s	1.50~2.00s	Pirinccioglu

3. 亮度安全阈值分析

根据《营运车辆自动紧急制动系统性能要求和测试规程》JT/T 1242—2019 的要求,紧急制动阶段不应在 $TTC \geq 3.00s$ 前开始,且依据表 8-2-2 的内容,将 TTC 在 0.00~1.00s 划分为高风险,在 1.00~2.00s 划分为中风险,在 2.00~3.00s 划分为低风险。根据表 8-2-1 中动态试验下的拟合公式,可计算不同 TTC 下的隧道照明亮度阈值,如表 8-2-3 所示。

照明亮度阈值　　表 8-2-3

风险等级	高	中	低
碰撞时间(s)	0.00~1.00	1.00~2.00	2.00~3.00
照明亮度(cd/m²)	>6.26	2.32~6.26	1.38~2.32

可通过隧道内车辆检测器获取的实时监测数据计算碰撞时间,从而进行风险等级判断。当风险等级为高风险时,须提高照明亮度至 6.26cd/m² 以上;当风险等级为中风险时,照明亮度可设置为 2.32~6.26cd/m²;当风险等级为低风险时,照明亮度可设置为 1.38~2.32cd/m²。

8.2.2 照明优化流程

从设计和运行两个阶段对曲线隧道照明进行优化,优化流程如图 8-2-2 所示。

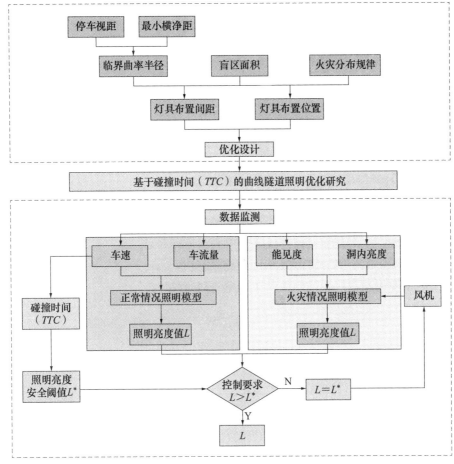

图 8-2-2 优化流程

（1）设计阶段

通过停车视距与最大横净距确定隧道临界曲率半径。采用几何法分析不同布灯方式下的照明盲区面积，结合火灾分布规律确定曲线隧道最优布灯方式以及布灯间距。基于照明盲区面积与布灯间距的计算式，将所得临界区率半径代入计算式内即可求得最优布灯间距。

（2）运行阶段

以碰撞时间（TTC）作为反应时间确定隧道亮度安全阈值，指导隧道照明亮度调节。在正常隧道运行情况下，基于照明细则建立正常情况下的亮度模型，通过车速、车流量的实时监测数据进行亮度调控。当隧道发生火灾或车流量较大时，隧道内能见度降低使得照明亮度无法达到控制要求的安全阈值，则需采用考虑能见度的照明模型进行照明亮度补偿，当提高照明亮度对改善能见度效果不明显时，可启动风机运作协助调控，使得照明环境满足驾驶员的安全行驶需求。

8.2.3 正常情况下的照明优化

1. 曲线隧道设计优化

（1）曲线隧道最小半径取值

隧道的封闭环境和侧墙效应使得隧道内部照明不良,其视距与普通道路有显著区别。而曲线隧道由于较小的半径,视距更加狭窄,与传统直线隧道相比差异更大。同时,曲线隧道半径也会影响照明灯具布置,由《公路隧道照明细则》可知:当曲线半径不小于 1000m 时,照明灯具可参照直线段布置;当曲线半径小于 1000m 时,布灯间距宜为直线布灯间距的 0.5~0.7 倍,半径越小,布灯间距应越小。为了行车安全,在道路的平面和纵面上均应保证必要的停车视距,在弯道有足够的横向间距,使驾驶员具有良好的视距以正确判断道路的行车环境,决定正确的驾驶行为,从而获取有效操作时间。因此,可通过分析曲线隧道的停车视距和最大横净距,以获取符合小半径曲线隧道视距要求的半径取值。停车视距、最大横净距与曲线半径的关系如图 8-2-3 所示。

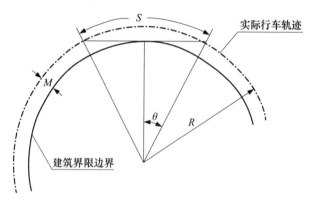

图 8-2-3 停车视距、最大横净距与曲线半径的关系

由几何关系可得式（8-2-2）。

$$M = R(1-\cos\theta) = R\sin\theta\tan\frac{\theta}{2} \qquad (8\text{-}2\text{-}2)$$

式中, M 为最大横净距, R 为曲线半径, S 为停车视距,即视点位置与墙壁的切点与驾驶轨迹交点之间的距离。因视距 S 远远小于曲线半径,因此,可认为 $\sin\theta \approx \tan\theta \approx \theta$,且 $\sin\theta = \dfrac{S}{2R}$;则式（8-2-2）可变换为式（8-2-3）。

$$R = \frac{S^2}{8M} \qquad (8\text{-}2\text{-}3)$$

由式（8-2-3）可知影响隧道半径取值的主要因素为停车视距 S 和最小横净

距 M,需对两者的取值进行分析。

(2)停车视距取值分析

停车视距即驾驶员在行驶过程中能够看到前方道路上的障碍物并及时减速或停车的距离。它是确保行车安全的重要指标之一,尤其在道路条件复杂、交通流量大的城市道路中更加重要。停车视距不足会增加行车风险,可能导致交通事故的发生。因此,在道路设计和建设过程中,需要对停车视距进行充分的考虑和规划,以确保行车安全和交通流畅。停车视距由反应距离和刹车距离组成:反应距离是驾驶员察觉障碍物,决定应采取行动到踩刹车放慢车速整个过程所需的距离;刹车距离指汽车制动并停稳所需的距离。因此,可按式(8-2-4)进行停车视距计算。

$$S = \frac{V}{3.6}t + \frac{(V/3.6)^2}{2g(f+i)} \qquad (8\text{-}2\text{-}4)$$

式中,V 为行车速度;t 为反应时间;i 为路线纵坡度;f 为纵向摩擦系数,即轮胎与路面的纵向摩擦系数,其取值受车速及路面的状况的影响,路面处于干燥状态时为 0.45~0.75。我国现行标准中关于停车视距是考虑危险状态下进行计算,同时考虑纵向摩擦系数随着车速的增大而减小的原因,将摩擦系数的取值定为 0.29~0.44,其对应的车速为每小时 20~120km。

(3)最大横净距取值分析

最大横净距是指隧道内道路中心线与内壁距离的最大值,它是影响隧道通行安全的重要因素之一。在设计隧道时,需要根据车辆的尺寸和速度等因素计算最大横净距,从而得到隧道的最小半径,保证车辆在隧道内能够安全通行。据研究表明:驾驶员视点位置距小汽车中轴 0.4m,小汽车车身宽度为 1.8m,长为 4.5m。隧道建筑界限如图 8-2-4 所示。

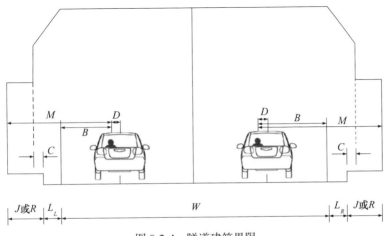

图 8-2-4 隧道建筑界限

由图 8-2-4 可知,在不考虑车辆偏移轨迹时隧道最大横净距 M 见式(8-2-5)。

$$M = J + L + B \tag{8-2-5}$$

图 8-2-4 和式(8-2-5)中字母解释:L_L、L_R 分别为左侧、右侧侧向宽度,B 为驾驶员视点位置离标线位置,C 为余宽,J 为检修道宽度,R 为人行道宽度,W 为行车道宽度,D 为驾驶员视点位置距车辆中轴位置。

通过式(8-2-5)可判断曲线半径是否满足设计要求,可确定灯具布置是直线布灯,还是曲线布灯(当 $R \geq 1000\mathrm{m}$ 时,可直线布灯;$R < 1000\mathrm{m}$ 时,可曲线布灯)。

2. 隧道灯具布置方式与间距

(1)灯具布置方式

常见的灯具布置方式有单侧布灯(外侧布灯、内侧布灯),拱顶布灯,双侧布灯(交错布灯和对称布灯),如图 8-2-5 所示。

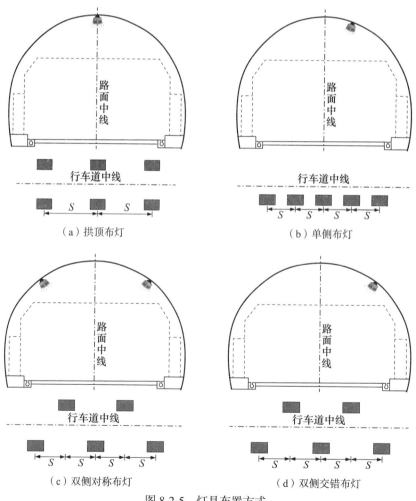

图 8-2-5 灯具布置方式

拱顶布灯是指将灯具布置在隧道顶部，通过反射和折射作用达到照明效果。该布置方式不占用隧道内的空间，而且可以产生柔和的光线，减少反光和阴影。

单侧布灯是指在隧道内一侧布置灯具，可以分为内侧布灯和外侧布灯两种方式。内侧布灯是指灯具布置在隧道内部靠近车辆行驶方向的侧墙上，而外侧布灯是指灯具布置在隧道内部远离车辆行驶方向的侧墙上。单侧布灯的优点是照明效果好，灯具数量少，易于维护。

双侧布灯则是指在隧道内部的两侧均布置灯具，可以分为对称布灯和交错布灯两种方式。对称布灯是指在隧道内部的两侧均匀地布置灯具，使两侧照明效果相同。交错布灯则是指在隧道内部的两侧交替地布置灯具，使照明效果更加均匀。双侧布灯的优点是可以提高照明均匀度和安全性，但缺点是需要使用更多的灯具和电力设备，成本较高。

（2）曲线布灯间距

目前，隧道照明灯具大多采用 LED 灯，由于 LED 灯的定向性，光线无法直接照射到的地方会产生照明盲区，盲区面积的大小直接影响照明质量以及驾驶员的行车安全。采用上述布灯方式中的单侧、双侧布灯进行曲线段隧道的灯具布设，以平面几何法可得到不同布设方式下的盲区面积，如图 8-2-6 所示。

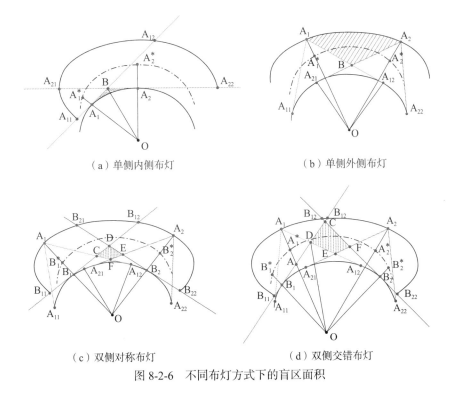

(a) 单侧内侧布灯　　(b) 单侧外侧布灯

(c) 双侧对称布灯　　(d) 双侧交错布灯

图 8-2-6　不同布灯方式下的盲区面积

图中，A_1、A_2、B_1、B_2 为灯具布设位置，A_1 灯照射区域为 A_{11}、A_{12} 所形成弦域面积，A_2 灯照射区域为 A_{21}、A_{22} 所形成弦域面积，B_1 灯照射区域为 B_{11}、B_{12} 所形成弦域面积，B_2 灯照射区域为 B_{21}、B_{22} 所形成弦域面积，A_1^* 与 A_2^*、B_1^* 与 B_2^* 形成的弧长为布灯间距，阴影部分即为盲区面积。对四种布设形式的比较研究可知，若采用单侧布灯，单侧内侧布灯所得盲区面积最小，灯具布设效果最好。由于照明服务的主体为车，故将车身长和宽作为盲区面积约束的最大允许长度和宽度，该情况下的布灯间距 d 与曲线半径、车长以及隧道宽度间的关系见式（8-2-6）。若采用双侧布灯，由于双侧布灯在曲线隧道曲率半径小于 1km 的情况下，不存在盲区面积，且对称布灯诱导性较好，故采用双侧对称布灯为宜。

$$d = \frac{2\pi \arcsin\left(\frac{P}{2R}\right)}{180}\left(R + \frac{w}{2}\right) \quad (8\text{-}2\text{-}6)$$

式中，P 为车长，w 为隧道宽度，R 为曲线半径。由式（8-2-3）、式（8-3-6）即可计算曲线段隧道最优布灯间距。

（3）直线布灯间距

当隧道内按设计速度行车时间超过 20s 时，照明灯具布置间距应满足闪烁频率低于 2.5Hz 或高于 15Hz。闪烁频率为设计速度与布灯间距之比，见式（8-2-7）。

$$f = \frac{v}{s} \quad (8\text{-}2\text{-}7)$$

式中，f 为闪烁频率，v 为设计速度，s 为布灯间距。

3. 照明控制优化

传统照明设计大多采用分级调光的方式，未考虑亮度随隧道内车流量、车速的变化影响。由于隧道的长期运营会产生极大的能源浪费，因此，须建立根据实时交通量和车速等因素变化的动态隧道照明亮度计算模型。采用 Python 对设计亮度值进行三阶多项式拟合，如表 8-2-4 所示，得到考虑车流量以及车速变化的中间段照明亮度拟合公式如式（8-2-8）所示，图 8-2-7 为隧道照明亮度、车流量曲线。

中间段亮度值（cd/m^2） 表 8-2-4

车流量	类型	设计速度 v（km/h）				
		120	100	80	60	20~40
大	标准值	10.0	6.5	3.5	2.0	1.0
	拟合值	10.0	6.5	3.5	2.0	1.0
	误差（%）	0	0	0	0	0

续表

车流量	类型	设计速度 v（km/h）				
		120	100	80	60	20～40
中	标准值	6.0	4.5	2.5	1.5	1.0
	拟合值	6.0	4.6	2.5	1.5	1.0
	误差（%）	0	2.2	0	0	0
小	标准值	4.5	3.0	1.5	1.0	1.0
	拟合值	4.6	3.0	1.5	1.0	1.0
	误差（%）	2.2	0	0	0	0

注：大流量是单向车流量大于1200veh/（h·ln），双向车流量大于650veh/（h·ln）。中流量是单向车流量大于350veh/（h·ln），小于1200veh/（h·ln）；双向车流量大于180veh/（h·ln），小于650veh/（h·ln）。小流量是单向车流量小于等于350veh/（h·ln），双向车流量小于等于180veh/（h·ln）。

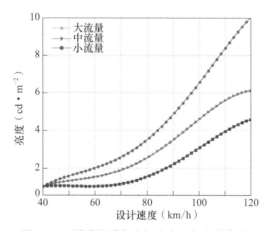

图 8-2-7　隧道照明亮度与速度、车流量曲线

$$\begin{bmatrix} L_l(v) \\ L_m(v) \\ L_s(v) \end{bmatrix} = \begin{bmatrix} -5.208\times10^{-7} & 1.667\times10^{-4} & -1.792\times10^{-2} & 0.8458 & -13.5 \\ -5.208\times10^{-7} & 1.563\times10^{-4} & -1.604\times10^{-2} & 0.7125 & -10.5 \\ -3.906\times10^{-7} & 1.198\times10^{-4} & -1.234\times10^{-2} & 0.5271 & -7.0 \end{bmatrix} \times V \quad (8\text{-}2\text{-}8)$$

式中，$L_l(v)$、$L_m(v)$、$L_s(v)$ 分别为大流量、中流量、小流量的亮度值，$V = [v^4\ v^3\ v^2\ v^1\ 1]^T$ 为速度基函数，中间段亮度不低于 1cd/m^2。由式（8-2-8）再根据车流量和车流速度可进行隧道照明亮度计算。

8.2.4　火灾情况下的照明优化

1. 研究区段及影响因素分析

（1）能见度分布规律

根据有关能见度在隧道内分布规律的研究，在不同天气情况下，隧道内能见度均呈现先下降、后上升的趋势（图 8-2-8）。出入口段的能见度较好，而中间段的能见度水平相对较低。造成这一现象的主要原因是隧道出入口段与外部环境相连，车辆行驶过程中带动自然风从而将烟尘带出隧道。而中间段则处于半封闭状态，烟尘不能及时被排出，能见度下降，严重影响驾驶员的判断，危及行车安全，因此，对于能见度的影响研究主要集中于隧道中间段。

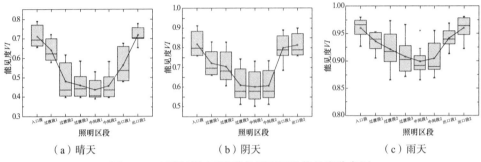

图 8-2-8　不同天气下隧道各照明区段能见度分布图

（2）通风模式下的火灾分布规律

隧道发生火灾时会产生大量烟雾，严重危及隧道内部人员的生命安全。因此，有效控制隧道火灾发生后产生的烟雾，对灾后人员撤离及车辆行驶安全至关重要。在无通风隧道内，见图 8-2-9（a），烟气会向火源的上下游流动；而在有纵向强制通风的隧道内，大部分烟气会随着风向往火源的下游流动，但也会有少部分烟气沿着隧道顶部逆风向火源的上游流动形成烟气逆流层，见图 8-2-9（b）。通过增加纵向风速，可以控制烟气逆流，使逆流层长度恰好为零的风速即为临界风速。向隧道提供纵向风速，使其大于临界风速，见图 8-2-9（c），可以使烟气向火源的下游流动，保证上游人员具有较为充足的疏散速度和疏散时间。

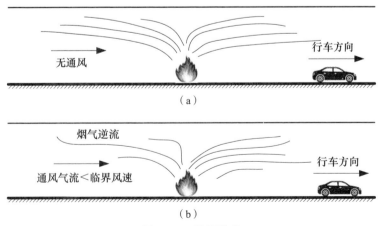

图 8-2-9　通风形式

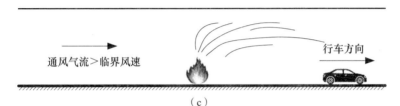

(c)

图 8-2-9 通风形式(续)

目前,大多数隧道均有较为完备的通风设施且主要以全射流纵向通风为主,因此,位于火源上游的人员可向上游疏散,而位于火源下游的车辆可继续行驶出隧道,但由于烟气向下游流动时,隧道内能见度降低,影响驾驶员行车安全,易发生二次事故。提高隧道内照明亮度虽然可以改善能见度,但过高的照明亮度会导致眩光,影响驾驶员判断。因此,有必要根据能见度的变化对隧道照明亮度进行实时调整,确保火源下游的车辆在具有较为舒适的照明环境下驶出隧道。

在长隧道中,正常运营情况下由于中间区段的距离较长且可能存在曲线形布置,使得烟尘难以及时排出隧道;若发生火灾,会产生大量的烟尘,即使有通风系统也难以满足能见度要求,能见度对该区段的影响程度较高。因此,结合能见度及火灾分布规律可知:研究中间段能见度对照明亮度的影响极为重要,可通过适当提高照明亮度,改善因通风不足而降低的隧道能见度,保证驾驶员的正常行驶需求。

(3)能见度指标

烟雾浓度表示烟尘对空气的污染程度,可通过测定污染空气 100m 距离的烟雾光线透过率来确定,也称 100m 透过率。由于隧道能见度的计算较为复杂,因此可采用烟雾浓度 k 间接衡量隧道能见度。烟雾浓度 k 与烟雾光线透过率 τ 之间的关系见式(8-2-9)。

$$k = -\frac{1}{100}\ln\tau \quad (8\text{-}2\text{-}9)$$

由式(8-2-9)通过测定 100m 距离的烟雾光线透过率即可得到烟雾浓度。

2. 考虑能见度影响的亮度优化

通过实时检测隧道内的烟雾光线透过率以及对隧道内照明亮度的变化监测,即可建立烟雾浓度 k 与隧道内照明亮度 L_{in} 的关系,即:$L_{in} = f(k)$,将隧道内未受能见度影响的亮度值与受能见度影响的亮度值之比定义为照明亮度损失率 ε,见式(8-2-10)。

$$\varepsilon = \frac{L_0 - L_{in}}{L_0} = \frac{L_0 - f(k)}{L_0} \quad (8\text{-}2\text{-}10)$$

式中,L_0 为未受能见度影响的亮度值,即 $k = 0$ 时的 $L_0 = f(0)$。

公路隧道内部汽车排放的尾气或隧道火灾时产生的烟雾积聚会阻碍照明光线的传播效率，进而使隧道内路面亮度无法达到照明亮度设计值，并且随着隧道内能见度的降低，照明亮度损失率也逐渐增大。亮度过低会影响驾驶员在隧道内的行车安全，存在重大安全隐患。因此，需要将由能见度不足而损失的亮度进行动态补偿，根据照明亮度损失率定义可得式（8-2-11）。

$$\varepsilon = \frac{L_0^c - [L_a - f(k)]}{L_0^c} \quad (8\text{-}2\text{-}11)$$

式中，L_0^c 为照明亮度补偿值，L_a 为不考虑能见度影响下的照明亮度期望值。

将式（8-2-10）、式（8-2-11）联立可得式（8-2-12）。

$$L_0^c = \frac{L_0 \cdot [L_a - f(k)]}{f(k)} \quad (8\text{-}2\text{-}12)$$

由此可以得到考虑能见度影响的隧道内优化后的照明亮度，见式（8-2-13）。

$$L = L_0 + L_0^c \quad (8\text{-}2\text{-}13)$$

则有式（8-2-14）。

$$L = L_0 + \frac{L_0 \cdot [L_a - f(k)]}{f(k)} \quad (8\text{-}2\text{-}14)$$

由式（8-2-14）可进行考虑能见度影响的照明亮度计算。当隧道内发生火灾或车流量较多导致烟雾浓度过大时，隧道内照明亮度会有一定程度的降低，此时，可通过提高照明亮度作为亮度补偿，从而提高能见度水平。但是，通过提高照明亮度提高能见度只能在一定范围内有效，当烟雾浓度过大时，再提高照明亮度，对改善能见度的作用不大；此时，可结合风机进行隧道内排烟，使得烟雾浓度下降，并进行亮度补偿照明。

8.2.5 照明优化工程应用

1. 简述

为验证该曲线隧道照明优化设计流程的可行性及有效性，以十字门隧道为例进行分析。十字门隧道是一条双向4车道城市次干道，车道宽度为3.5m＋3.25m，隧道主线设计速度为40km/h。

2. 设计阶段优化分析

右线隧道正常、备用照明配电平面图，如图8-2-10所示。

根据设计文件可知，该隧道实际基本照明布灯间距在直线段和曲线段均为6m。单侧外侧布灯，见图8-2-11（a），行车道中线两侧亮度差较大，存在较明显的明暗相间的"斑马效应"，容易加快驾驶员视觉疲劳，危及行车安全。双侧对称布灯见图8-2-11（b），照明效果有所改善，但仍存在"斑马效应"。造成这一现象的主要原因是布灯间距过大，应适当缩小曲线段布灯间距。

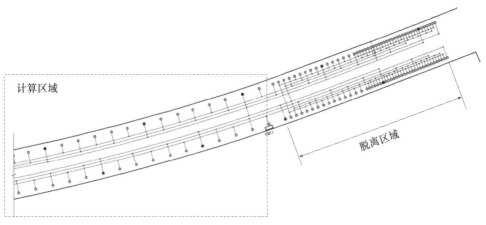

图 8-2-10　右线隧道正常、备用照明配电平面图

（a）单侧外侧布灯　　　　　　　　　　（b）双侧对称布灯

图 8-2-11　灯具布置效果

可根据本节方法进行布灯间距优化，参照《公路隧道设计规范》JTG 3370.1—2018 中隧道横断面组成和基本宽度的规定，以式（8-2-5）计算横向净距 $M = 3.15\text{m}$；由式（8-2-4）可计算停车视距（其中，设计速度 $v = 40\text{km/h}$，反应时间 $t = 3.0\text{s}$，即取低风险下的碰撞时间进行计算，坡度 $i = 5\%$，纵向摩擦系数 f 取 0.29），停车视距 $S = 51\text{m}$。

由横向净距 $M = 3.15\text{m}$，停车视距 $S = 51\text{m}$，通过式（8-2-3）可计算临界曲线半径 $R = 103\text{m}$，而右线隧道最小曲线半径为 600.25m，大于临界曲线半径，因此，照明停车视距满足要求，无需进行修正。

由照明细则可知，设计速度为 40km/h、二级公路隧道宽度 $w = 9.0\text{m}$，将所得临界曲线半径 R 代入式（8-2-6）即可得到隧道曲线段布灯间距，采用此间距进行灯具布设可改善隧道照明效果。

3. 运行阶段优化分析

亮度与透过率曲线如图 8-2-12 所示，根据透过率与烟雾浓度 k 的关系式（8-2-9），可得到亮度与烟雾浓度曲线如图 8-2-13 所示。将其进行拟合分析得出式（8-2-15）。

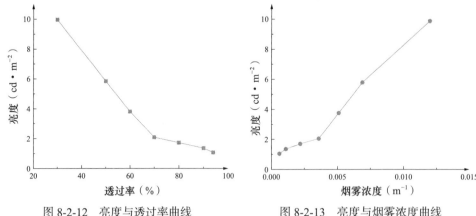

图 8-2-12 亮度与透过率曲线　　图 8-2-13 亮度与烟雾浓度曲线

$$f(k) = [\ -1.159 \times 10^7 \quad 2.347 \times 10^5 \quad -434.6 \quad 1.413\ ] \cdot K \quad (8\text{-}2\text{-}15)$$

式中，$K = [\ k^3 \ k^2 \ k \ 1\ ]^T$，$k$ 为烟雾浓度。

假定隧道内测得车流量 $Q = 800\text{veh}/(\text{h} \cdot \text{ln})$，车速 $v = 80\text{km/h}$，烟雾浓度 $k = 0.0040\text{m}^{-1}$。当 $k = 0$ 时，可得隧道照明亮度未受能见度影响时的实际亮度值 $L_0 = f(0) = 1.413\text{cd/m}^2$；由 $Q = 800\text{veh}/(\text{h} \cdot \text{ln})$，$v = 80\text{km/h}$ 代入式（8-2-8）可得到不考虑能见度影响下的照明亮度期望值 $L_a = 3.49\text{cd/m}^2$；将 $k = 0.0040\text{m}^{-1}$ 代入式（8-2-15）得 $f(0.0040) = 2.69\text{cd/m}^2$。将 L_0、L_a 和 $f(0.0040)$ 代入式（8-2-14）可求得优化后的照明亮度值 $L = 1.83\text{cd/m}^2$。最后，将亮度值 L 与表 8-2-3 的阈值进行对比，根据对隧道内车辆的监测判断车辆所处安全状态，若为低风险状态，则所求 L 满足阈值要求；若为中风险状态，L 不满足要求，可按中风险的最低亮度值进行亮度调控。

8.3　火灾情况下的废气排散分析

8.3.1　隧道通风模型建立

火灾产生的烟气是最危险的因素之一，烟气中可能含有一系列有害气体，如一氧化碳（CO）、二氧化碳（CO_2）、一氧化氮（NO）等，对人员疏散和救援行动造成严重威胁。不同的通风方式对烟气的扩散路径和速度产生影响，不同的通风方式也具有不同的通风效率。高效的通风方式能够更快速地排散废气，改善隧道内的空气质量，减少烟气的积聚和传播，提供疏散通道和安全空间，为人员逃生和救援提供宝贵时间，降低火灾蔓延的风险。

本节将基于十字门隧道工程背景，探究隧道内发生火灾时，不同的通风方式对隧道内废气排散的影响。采用RNG $k\text{-}\varepsilon$ 湍流模型描述气体流动模式（考虑流场中的湍流涡漩，改善和提高相关的计算精度）。

根据隧道建设情况，隧道洞口高度设置为13.9m，隧道截取宽度为60m，模拟的总时间为60s。

在隧道中部设置火灾源，以2m/s的速度扩散，设置CO浓度为1%、硫化氢（H_2S）浓度为1%、NO_2浓度为1%。隧道内保持4m/s的风速。风管口边界条件（排风或送风）以风扇形式设置，风速与风压关系见图8-3-1。

为了进一步探究发生火灾时隧道内部废气的排散情况，本研究分别对直线隧道与曲线隧道进行探讨与分析，火灾隧道通风三维模型如图8-3-2和8-3-3所示。其中，曲线隧道参数如表8-3-1所示。

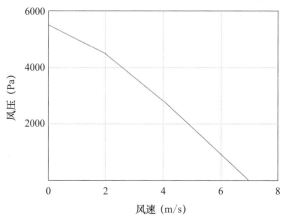

图8-3-1　风速与风压关系

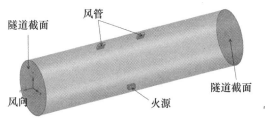

图8-3-2　火灾隧道通风三维模型（直线段）

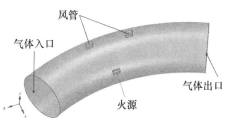

图8-3-3　火灾隧道通风三维模型（曲线段）

曲线隧道参数   表 8-3-1

内容	参数	内容	参数
里程	YK0＋740～YK1＋680	最小覆土深度	10.13m
长度	940m	盾构机来源	三阳路盾构机（改制）
江中段	720m	管片外径	15.2m
最大坡度	5%	管片厚度	0.65m
最小转弯半径	599.75m	管片内径	13.9m
最大覆土深度	22.87m		

8.3.2 隧道直线段通风优化

如图 8-3-4 所示，采用排风＋送风组合时，火灾产生的 CO 易集中在排风口附近，基本通过排风口排散，且在 50s 时，排风口附近的 CO 已基本排散。通过对比，在图 8-3-5 中发现：采用双排风组合时，CO 通过排风口排散的效果较差，在 50s 时仍有 $\geqslant 1\times 10^{-5}$ 浓度的 CO 在排风口附近未被排散。

图 8-3-6～图 8-3-8 展示沿隧道中心废气浓度的变化（x-z 面）。从图中可见，采用排风＋送风组合时，沿着隧道中心的废气浓度比采用双排风组合的情况更小，且分布范围较小。说明送风方式的设置与隧道内有害气体的排散程度有较大关系。

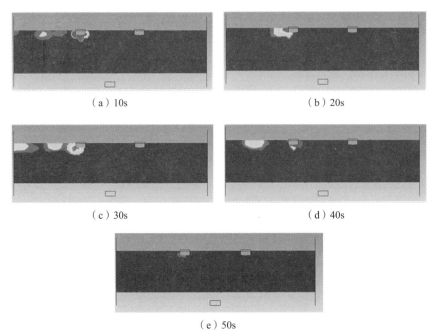

(a) 10s　　(b) 20s
(c) 30s　　(d) 40s
(e) 50s

图 8-3-4 采用排风＋送风组合时通风管口附近 CO 浓度的变化

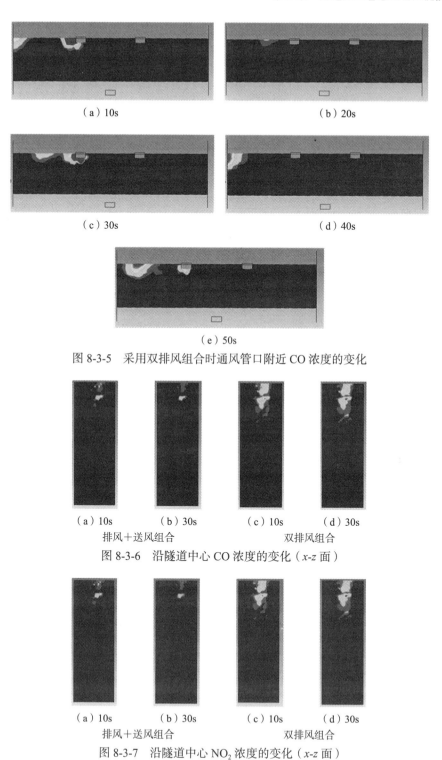

(a) 10s　　　　　　　　　　　　　(b) 20s

(c) 30s　　　　　　　　　　　　　(d) 40s

(e) 50s

图 8-3-5　采用双排风组合时通风管口附近 CO 浓度的变化

(a) 10s　　(b) 30s　　　　(c) 10s　　(d) 30s
　　排风+送风组合　　　　　　双排风组合

图 8-3-6　沿隧道中心 CO 浓度的变化（x-z 面）

(a) 10s　　(b) 30s　　　　(c) 10s　　(d) 30s
　　排风+送风组合　　　　　　双排风组合

图 8-3-7　沿隧道中心 NO_2 浓度的变化（x-z 面）

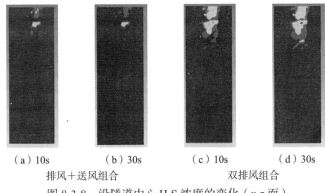

(a) 10s　　(b) 30s　　(c) 10s　　(d) 30s

排风+送风组合　　　　　双排风组合

图 8-3-8　沿隧道中心 H_2S 浓度的变化（x-z 面）

不同组合在 30s 沿隧道中心 NO_2 浓度的变化（x-z 面）如图 8-3-9 所示。可见采用排风+送风组合更有利于 NO_2 的排散。

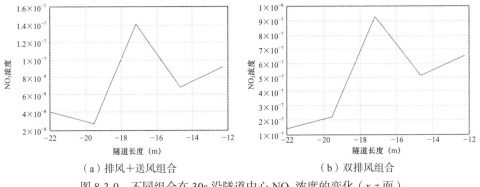

（a）排风+送风组合　　　　　（b）双排风组合

图 8-3-9　不同组合在 30s 沿隧道中心 NO_2 浓度的变化（x-z 面）

不同组合在 30s 沿隧道中心 H_2S 浓度的变化（x-z 面）如图 8-3-10 所示。可见采用排风+送风组合更有利于 H_2S 的排散。

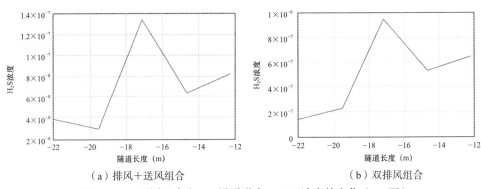

（a）排风+送风组合　　　　　（b）双排风组合

图 8-3-10　不同组合在 30s 沿隧道中心 H_2S 浓度的变化（x-z 面）

如图 8-3-11 所示，采用排风＋送风组合，沿着隧道中心风向的风压逐渐减小，有利于废气的排出。相比之下，在 50s 前后采用双排风组合的风压已趋于稳定。

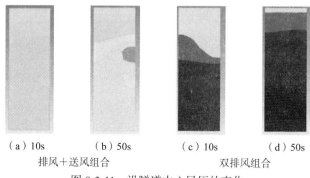

（a）10s　（b）50s　（c）10s　（d）50s
　　排风＋送风组合　　　　双排风组合
图 8-3-11　沿隧道中心风压的变化

如图 8-3-12 所示，采用排风＋送风组合，沿着隧道中心风速较大，最高达到 5m/s，有利于隧道内空气的流动及废气的排出。相比之下，在 50s 前后采用双排风组合的风速接近 4m/s。

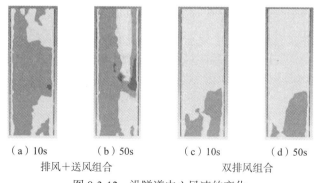

（a）10s　（b）50s　（c）10s　（d）50s
　　排风＋送风组合　　　　双排风组合
图 8-3-12　沿隧道中心风速的变化

如图 8-3-13 所示，采用排风＋送风组合，火源附近的风速较大，有利于火源产生的废气排散。由图 8-3-14 可见采用双排风组合的风速沿着风向逐渐增加，趋于 4m/s。

（a）10s　　　　　　　　　　（b）50s
图 8-3-13　采用排风＋送风组合沿隧道中心风速的变化

（a）10s　　　　　　　　　　（b）50s

图 8-3-14　采用双排风组合沿隧道中心风速的变化

8.3.3　隧道曲线段通风优化

图 8-3-15 展示了采用排风＋送风组合沿隧道中心 CO 浓度的变化。从图中可见，在火源持续的时间内，CO 逐渐往出口排散。在 30s 时，CO 浓度较集中。图 8-3-16 展示了沿隧道中心与出口 CO 浓度，在排风＋送风组合的情况下 CO 的浓度主要集中在隧道截面的中下位置。

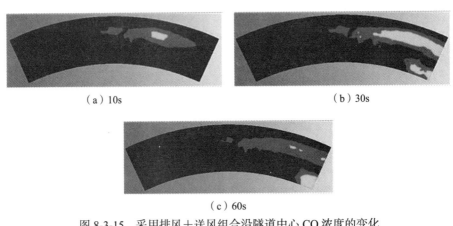

（a）10s　　　　　　　　　　（b）30s

（c）60s

图 8-3-15　采用排风＋送风组合沿隧道中心 CO 浓度的变化

（a）隧道中心横截面　　　　　　（b）隧道出口横截面

图 8-3-16　采用排风＋送风组合沿隧道中心与出口 CO 浓度的变化

图 8-3-17 展示了采用双排风组合沿隧道中心 CO 浓度的变化。与排风＋送风组合的结果相比，在出口附近 CO 分布的区域较小。另外，由图 8-3-18 可见，虽

然 CO 的浓度也主要集中在隧道截面的中下位置，但是分布区域也相对较小。说明采用双排风组合时 CO 的排散程度较高。

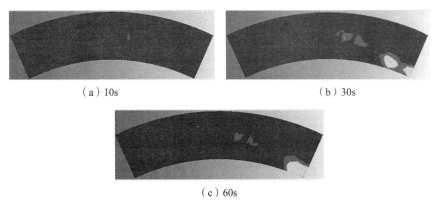

图 8-3-17　采用双排风组合沿隧道中心 CO 浓度的变化

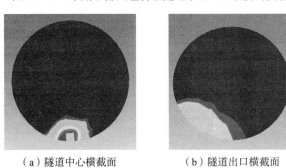

图 8-3-18　采用双排风组合沿隧道中心与出口 CO 浓度的变化

图 8-3-19 展示了采用排风＋送风组合沿隧道中心 NO_2 浓度的变化。从图中可见，在火源持续的时间内，NO_2 逐渐往出口排散，与 CO 的排散情况类似。

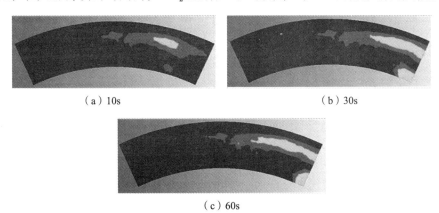

图 8-3-19　采用排风＋送风组合沿隧道中心 NO_2 浓度的变化

相对而言，采用双排风组合的情况下，于出口附近的 NO_2 集中区域较小，在双排风作用下 NO_2 的排散程度较高，如图 8-3-20 所示。

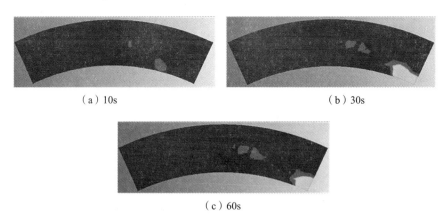

图 8-3-20 采用双排风组合沿隧道中心 NO_2 浓度的变化

图 8-3-21 展示了采用排风+送风组合沿隧道中心 H_2S 浓度的变化。从图中可见，在火源持续的时间内，H_2S 往出口排散，集中区域持续较大。说明在短时间内 H_2S 的排散效率较低。

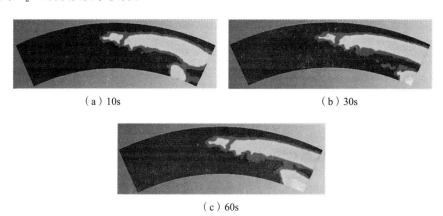

图 8-3-21 采用排风+送风组合沿隧道中心 H_2S 浓度的变化

图 8-3-22 展示了采用双排风组合沿隧道中心 H_2S 浓度的变化。在火源持续的时间内，H_2S 在往出口排散时集中区域持续较小。相比排风+送风组合而言，双排风组合能够增加 H_2S 的排散程度。

图 8-3-23 展示了采用排风+送风组合沿隧道中心风速的变化。由图中可知，集中在火源附近的风速较大。往出口方向的风速逐渐减小。另外，图 8-3-24 展示了采用双排风组合沿隧道中心风速的变化。由图可知，集中在火源附近的风速较大，而在出入口附近的风速基本维持某个特定值。相比排风+送风组合而言，

双排风组合形成的风速差较小,这与直线隧道段数值计算的结果类似。

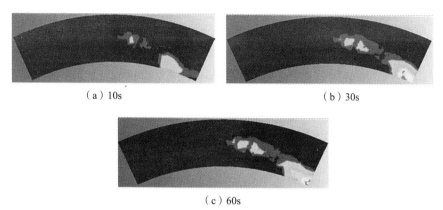

图 8-3-22 采用双排风组合沿隧道中心 H_2S 浓度的变化

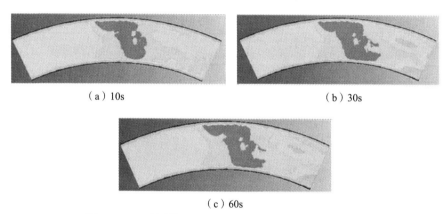

图 8-3-23 采用排风+送风组合沿隧道中心风速的变化

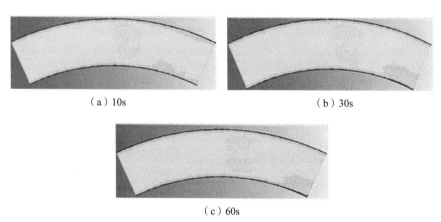

图 8-3-24 采用双排风组合沿隧道中心风速的变化

8.4　本章小结

本章介绍了隧道照明与通风的优化研究，主要结论如下：

（1）采用模糊控制法进行隧道照明控制，根据隧道洞外亮度、车速及车流量作为输入参数，以隧道洞内亮度作为输出参数，建立一个三参数输入、一参数输出的照明控制模型，可根据该模型得到隧道照明决策曲面，从而实现隧道照明动态亮度调节。

（2）采用碰撞时间（TTC）作为反应时间，确定隧道内照明亮度安全阈值，建立了正常和异常（火灾）工况下的照明模型，并以照明亮度安全阈值为参考指标进行亮度调节。构建了曲线隧道照明优化流程，为曲线隧道照明设计提供了新思路。

（3）在直线隧道内，采用双排风组合方案时，火灾产生的 CO 气体在隧道内的分散范围较广，不易排散。而采用排风＋送风组合方案时，火灾产生的 CO 气体容易集中在排风口附近，且于 50s 时已基本排散，同时火源附近形成的风压差和较大的风速有利于废气的排散。在曲线隧道内，相对排风＋送风组合而言，采用双排风组合时在出口附近废气分布的区域较小，废气的排散程度较高。另外，双排风组合下形成的风速差较小，这与直线隧道段数值计算的结果类似。

第9章 智慧海底公路隧道示范

隧道质量检测是确保隧道结构的安全性、耐久性以及符合设计标准和预期功能的关键过程，保障隧道在使用期间的可靠性和持续运行能力。随着检测技术的发展，图像三维重建技术在隧道质量检测中应用逐渐增多，但在数据采集、图像处理、模型重建、检测识别方面仍有不足。因此，本章介绍基于三维实景与全景图的隧道质量检测技术，该方法融合改进三维重建与全景展开图技术，具有低成本、简单灵活、信息全面的特点，能够提高管片拼装质量检测的准确性和效率，适应隧道施工复杂环境。同时，提出一套用于韧性隧道建设的智能系统，可及时监测隧道安全状况和提供灾害风险预警。

9.1 隧道衬砌质量检测

9.1.1 3DZI 技术

3DZI 技术利用自由设站拍摄的照片，运用图像三维重建、点云处理、曲面构形以及图像拼接技术，构建施工现场的三维实景模型与全景展开图，通过综合分析三维实景模型的空间信息和全景展开图的平面信息，实现隧道管片拼装质量的识别与检测。图 9-1-1 为 3DZI 检测技术框架，具体流程是：首先，通过照片集的三维重建获得施工现场的三维实景模型、隧道实际轮廓曲面以及相机拍摄的内外部参数，利用现场控制点信息实现三维实景模型坐标系与施工坐标系的转换；其次，通过分析隧道设计断面和平纵曲线信息，基于自由曲面构形技术构建隧道设计轮廓模型，并利用"网格射线法"将设计轮廓网格与三维重建得到的隧道实际轮廓曲面求交，得到净空计算网格；再次，利用相机参数对净空计算网格进行虚拟投影成像，建立展开图坐标与照片像素的对应关系，实现对照片的矫正、融合以及全景展开图的构建；最后，通过对不同时间点净空计算网格的空间几何分析，实现变形监测。

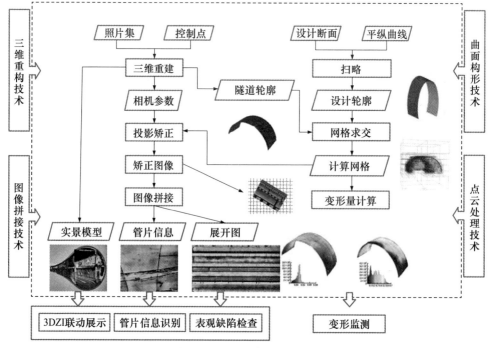

图 9-1-1　3DZI 检测技术框架

通过以上流程，可开展的隧道开挖与支护质量检测内容有：
（1）管片信息编录与识别。
（2）表观缺陷检查。
（3）基于三维实景与全景展开图的现场实体重现与辨识。
（4）变形监测。

9.1.2　三维实景重建

主要包括照片采集、点云重建、实景模型重建、多腔体模型构建。

（1）照片采集

拍摄时需要遵循完全覆盖、高度重叠和尽量垂直拍摄表面 3 个原则（图 9-1-2）。完全覆盖是指需要将隧道内需要检测的范围拍摄完全；高度重叠是指照片与照片之间的重叠度需要大于 50%，满足三维重建要求；尽量垂直是为了减少表面不平整的部分在不同角度拍摄时所带来的视差和遮挡，保证三维重建的完整性和展开图构建的质量。现场实施时，可手持相机或将相机安装在云台对洞壁和掌子面进行图像采集，相机拍摄参数建议值如表 9-1-1 所示。

（2）点云重建

首先，使用运动恢复结构方法（SFM 方法）重建稀疏点云。通过特征点匹配与对极几何建立关联图像对；然后，选定初始像，对同名点三角交汇建立初始点云，利用已知点云，通过投影约束确定一部分未知相机的位置，之后重复三角交汇、新相机位置估计、光束平差，直至所有关联相机的位置和点云被重建。

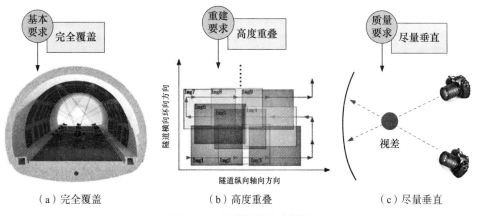

(a) 完全覆盖　　　　　(b) 高度重叠　　　　　(c) 尽量垂直

图 9-1-2　照片拍摄基本原则

相机拍摄参数建议值　　　　　　　　　　表 9-1-1

参数	建议设置	说明
焦距	APS-C 画幅：18mm 全幅：24mm	使用广角焦距更容易保证拍摄重叠度
光圈	F5.6～F7.1	小光圈可有效避免景物虚化，保证图像清晰
快门	1/80～1/50s	快门速度设置小于安全值，避免抖动模糊
ISO	＜800	降低 ISO 可避免噪点，保证三维重建精度
闪光强度	1/8～1/4（GN60）	闪光指数为 60 的建议值，保证小光圈、短快门、低 ISO 下的图像亮度

通过特征点恢复的三维稀疏点云无法准确反映被拍摄物体的表面特征，且有部分误匹配的特征点重建位置有明显的错误，因此，需要进一步利用多张照片的像素信息进行稠密重建，本研究使用 PMVS 算法进行稠密点云重建。

（3）实景模型重建

相比稀疏点云，稠密点云已经基本可以反映隧道的真实形态，但用离散点不便于计算与分析，可视化效果差，因此，采用泊松表面重建方法进一步对点云进行表面重建，并生成纹理。利用三维重建得到的相机矩阵对表面重建完成的网格进行投影，可以得到照片像素与空间网格的对应关系，可以将网格坐标从三维坐标系转化为平面坐标系下的纹理坐标。将处理的所有纹理融合，可得到完整的模型表面纹理，为保证纹理的均匀连续性，还需要对纹理的网格分割和图像融合做一定的处理。实景模型重建见图 9-1-3。

图 9-1-3 实景模型重建

（4）多腔体模型构建

十字门隧道被分割为多个独立腔体，各个腔体间的通视效果差，无法整体建模。为此，拍摄现场分别在各个独立腔室布设控制点，单独对上下层主车道和人行通道构建隧道设计轮廓模型，按照图 9-1-1 的检测技术框架分别构建隧道各腔体的实景模型，并逐一进行图像矫正和拼接。

9.1.3 基于 3D 实景与 2D 全景的信息协同

三维实景模型能很好地复现现场空间信息，但是受计算机显存和显卡性能限制，目前难以构建十分细腻的表面纹理。此外，进行三维实景漫游时，受到模型投影遮挡和视窗范围的限制，对于范围较大的表观缺陷也难以观其全貌。全景展开图可以进行深度缩放与平移，能使浏览者从宏观和细观角度了解衬砌的表观情况，但展开图无法直观反映目标物体的空间位置，因此，可将净空计算网格作为虚拟网格放入三维实景空间，建立展开全景图平面位置与三维模型空间位置的映射关系（图 9-1-4），实现 3D 实景与 2D 全景的信息协同。

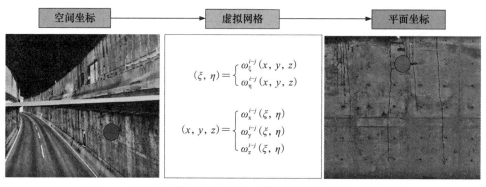

图 9-1-4 展开全景图平面位置与三维模型空间位置的映射关系

建立用于显示三维实景模型和全景展开图的 2 个视窗。在三维视窗漫游时，对屏幕光标坐标建立射线与三维实景模型求交，得到交点 C (x, y, z)。查找净空计算网格上距离 C 点最近的网格点并获取其行列坐标 (i, j)。利用该位置 4 个相邻点空间坐标及其对应的展开平面坐标，可以获得三维空间至展开平面的变换函数，见式（9-1-1）。

$$
\begin{aligned}
(\varepsilon, \eta) &= \begin{cases} \omega_\varepsilon^{i-j}(x, y, z) \\ \omega_\eta^{i-j}(x, y, z) \end{cases} \\
&= \begin{cases} \varepsilon_{i,j} + (\varepsilon_{i+1,j} - \varepsilon_{i,j}) \dfrac{(x-x_{i,j},\ y-y_{i,j},\ z-z_{i,j})(x_{i,j+1}-x_{i,j},\ y_{i,j+1}-y_{i,j},\ z_{i,j+1}-z_{i,j})}{\sqrt{(x_{i,j+1}-x_{i,j})^2+(y_{i,j+1}-y_{i,j})^2+(z_{i,j+1}-z_{i,j})^2}\sqrt{(x_{i+1,j}-x_{i,j})^2+(y_{i+1,j}-y_{i,j})^2+(z_{i+1,j}-z_{i,j})^2}} \\ \eta_{i,j} + (\eta_{i,j+1} - \eta_{i,j}) \dfrac{(x-x_{i,j},\ y-y_{i,j},\ z-z_{i,j})(x_{i+1,j}-x_{i,j},\ y_{i+1,j}-y_{i,j},\ z_{i+1,j}-z_{i,j})}{\sqrt{(x_{i,j+1}-x_{i,j})^2+(y_{i,j+1}-y_{i,j})^2+(z_{i,j+1}-z_{i,j})^2}\sqrt{(x_{i+1,j}-x_{i,j})^2+(y_{i+1,j}-y_{i,j})^2+(z_{i+1,j}-z_{i,j})^2}} \end{cases}
\end{aligned}
$$

（9-1-1）

在进行全景图浏览时，通过全景图浏览窗光标坐标位置及当前偏移量和缩放比例可以计算出光标点对应的全景图坐标 (ξ, η) 及其行列坐标 (i, j)。利用该行列上 4 个相邻点的展开图坐标及其对应的空间网格坐标，可得到展开图至三维空间的变换函数，见式（9-1-2）。

$$
\begin{aligned}
(x, y, z) &= \begin{cases} \omega_x^{i-j}(\varepsilon, \eta) \\ \omega_y^{i-j}(\varepsilon, \eta) \\ \omega_z^{i-j}(\varepsilon, \eta) \end{cases} \\
&= \begin{cases} x_{i,j} + \dfrac{\varepsilon - \varepsilon_{i,j}}{\varepsilon_{i+1,j} - \varepsilon_{i,j}}(x_{i+1,j} - x_{i,j}) + \dfrac{\eta - \eta_{i,j}}{\eta_{i,j+1} - \eta_{i,j}}(x_{i,j+1} - x_{i,j}) \\ y_{i,j} + \dfrac{\varepsilon - \varepsilon_{i,j}}{\varepsilon_{i+1,j} - \varepsilon_{i,j}}(y_{i+1,j} - y_{i,j}) + \dfrac{\eta - \eta_{i,j}}{\eta_{i,j+1} - \eta_{i,j}}(y_{i,j+1} - y_{i,j}) \\ z_{i,j} + \dfrac{\varepsilon - \varepsilon_{i,j}}{\varepsilon_{i+1,j} - \varepsilon_{i,j}}(z_{i+1,j} - z_{i,j}) + \dfrac{\eta - \eta_{i,j}}{\eta_{i,j+1} - \eta_{i,j}}(z_{i,j+1} - z_{i,j}) \end{cases}
\end{aligned}
\quad (9\text{-}1\text{-}2)
$$

通过式（9-1-1）、式（9-1-2）建立的 3D 实景与 2D 全景的关联，可实现在三维实景漫游时同步，查看焦点位置的全景展开图；也可在浏览全景展开图时，在三维场景中获知光标对应的空间位置，从而解决三维模型表观细节看不清，展开全景图无空间位置感的问题，让人员通过屏幕身临其境地观察检测目标实体。

9.1.4 3DZI 实际应用

十字门隧道项目设计为双向 4 车道，采用的盾构隧道断面外径为 15.2m，是我国大陆地区最大直径的海底隧道。同时，也是国内外首次采用上下双层预制结构的隧道工程（图 9-1-5），对其运营和管理提出了高要求。采用 3DZI 检测技术对隧道盾构段进行三维重建，如图 9-1-6 所示。

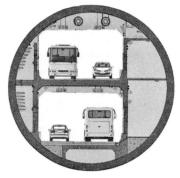

图 9-1-5　十字门隧道盾构横断面图　　图 9-1-6　隧道盾构段三维重建实景图

1. 管片信息识别与表观质量检查

对每个工作循环拼装后工作面进行全面拍照，并利用 3DZI 技术建立拼装完成后的三维实景模型和全景展开图（图 9-1-7），将各循环的三维模型和展开图进行叠加显示，可实现对现场管片信息的全面记录。

图 9-1-7　三维实景模型与全景展开图

全景展开图可清楚记录管片各个位置的详细信息。对三维实景进行漫游，可以重现拼装后隧道衬砌全貌，而且还能放大表观细节（图 9-1-8）。将展开图导入 CAD 或 GIS 软件作为底图，利用线条和多边形勾勒出各类缺陷，可以描述其形态和位置，并测量相应的长度、间距和面积等数据，可用于后续的质量检测和维护。

图 9-1-8　表观细节

2. 变形监测

在盾构隧道管片拼装阶段，由于 K 块挤入、壁后注浆缺陷、环面不平整、盾构纠偏或曲线推进等不利工况，使得管片受力状态复杂且存在较多的随机性和不确定性，容易发生变形，从而导致管片开裂、破损及错台等缺陷。基于光学仪器的传统量测较难持续地提供变形量数据。因此，可利用三维重建技术构建不同时间拍摄的表面模型，并利用控制点测量数据将各期数据变换至相同坐标系，计算隧道的整体变形情况，从而为分析隧道变形发展规律以及后期处置提供更为全面的资料。

9.2 基于 FDTD 的隧道衬砌脱空正演模拟

9.2.1 技术原理

探地雷达技术是利用经过调制的高频电磁波在非均质体内的反射、散射等实现对目标体的定位。介质的介电常数、电导率及磁导率等电性参数均会对最终呈现的雷达图像产生深刻的影响。依据电磁波传播理论，存在于宏观尺度下的电磁学现象均可以通过一组 Maxwell 方程描述，这组方程被用来表征基本的电磁场量与他们的发射源（电场）的关系，其一阶偏微分的表达式见式（9-2-1）～式（9-2-4）。

$$\nabla \cdot E = -\frac{\partial B}{\partial t} \qquad (9\text{-}2\text{-}1)$$

$$\nabla \cdot H = -\frac{\partial D}{\partial t} + J \qquad (9\text{-}2\text{-}2)$$

$$\nabla \cdot B = 0 \qquad (9\text{-}2\text{-}3)$$

$$\nabla \cdot D = \rho \qquad (9\text{-}2\text{-}4)$$

式中，E 为磁场强度，H 为电场强度，B 为磁感应强度，D 为电位移矢量，t 为时间，ρ 为单位电荷密度，J 为电流密度，∇ 为哈密顿算符。

在 Maxwell 方程组中，相关的场参数被假定为时间和空间坐标的函数，因此，若想实现探地雷达的正演模拟，对 Maxwell 方程求解，需要给出明确的模型几何形状、边界条件（电磁波反射或吸收）以及初始条件（电磁波激励源、频率、偶极子距），同时需要允许电磁波在介质内自由传播。为了实现对 Maxwell 方程的求解，Yee 提出了时域有限差分法（FDTD），该方法本质为通过网格单元（图 9-2-1）和基本时间增量对连续空间和时间进行离散化，并将 Maxwell 方程的偏微分形式应用于每个单元。由此可知，运用 FDTD 求解 Maxwell 方程时，单元网格的三维尺寸（Δx，Δy，Δz）将极大地影响正演的精度和准确性。一般来说考虑离散化后的电磁波频散现象导致的计算误差，当离散网格的尺寸小于最小波长的十分之一时，有较好的精度，如式（9-2-5）所示。

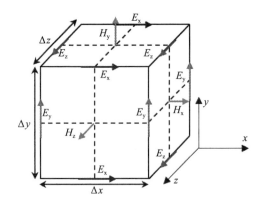

图 9-2-1　Yee 提出的网格 FDTD 算法

$$\Delta x = \Delta y = \Delta z < \frac{\lambda}{10} \qquad (9\text{-}2\text{-}5)$$

式中，λ 是电磁波的波长。

此外，进行方程求解时每一迭代步的时长 Δt 也将影响正演结果的准确性，而迭代步的时间与单元网格的三维尺寸关系见式（9-2-6）。

$$\Delta t \leqslant \frac{1}{c\sqrt{\Delta x^{-2} + \Delta y^{-2} + \Delta z^{-2}}} \qquad (9\text{-}2\text{-}6)$$

9.2.2　隧道衬砌检测正演模拟

本研究选择基于 FDTD 的 gprMax 软件对探地雷达检测衬砌的过程进行正演模拟，该软件被广泛地用于模拟各向均质体中电磁波的传播规律。为节省计算时间，便于探究单一因素的影响，本研究的正演模拟基于以下假设：首先，模型中各部分材料为均值各向同性，对于地层，未考虑节理裂隙、地下水的影响；其次，介质的本构特性是确定的，不会受电磁场的影响而变化。

（1）模型的建立

常见的隧道衬砌结构一般由两部分组成：初衬、二衬。脱空一般发生在初衬与二衬之间或初衬与地层之间，大部分脱空内部为空气，但受地下水的影响脱空也存在充水的可能（初衬与地层之间的脱空）。由于混凝土与空气或水的介电常数差异很大，使得利用探地雷达检测衬砌中的脱空成为可能。对于一般的衬砌结构，支护形式可分为两种：适用于良好地质条件下的素混凝土支护、用于应对地层大变形及地震作用等不良地质条件的钢筋混凝土支护。对于后一种支护，二衬中存在的钢筋网会对脱空异常信号的表达形成干扰。因此,本研究建立二维数值模型,正演模拟探地雷达隧道衬砌检测过程,如图 9-2-2 所示。模型分为四层,分别为空气、二衬、初衬、地层。在二衬考虑素混凝土支护(A 类支护)及钢筋混凝土支护(B 类支护)两种类型,在二衬与初衬交界面(界面Ⅰ)设置充气型脱空(类型Ⅰ),在初衬与地层交界面(界面Ⅱ)设置充水型脱空(类型Ⅱ),每一种脱空均考虑不同脱空宽度(l_s,l_f)及厚度(h_s,h_f)的影响,每一工况仅考虑存在一种脱空类型。此外还建立了三维模型,并在衬砌表面每隔 0.1m 设置了 9 条测线(C1~C9),研究脱空在三维探地雷达检测中的响应,其中 C1、C9 不经过脱空区域,C2、C8 经过脱空区的边缘,C3~C7 经过脱空区,C5 经过脱空区中心位置。需要说明的是:在模型中设置了完全匹配层(PML),在模型边界处预留了 0.1m,保证生成足够数量的单元格,用以吸收传递到模型边界处的电磁波,根据 Giannopoulos 的研究,这项技术可以有效地降低由于模型边界处对电磁波信号的反射,而导致模拟结果误差。

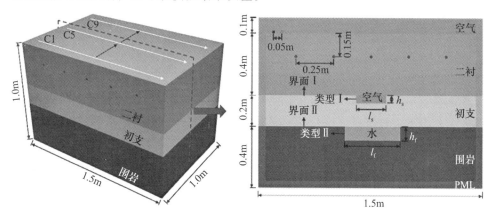

图 9-2-2 正演模拟探地雷达隧道衬砌检测过程

(2)参数的确定

首先确定衬砌结构各部分的电性参数,其次确定检测所用探地雷达仪器的相关参数。前者的选择将决定后者的相关设置。

首先,确定衬砌结构各部分的电性参数。其中,空气及钢筋采用 gprMax 内置的材料属性,因此仅需要确定其他部件的材料参数。对于正演模拟需要确定介质的 4 个参数,分别为相对介电常数、电导率、相对磁导率以及磁损耗。而电导率、相对磁导率以及磁损耗一般考虑为对电磁波的损耗和衰减,只有在低频时才考虑对电磁波波速的影响,因此,对于衬砌结构检测中常用的 400~900MHz 高频探地雷达,只考虑相对介电常数的影响。

其次,还需要对探地雷达系统进行参数设置。本研究采用 500MHz 的检测频率,激励源为雷克子波。由于衬砌为多层结构,参照肖等给出的方法,对衬砌及地层的等效相对介电常数进行估算，如式（9-2-7）所示。

$$\varepsilon_{dx} = \left(\sum_{i=1}^{n} \frac{h_i}{H} \sqrt{\varepsilon_i} \right)^2 \quad (9\text{-}2\text{-}7)$$

式中，ε_{dx} 为多层介质的等效相对介电常数，ε_i 为各层介质的相对介电常数，H 为目标体的埋深，取最大值 0.75m。

正演模拟时窗选择取 1.3 倍的双程走时，如式（9-2-8）所示。

$$W = \frac{1.3 \times 2H}{v} = \frac{1.3 \times 2H \times \sqrt{\varepsilon_{dx}}}{C} \quad (9\text{-}2\text{-}8)$$

式中，C 为电磁波在真空中的传播速度，0.3m/ns。

正演模拟测点间距的选择应保证介质的响应在空间上不重叠，依据奈奎斯特定律，测点间距应为介质中子波波长的 1/4，同时，也应小于探测目标的最小尺寸，如式（9-2-9）所示。

$$d = \frac{75}{f \times \sqrt{\varepsilon_{\max}}} < d_{\min} \quad (9\text{-}2\text{-}9)$$

式中，d 为正演模拟测点间距，f 为正演模拟天线频率。

通过以上方法对正演模拟参数进行初步确定，为进一步确定参数选择的合理性，选取一组隧道衬砌实测结果，通过正演模拟进行重现，对比分析两者结果，以此来确定最终的参数，如图 9-2-3 所示。对比实测图像与正演结果，可以发现：两者均可清晰地观察到衬砌中的钢筋部件，同时两者均有明显的钢筋振铃信号反应，但实测信号弱，这是由于该衬砌部件的初衬及地层有较高的含水率，阻止电磁波的传播，降低信号强度。而正演模型中未考虑水的作用。此外，实测图像中的钢筋分布不均匀，这是由于施工过程中混凝土的挤压造成。

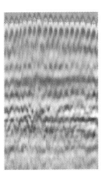

（a）实测图　　　　（b）模拟图

图 9-2-3　模拟与实测对比

9.2.3　正演结果分析

（1）完整衬砌正演结果

正演模拟获得了完整衬砌结构两种支护方式下的雷达响应图像。对于两种工况，空气与二衬的交界面处有强烈的信号反应，这是由于空气与二衬之间存在较大的介电常数差异，电磁波在该处有强烈的反射，电磁波未进入介质内部而直接被接收器接收成为直达波，直达波双程走时为3ns。直达波对于探地雷达检测是一种干扰信号，其双程走时不能反应实际的检测深度。

对于A类支护，如图9-2-4所示，从正演图像中可以清晰地看到两个分界面。正演获取的二衬及地层厚度均为0.42m，初衬厚度为0.18m，虽与模型设置的各层厚度有误差，但也具有良好的正演模拟精度，这也再次证明了模型设置的合理性。可依据该时程参数实现对检测图像的分层。

对于B类支护，如图9-2-5所示，可以发现电磁波信号在钢筋部位发生了强烈的发射及绕射，钢筋反射特征为开口向下的双曲线，双曲线顶部位置即为钢筋所在位置，可以清晰地判别出钢筋间距为0.25m，与模型设置一致。受绕射波的影响，双曲线信号的尾部相互叠加，形成强烈干扰，导致在初衬及地层内部也出现信号波动，而两个分界面无法清晰地呈现，但电磁波通过各层所需时间不受绕射作用的影响，因此，可依据B类支护正演获得的电磁波双程走时对钢筋混凝土工况下的图像分层。

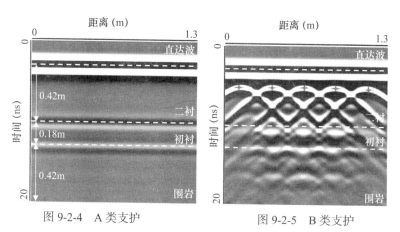

图 9-2-4　A 类支护　　　　　图 9-2-5　B 类支护

（2）脱空宽度的影响

选取二衬与初衬交界处的脱空（$h_s = 0.1$m 时的工况）进行研究，如图 9-2-6 所示。对于 A 类支护，从正演图像中可以观察到界面 Ⅰ 与界面 Ⅱ，特别是当脱空宽度较小时，两个分界面均十分清晰。随着脱空宽度增加，两个分界面的信号被脱空信号掩盖，无法识别。脱空顶部的反射信号最强，随着脱空宽度的增加，异常信号逐渐贯通模型，脱空边角处产生的反射变得更加分散，脱空响应形状由双曲线过渡到碗形。当 $l_s = 0.2$m 时，脱空边缘处的反射信号被脱空顶部的信号覆盖，$0.4\text{m} \leqslant l_s \leqslant 0.6\text{m}$ 时，边缘的反射信号出现，并相互靠近，直

到 $0.8\mathrm{m} \leqslant l_\mathrm{s} \leqslant 1.0\mathrm{m}$ 时，两个反射信号呈现出十字交叉的形式。由此可见，脱空的信号形式与脱空宽度有较大的关联性。同时，由于设置的脱空尺寸远大于探地雷达的水平及深度分辨率，电磁波信号在脱空内部会发生多次反射，导致在正演图像下部出现与脱空区图像相近的虚像，这种信号不能作为脱空判断的依据。

对于 B 类支护，钢筋的绕射波会对脱空信号产生干扰，导致脱空边角处的反射信号以及图像下部的虚像因受到压制而变得不可见，但脱空顶部的信号依然清晰可见，并随脱空宽度的增加而逐渐扩展。$l_\mathrm{s} = 0.2\mathrm{m}$ 时，脱空顶部的信号被绕射波打断。

对脱空顶部中心点位置的电场强度进行统计，可以发现对于两种支护情况，电场强度均随脱空宽度先增大后减小，在 $l_\mathrm{s} = 0.4\mathrm{m}$ 时，有最大值；当 $l_\mathrm{s} > 0.8\mathrm{m}$ 时，电场强度不再变化。这种变化规律主要是受脱空边角处折射信号的影响，当脱空宽度为 0.4m 时，两处折射集中于脱空的中间部位，增大了该处的信号强度，随着脱空宽度增加，两处折射逐渐分离，此时，对脱空中心区域信号的加强作用不再明显。同时，相同脱空宽度下，相较于 A 类支护，B 类支护中钢筋的绕射波减弱脱空中心的电场强度。

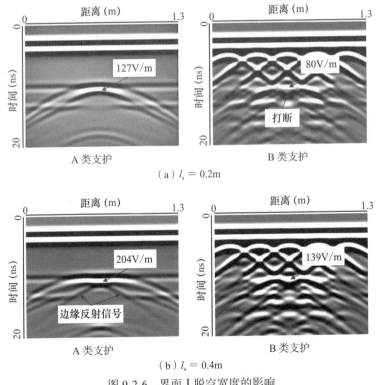

图 9-2-6　界面 I 脱空宽度的影响

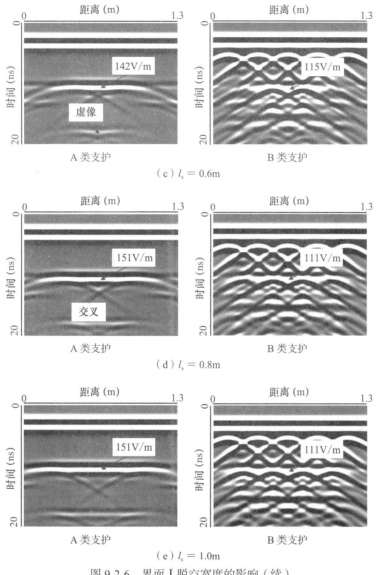

图 9-2-6 界面Ⅰ脱空宽度的影响（续）

对于初衬与地层交界处的脱空工况，如图 9-2-7 所示。对于素混凝土支护的情况，正演结果中可以清晰地看到初衬与二衬的交界处，而初衬与地层的交界处受到脱空信号的干扰。脱空图像随宽度的变化规律与初衬与二衬交界处的脱空具有相似性，脱空响应形状由双曲线过渡到碗形，当 $l_f = 1.0$m 时，脱空响应几乎贯通模型，界面Ⅱ的信号被完全覆盖，此时脱空响应形状转变为条带状。脱空的顶部具有较强的信号反应，同时随着宽度的增加，脱空边角处的反射信号逐渐向中心部位靠拢，直至出现十字交叉的形状。在图像的底部也出现了由于多次反射产生的虚像，但受采集时窗及模型 PML 边界的限制而未完整呈现。

对于 B 类支护，相较于类型 I，由于脱空部位远离钢筋，受到绕射波的干扰较小，脱空信号可以更清晰地呈现，由于脱空边角处折射信号及多次反射信号的影响，在脱空部位以下区域钢筋绕射波的干扰不再明显。

对于两种支护方式下脱空顶部中心部位的电场强度统计可以发现：其强度均要小于界面 I 处脱空的强度，这主要是由于电磁波在初衬层中进一步耗散，以及脱空内部充水使得电磁波信号快速衰减。电场强度的变化规律与初衬、二衬界面脱空一致，在 $l_f = 0.4$m 时有最大值。

（3）脱空厚度的影响

界面 I 脱空厚度的影响如图 9-2-8 所示，可以发现：脱空厚度对于正演图像并没有明显的影响。对于 A 类支护，脱空厚度的变化主要对异常信号的延伸区域产生影响，同时脱空边缘处的反射信号更集中，这种影响难以通过人工分辨。对于 B 类支护，受到钢筋绕射波的影响，这种影响更小，三种厚度下的脱空响应图像几乎一样。同时，统计脱空中心部位的电场强度发现：脱空厚度的影响几乎可以忽略。因此，依据探地雷达检测结果可以实现对衬砌结构分层、钢筋定位、脱空位置、深度及宽度的定位，对脱空厚度的检测则具有较大的难度。

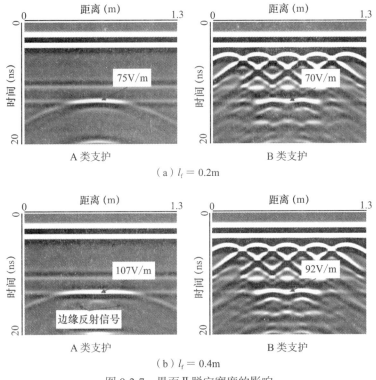

图 9-2-7 界面 II 脱空宽度的影响

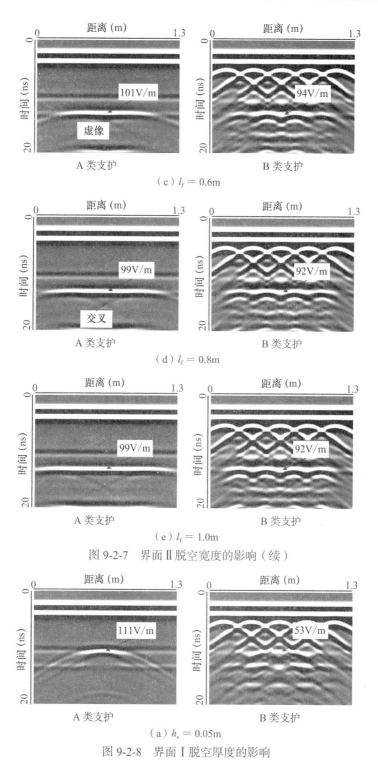

(c) $l_f = 0.6m$

(d) $l_f = 0.8m$

(e) $l_f = 1.0m$

图 9-2-7 界面 II 脱空宽度的影响（续）

(a) $h_s = 0.05m$

图 9-2-8 界面 I 脱空厚度的影响

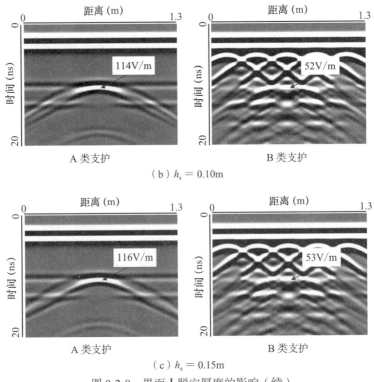

(b) $h_s = 0.10$m

(c) $h_s = 0.15$m

图 9-2-8 界面 I 脱空厚度的影响（续）

（4）脱空充水的影响

充水和充气工况对正演图像的影响如图 9-2-9 所示。可以发现：对于充水工况下的正演图像，在脱空的下部出现了明显的虚像，而充气脱空的正演图像下部则没有虚像，这主要是由于水的相对介电常数为 81，水会极大地阻碍电磁波的传播，导致电磁波在脱空内部表现为强振幅的低频多次震荡，从而产生虚像。同时，充水脱空的异常信号范围大于充气脱空范围。对于模型中间部位，电磁波由激励源发射依次经过二衬、初衬、脱空及地层，各层的相对介电常数均不相同，因此，电磁波在交界处会发生相位变化。对于充气脱空，空气的相对介电常数小于初衬的相对介电常数，电磁波在该部位的反射系数为正值，电磁波曲线在该部位不会发生反向，而对于充水脱空，反射系数也为正值，电磁波曲线在该部位会发生反向，如图 9-2-9 所示。当支护形式为 A 类时，对于充水脱空，电磁波在界面为正相位，而在充气脱空中则为负相位；对于 B 类支护，受钢筋绕射波的干扰，脱空内部的电磁波信号均表现为正相位。因此，在隧道衬砌检测中，对于 A 类支护下的工况，可通过对交界处电磁波的相位变化判断脱空是否充水。

（5）脱空异常信号区域面积的统计

脱空形态的变化，特别是脱空宽度的变化将对脱空的正演形态产生明显的影响，使用阈值法对正演模拟结果进行二值化处理，统计二值化后脱空区域主要异常信号的面积。由于 Support.B 中钢筋绕射波产生较大的干扰而无法有效提取脱空区异常信号的面积，因此，这里仅研究 A 类支护工况下脱空厚度及脱空宽度对异常信号区域的影响。二值化处理如图 9-2-10 所示，在二值化图像中可以观察到脱空区异常信号为长条状分布，同时两个分界面不再完整，二衬与初衬的分界面分布在图像两侧的边缘，而初衬与地层的分界面不仅在图像两侧的边缘有分布，同时在图像内部也可以观察到，由于电磁波多次反射造成的虚像也可以在二值化后的图像中显示，二值化后的图像与正演结果呈现的脱空图像有较好的契合度。

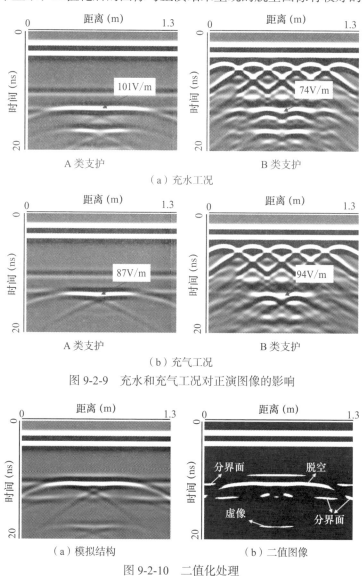

图 9-2-9 充水和充气工况对正演图像的影响

图 9-2-10 二值化处理

对脱空的异常信号区域面积进行统计，结果如图 9-2-11 所示。

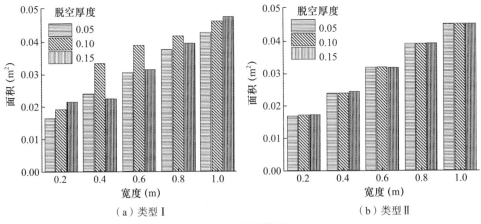

（a）类型Ⅰ　　　　　　　　　　　（b）类型Ⅱ

图 9-2-11　异常信号区

对于类型Ⅰ，如图 9-2-12 所示，在三种脱空不同厚度下，异常信号区域面积与脱空宽度关系为正相关，随着脱空宽度的增加，异常信号面积显著增大，脱空厚度对异常信号面积的影响不具有规律性。当脱空宽度为 0.2m 时，随着脱空厚度的增加，异常信号面积逐渐增大，这是因为此时脱空尺寸较小，脱空的边缘未产生明显的绕射信号，脱空的信号反应为双曲线，脱空厚度的变化主要影响异常信号的延伸区。当脱空宽度在 0.4～0.8m 时，脱空区图像处于由双曲线形到碗形的变化过程中。当厚度为 0.05m 及 0.10m 时，脱空图像两端向下延伸，脱空厚度的变化导致异常信号两端延伸范围的不同。当脱空厚度为 0.15m 时，异常信号变为条带状，异常信号两端不再向下延伸。当脱空宽度达到 1.0m 时，三种脱空厚度下的异常信号贯通整个模型，均为条带形，此时，异常信号的面积与脱空厚度正相关。

图 9-2-12　信号形状改变

对于类型Ⅱ（由于篇幅所限，此处无该类型信号形状改变图），异常信号面积与脱空厚度及宽度均为正相关，三种脱空厚度下异常信号的面积基本相同，此时异常信号面积主要受到脱空宽度影响。这是因为第二类脱空更靠近模型底部，更多的能量被 PML 边界吸收，产生更少的杂波信号。当脱空厚度大于 0.4m 时，脱空异常信号均为条带状分布，带状长度随脱空长度的变化而变化。

异常信号面积及真实脱空面积两者区别，如图 9-2-13 所示。可以发现：对于两种脱空，异常信号面积与真实脱空面积的差值随着脱空宽度的增加均增大。因此，在实际工程中，通过探地雷达检测结果预估脱空面积有很大的误差，特别是当脱空厚度较大时，这种误差会随着脱空宽度的增加，进一步增大，但当脱空厚度较小时，在一定的脱空宽度范围内通过探地雷达检测图像预估脱空面积有较好的效果。

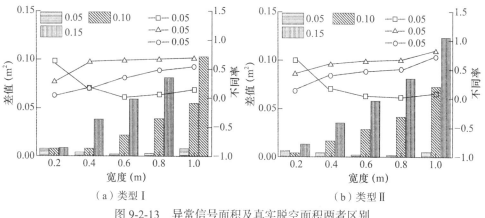

图 9-2-13 异常信号面积及真实脱空面积两者区别

9.2.4 脱空三维正演

脱空宽度及脱空厚度的变化将导致脱空检测图像形态的变化，脱空宽度对脱空异常信号的面积有较大的影响，通过探地雷达图像对脱空的相关形态参数判断，则具有一定的难度。随着探地雷达技术的发展，三维探地雷达开始被应用于隧道衬砌检测。三维探地雷达可以获得衬砌结构更广泛的信息，本研究选取脱空宽度 0.6m、脱空厚度 0.1m 的工况，建立三维正演模型，设置多条测线获取脱空的三维数据。对数据沿测线及水平方向进行切片，获得脱空的三维形貌特征。

图 9-2-14 为沿测线切片。对于 A 类支护可以发现：随测线逐渐靠近脱空中心区域的异常信号反应逐渐增强，脱空顶部异常信号区域的宽度及厚度均增大，在测线 C5 达到最大值。同时，脱空边角处的绕射信号也逐渐增强，因此，用探地雷达进行衬砌检测时，应尽量让测线经过脱空的中心区域，以此获得更强的脱空异常信号。测线 C1 未经过脱空区域，但也存在轻微的信号反应，这种信号反应可能会导致衬砌脱空的误判。对比测线 C5 与二维模型中相同的正演结果可以发现：两者具有相似的信号反应，特别是脱空顶部的异常信号均呈现碗形，但三

维正演结果未体现脱空底部的虚像,这是因为电磁波在介质内呈球面传播,三维脱空中电磁波为三维折射,不容易被接收。对于 B 类支护也呈现出与 A 类支护相似的规律,脱空区域异常信号在脱空的中心区域最强,受到钢筋绕射波信号的干扰,相同测线脱空异常信号的强度要小于 A 类支护。

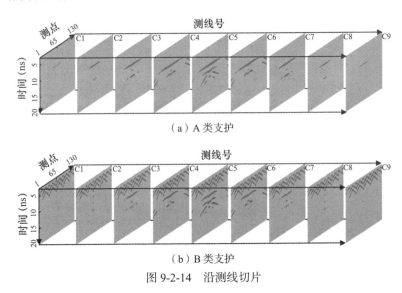

图 9-2-14 沿测线切片

图 9-2-15 为沿水平切片。对于 A 类支护可以发现:首先,随时间的增加,脱空异常信号首先分散出现,异常信号位置对应脱空的四个交点;其次,相互连接成为整体,接近椭圆形,异常信号范围逐渐变大,在 10.1ns 时达到最大值(该处即为经过脱空水平中心的切片);随着切片远离脱空部位,异常信号面积开始逐渐减小,逐渐向脱空中心部位收缩,直到完全消失。对于 B 类支护,第一个切片时间为 3ns,该部位为钢筋绕射波影响区域,可以发现:沿测点出现 10 个条状的异常信号,这是由于电磁波在钢筋两侧产生绕射波,在两条异常信号之间为钢筋所在位置。脱空区异常信号首先为条状分布,随着时间深度的增加,异常信号区域逐渐增加,在 10.1ns 时达到最大,时间长度与 A 类支护相同,其后异常信号呈现出条带状,区域开始减小,直到最终消失。

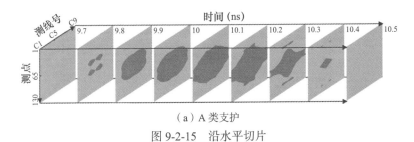

(a) A 类支护

图 9-2-15 沿水平切片

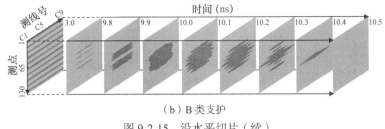

（b）B类支护

图 9-2-15　沿水平切片（续）

由以上分析可知：应用三维探地雷达进行衬砌检测时，A 类支护与 B 类支护呈现出的图像大不相同，但是沿测线切片及水平切片均在经过脱空的中心平面时有最强信号反应，因此，可依据这一规律实现对脱空中心的定位。

9.3　隧道智能系统平台终端研发

9.3.1　隧道灾害信息管理平台架构

随着城市化进程的不断推进，大型隧道工程在城市交通建设中扮演着重要角色。然而，隧道施工与运营过程中难免会面临各种灾害风险，如地质灾害、火灾、液化等。为了及时监测隧道安全状况、预警灾害风险并采取有效措施，研究了隧道灾害信息管理平台的架构与设计。

信息管理平台分层如下：

1）数据采集层：部署传感器网络，实时采集隧道内部各类数据，并通过物联网技术传输至后端服务器。

2）后端服务器层：建立稳定可靠的后端服务器，用于存储和管理大量数据。搭建数据库和数据仓库，支持数据的存储、备份和检索。

3）数据处理与分析层：开发数据处理与分析模块，对采集的数据进行预处理、压缩、降噪等，采用数据挖掘和机器学习算法进行数据分析，提取灾害特征和规律。

4）实时监测与预警层：建立实时监测系统，与传感器网络相连接，对实时采集的数据进行监测和预警。确定预警策略和阈值，一旦发现异常情况，及时触发预警，通知相关人员采取应对措施。

5）可视化界面层：设计用户友好的可视化界面，通过图表、地图等形式展现数据，帮助用户快速理解隧道灾害情况。

6）信息共享与协同层：实现隧道灾害信息的共享和协同管理，确保各个相关部门和人员之间的信息交流和沟通畅通无阻。

7）安全性与隐私保护层：加强系统的安全性设计，采用加密技术保护数据传输和存储，确保数据的安全和隐私不受侵犯。

信息管理平台架构见图 9-3-1。

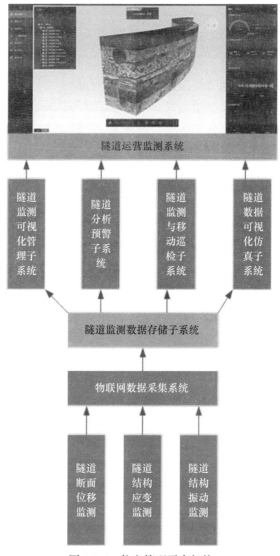

图 9-3-1　信息管理平台架构

9.3.2　监测数据可视化

本项目基于工程监测 SaaS 云平台，实现监测数据分析和三维可视化技术，十字门隧道安全智慧运维系统登录界面如图 9-3-2 所示。

(a)

(b)

图 9-3-2　十字门隧道安全智慧运维系统登录界面

利用传感器网络对隧道工程进行实时监测。通过布设振动传感器，可以对隧道结构的振动情况进行持续监测，并分析振动频率和振幅，以评估结构的稳定性和安全性。应变传感器用于测量隧道结构的应变情况，从而了解结构的变形和应力分布，帮助发现潜在的结构问题。同时，通过沉降传感器，可以实时监测隧道周围地表的沉降情况，以确保隧道施工不对周围土地和建筑物造成影响。

平台还集成了耐久性监测系统，通过检测混凝土结构的物理和化学性能，以及钢筋的腐蚀情况，评估隧道结构的耐久性和寿命。这有助于及早发现结构老化和腐蚀等问题，并及时采取维修和保养措施，延长隧道的使用寿命。另外，平台还配备了隐形病害检测系统，通过无损检测技术对隧道结构进行全面扫描，发现隐蔽的缺陷和损伤，如裂缝、空洞和渗漏等。这有助于及早发现潜在的安全隐患，采取相应的修复和加固措施，确保隧道结构的完整性和安全性。最后，平台的数据分析模块可以将各类监测数据进行整合和分析，通过数据挖掘和机器学习，提取出隧道结构的关键参数和趋势，为运维人员提供及时、准确的结构评估和健康状况预测。

见图 9-3-3，基于工程监测云平台的隧道灾害信息管理平台可以实现对振动、应变、沉降、耐久性、隐形病害等多种数据的全面分析和监测。该平台为隧道工程的安全管理和运营提供了强大的技术支持，帮助运维人员及时发现问题、预测风险，确保隧道工程的安全可靠运行。同时，该平台的三维可视化技术也提高了数据的直观性和易理解性，为工程师提供了更好的决策依据。

图 9-3-3　十字门隧道安全智慧运维系统监测界面

见图 9-3-4，隧道安全智慧运维系统具有韧性设计、智能制造、智能拼装和智能感知四个模块。韧性设计模块创建了全面的隧道工程数据库，根据材料特性和结构模态特征，设计了智能传感器，并放置在结构变形的关键区域。通过提取盾构隧道结构的设计特征参数，并基于这些参数进行人工智能系统的训练和优化，即可生成初步设计方案。智能制造模块则利用大数据，在整个生产周期中实现对各个生产环节的智能化管理，例如钢筋绑扎、混凝土浇筑、传感器布置以及管片运输等方面。智能拼装模块利用数字孪生和智能感知技术，在智能系统中形成管片拼装信息。采用遥感技术和机器视觉的数据融合分析，实现管片智能拼装以及动态调整。对于水下隧道，该模块可实时检测并反馈高精度感知定位设备和水下拼装设备所获取的信息，可控制水下隧道的位置和变形，减少拼装信息延迟，并提供拼装纠偏信息。智能感知模块利用了多元传感器融合技术，在结构组件的不同位置放置多个传感器，可在智能系统中收集传感器信息。采用全局感知技术和数字孪生技术，实现多参数类型、多空间维度和多信息量的全面分析和模式识别。该智能系统可以促进盾构隧道结构建设过程的信息化和智能化。

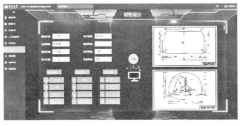
（a）韧性设计

（b）智能制造

（c）智能拼装

（d）智能感知

图 9-3-4　隧道安全智慧运维系统功能展示

9.4　本章小结

本章基于三维重建与全景展开图技术（3DZI），通过自由设站拍摄的施工现场照片，同步建立相关联的隧道三维实景和全景展开图。同时，对隧道智能系统平台进行了介绍。

（1）3DZI 技术的实际应用表明，通过对实景模型和全景图所记录信息的处理与分析，可实现管片信息识别、缺陷表观情况以及变形等隧道管片拼装质量的检测。该技术硬件成本低、施工干扰小、实施简单灵活、记录的信息丰富全面，可用于隧道后期的维护工作。

（2）建立了一套用于韧性隧道建设的智能系统。通过韧性设计、智能制造、智能拼装、智能感知的设计，成功实现盾构隧道的韧性建设。

第10章 海底隧道海洋生态环境影响评价

本章从保护海洋环境、维护海洋生态平衡及严格控制新污染的角度出发，了解调查十字门隧道工程项目所在海域的环境质量现状及工程特征，分析工程建设期间和建成后主要排污源及其开发建设活动对周围海洋环境可能造成的影响。通过海洋环境影响评价及预测分析，提出切实可行的控制和减轻海洋污染的环保对策与措施，力争把工程所带来的不利影响降到最低，使项目所在海域的环境得到有效的保护。

10.1 隧道工程各阶段环境影响分析

10.1.1 工程环境敏感点

项目施工期生活污水产生情况统计表见表10-1-1。

项目施工期生活污水产生情况统计表　　　　表10-1-1

序号	环境敏感点	简况	与工程距离	保护目标
1	马骝洲水道	目前航道维护等级为内河Ⅲ级，通航1000t级船舶，航道维护尺寸为3.5m×60m×480m（水深×航宽×最小弯曲半径），维护类别为一类。维护水深年保证率为95%，航标维护正常率为99.8%	项目所在海域	水质、生态环境、通航环境和防洪
2	前山水道	通航300t级船舶，航道维护尺寸为1.8m×40m×270m（水深×宽度×弯曲半径），配一类航标	东北侧，740m	水质、生态环境、通航环境和防洪
3	十字门水道	北起小横琴岛北山咀，南至大横琴岛夹马口，全长约8km。夹马口处宽350m，航道尺寸为2m×50m×360m（航道水深×航道宽度×最小弯曲半径），河段船舶基本位于河道中间偏右航行，目前通航1000t级船舶，航标配布类别为海标	东南侧，422m	水质、生态环境、通航环境和防洪

续表

序号	环境敏感点	简况	与工程距离	保护目标
4	对澳门供水管	供水管直径为2m	斜穿，水平距离0m，垂直距离为3.79m	水质
5	珠海城轨横琴隧道	位于珠海市区湾仔及横琴两地，隧道全长14700m（含6座地下站下穿约600m宽马骝洲水道），采用双洞单线布置，双洞外径距离25.5m，双洞隧道间设置横通道，以满足防灾救援需要。该隧道目前正在开工建设，与本项目的最近距离约710m	西侧，约710m	所在海域地质条件
6	广东航道灯塔	项目附近有一座灯塔	东侧，约28.4m	通航环境

10.1.2 污染环节与环境影响

1. 概述

（1）施工期

施工过程无需使用施工船舶，施工期间污染海洋环境主要因素有：施工队产生的生活污水，施工工地产生的工地污水；施工队产生的生活垃圾，建筑垃圾和弃土渣；盾构施工过程中产生的噪声。

（2）营运期

本工程建成后，隧道管理中心拟与马骝洲三通道管理中心合设，不设在项目区内，营运期间海洋环境污染因素体现在以下几方面：隧道路面清洁时产生的少量冲洗废水；过往车辆撒落物及行人撒落垃圾。

2. 施工期污染物排放状况

（1）施工废水排放

由于本项目采用盾构施工方式，施工过程无悬浮泥沙的产生与排放，无需使用施工船舶，因此本项目施工期产生的施工废水主要包括施工队伍的生活污水、施工场地工地污水。

1）生活污水

根据项目施工方案，本项目施工期施工人员为150人/d，施工人员在项目设置的施工营地内食宿，根据《广东省用水定额》DB44/T 1461—2014的规定，施工人员用水定额按200L/人·d计算，排污系数按90%计算，则施工人员生活污水产生量约27m^3/d。对典型生活污水中常浓度水质进行估算，项目施工期生活污水产生情况见表10-1-2。经核实，项目施工营地生活污水排放管道已接入市政管网，施工人员在施工营地产生的生活污水经化粪池预处理达到《水污染物排放限值》DB44/26—2001中第二时段三级标准后，排入市政管网，最终进入污水处理厂进行后续处理。

项目施工期生活污水产生情况　　　　　　　　　　　　表 10-1-2

污染物	COD	BOD	SS	氨氮	总磷
产生浓度（mg/L）	400	200	220	25	8
产生量（kg/d）	10.8	5.4	5.94	0.675	0.216
排放浓度（mg/L）	340	180	90	24	8
排放量（kg/d）	9.18	4.8	2.43	0.648	0.216

2）工地污水

主要为预制场混凝土拌和污水、砂石料冲洗水等，这些污水含有大量的悬浮物。施工方应在陆上施工场地设置污水沉淀池，工地污水在沉淀池经充分沉淀后，将上层清液回用于陆域段施工洒水抑尘等环节，不得直接排入项目附近海域。

（2）固态废物

项目施工过程中会产生如下固体废物：

1）生活垃圾

估计施工人员约 150 人，按 1kg/(d·人) 计算，施工期生活垃圾产生量为 150kg/d。应在项目沿线及施工区设置垃圾桶收集生活垃圾，定期清理，交城市环卫部门处理。

2）生产垃圾

主要为建筑垃圾，产生量约 20kg/d，由施工单位负责清理。

3）弃渣

盾构段隧道开挖土方量（含脱水处理后的泥浆）约为 197798.9m³。因施工工序靠后，盾构施工时，明挖段可能已完成回填，故全部不利用，则项目盾构段隧道弃土方量（含脱水处理后的泥浆）约为 197798.9m³。盾构隧道产生的弃土拟与陆上明挖隧道弃土一同运往特定的弃土场。

（3）噪声振动

盾构机在掘进过程中，将产生一定的噪声振动，为 80~85dB。

（4）施工期污染物汇总

项目施工期主要污染物排放情况见表 10-1-3。

项目施工期主要污染物排放情况　　　　　　　　　　　　表 10-1-3

种类	污染源	发生量	主要污染物	环保措施及排污去向
废水	生活污水	27.0t/d	COD$_{Cr}$：9.18kg/d，BOD$_5$：4.86kg/d，SS：2.43kg/d，氨氮：0.648kg/d，总磷：0.216kg/d	经化粪池预处理后，排入市政管网，最后进入污水处理厂进行后续处理

续表

种类	污染源	发生量	主要污染物	环保措施及排污去向
废水	工地污水	一定量	SS	经工地沉淀池沉淀后回用
固废	生活垃圾	150kg/d	食物残渣、卫生清扫物等	由城市环卫部门处理
固废	生产垃圾	20kg/d	建筑垃圾	由施工单位负责清理
固废		197798.9m³	弃渣	拟运往特定的弃土场
噪声	盾构施工	80～85dB		选用低噪声设备

3. 运营期污染物排放状况

（1）废水排放

运营期产生的废水主要是路面清洗污水，主要污染物为悬浮物、石油类和有机物，其污染物浓度受车流量、车辆类型、灰尘沉降量等因素影响，因此具有一定程度的不确定性。

（2）固体废物排放

本项目建成通车后产生的固体废物主要为过往车辆撒落物及行人撒落物，由环卫人员及时打扫清洁后由环卫部门统一处理。

（3）营运期主要污染物汇总

项目营运期主要污染物排放情况见表 10-1-4。

项目营运期主要污染物排放情况　　　　　表 10-1-4

种类	污染源	发生量	主要污染物	环保措施及排污去向
废水	路面清洗污水	一定量	悬浮物、石油类和有机物	加强隧道的打扫清洁
固废	路面垃圾	一定量	过往车辆、行人撒落物	加强道路的打扫清洁，交环卫部门统一处理

10.1.3　非污染环节与环境影响

（1）对海洋水动力环境、冲淤环境的影响

海底隧道将直接穿越海底，与海床表面预留一定距离，基本不会影响周围的海洋水动力环境、地形地貌与冲淤环境。

（2）对海洋生态环境的影响

施工过程无悬浮泥沙的产生与排放，项目施工和营运基本不会对海洋底栖生物的栖息环境造成损害，也不会对浮游生物、游泳生物和渔业资源产生影响。

（3）项目建设对通航环境的影响

施工过程对工程区域的船舶通航影响不大。建成后隧道为水下建筑物，对水上的通航环境改变较小，不缩窄通航断面，对船舶交通流及通航秩序影响较小。

（4）对防洪的影响

拟建隧道工程按100年一遇防洪设计，建设过程中及建成后均不占用河道行洪面积，故拟建隧道工程对河道泄洪无影响。隧道建成后布设在河床以下并具有一定埋深，不会导致河道边界条件发生明显变化，不会引起河道冲淤变形，不会造成工程附近水域主流线和分流线之比变化，对堤防影响不大。

（5）项目建设对自然景观的影响

隧道建成后不会对所在区域产生不良的景观环境影响。

10.1.4 环境评价因子分析与识别

1. 环境影响要素的识别

通过对本项目施工及营运期污染物排放状况的分析，本工程海洋环境影响要素和评价因子分析一览表见表10-1-5。

海洋环境影响要素和评价因子分析一览表　　表10-1-5

评价时段	环境影响要素	评价因子	工程内容及其表征	影响程度
施工期	海洋水文动力	潮流、防洪、纳潮量	海底隧道建设	＋
	地形地貌与冲淤环境	地貌演变及冲淤环境变化	水动力改变引起地形地貌和冲淤环境变化	＋
	海水水质、沉积物	工地污水和生活污水	来自施工场地和施工人员	＋
		固体废物	来自施工人员生活垃圾、建筑垃圾	＋
	海洋生态	底栖生物	施工过程产生的废水、废物	＋
		游泳生物	施工过程产生的废水、废物	＋
		鱼卵仔鱼		＋
营运期	海洋水质、沉积物、生态	路面清洗废水	隧道路面清洗	＋
		固体废物	过往车辆撒落物和行人撒落物形成的路面垃圾	＋

注：＋表示影响程度较小或轻微，需要进行简要的分析与影响预测；＋＋表示影响程度为中等，需要进行常规影响分析与影响预测；＋＋＋表示影响程度较大或敏感，需要进行重点的影响分析与影响预测。

2. 评价因子筛选

根据本工程主要环境影响要素，根据海区的环境敏感区、环境敏感目标和主要环境保护对象，确定污染要素主要评价因子为：

水质环境现状评价因子有：水温、SS、盐度、pH、溶解氧、化学耗氧量、活性磷酸盐、亚硝酸盐氮、硝酸盐氮、氨氮、铜、铅、锌、镉、铬、汞、砷、石油。

沉积物环境现状评价因子有：粒度、pH、有机碳、硫化物、汞、砷、铜、铅、镉、锌、铬、石油。

生态环境质量现状分析因子有：绿素及初级生产力、浮游植物、浮游动物、底栖生物、潮间带生物、鱼卵、仔稚鱼、生物体质量和游泳生物等。

10.2 海洋生态环境影响预测与评价

10.2.1 水文地质与冲淤环境影响

隧道直接穿越海底，并与海床表面预留一定距离，与现状河床断面之间的最小覆土厚度在 10.18m 以上，最大覆土厚度约 22.31m，不占用过流断面，对工程区域水动力不产生影响。

盾构隧道方案基本对附近潮流动力无影响，对马骝洲水道及附近水域的水动力、泥沙输移基本无影响，不会影响马骝洲水道整体河势稳定，对地形地貌与冲淤环境基本无影响。

10.2.2 海水水质环境影响预测与评价

1. 施工期水质影响分析

本项目施工期产生的施工废水主要包括施工队的生活污水、施工场地污水。

（1）施工队生活污水影响分析

本项目施工人员生活污水产生量约 $27m^3/d$，施工人员在工地产生的生活污水经施工营地化粪池收集预处理达到《水污染物排放限值》DB44/26—2001 的规定后，排入市政管网，最终进入污水处理厂进行后续处理。

（2）施工场地污水影响分析

污水主要为预制场混凝土拌和污水、砂石料冲洗污水，这些污水含有大量的悬浮物。施工方应在陆地施工场地表径流不易冲刷处设置污水沉淀池，污水在沉淀池经充分沉淀后，将上层清液回用于陆域段施工的洒水抑尘。

2. 运营期水质影响分析

运营期产生的废水主要是路面清洗污水，主要污染物为悬浮物、石油类和有机物，污染物浓度受车流量、车辆类型、灰尘沉降量等因素影响，具有一定程度的不确定性。隧道路面清洗污水拟通过人行通道边沟排入盾构段最低点废水泵房，经出水管送到南工作井内废水泵房，后抽排入附近市政管网，不排入附近海域。

10.2.3 海洋沉积物环境影响预测与评价

1. 施工期对海洋沉积物的环境影响评价

本项目施工期产生的生活污水将经预处理达标后排放至市政管网进入污水处理厂进行后续处理，施工工地污水将经预处理达标后在陆域施工工地回用，不会带来明显的水污染影响，施工过程产生的建筑垃圾、弃渣和生活垃圾也能得到有效的处理处置，均不直接向项目及其附近海域排放，基本不会对海洋沉积物环境质量产生影响。

2. 运营期对海洋沉积物的环境影响评价

项目运营期安排环卫人员加强对隧道路面的打扫清洁，大大减少路面清洗污水中污染物的数量，同时，确保隧道路面垃圾得到及时清运处理，则经采取措施后，项目运营期不会对项目及其附近海域的沉积物环境产生明显的影响。

10.2.4 海洋生态环境影响分析

1. 对底栖生物的影响

底栖生物的活动范围一般是在海底40cm以上底土里，底土下40cm一般不会有底栖生物活动，因此，海底隧道在海底的施工对底栖生物基本上没有影响。此外，虽然盾构施工时会产生一定的噪声和振动，但由于盾构顶板上有较厚的覆土，盾构施工时产生的振动和噪声基本不会对底栖生物产生影响。

2. 对浮游生物和游泳生物的影响

项目施工过程产生各类污废水经处理达标后回用或排放至市政管网，不会对工程所在海域环境产生影响，施工期不会对所在海域的浮游生物和游泳生物产生影响。

10.2.5 海洋功能区环境预测与评价

1. 对主要环境敏感区的环境影响评价

（1）对通航水道的影响分析

项目横跨马骝洲水道，东北侧约740m处为前山水道，东南侧约422m处为十字门水道，隧道盾构掘进施工从海底通过，不会对海域环境及海床表层造成影响，几乎不会影响附近海域海床的稳定性，无需占用过流断面，不会破坏海底表层沉积物环境。

（2）对澳门供水管的影响分析

隧道在对澳门供水第四管道下穿越，供水管直径为2m，埋设满足3000t级海轮通航要求，该管道在拟建隧道交叉处管底标高为−17.8m。本项目海底隧道顶部与对澳供水第四管道的垂直距离约为3.79m，距离较近，若项目施工过程未做好相应的防范措施，则将对其产生一定的影响。因此，建设单位和施工单位在施工中重点防范隧道建设对管道的破坏，将项目建设对澳门供水管的影响风险降到最低。

（3）对珠海城轨横琴隧道的影响分析

本项目位于珠海城轨横琴隧道东侧约710m处，有一定安全距离，项目施工过程不会对珠海城轨横琴隧道产生明显的不良影响。

（4）对广东航道灯塔的影响分析

盾构段在里程YK1+410附近侧穿广东航道灯塔，与灯塔水平距离约28.4m。灯塔下部采用直径630mm钢管桩，桩底标高-38m。盾构隧道在此处隧顶标高-19.43m，隧底标高-34.65m，与广东航道灯塔的距离较近，若施工过程产生开挖面失稳或较大的地层损失，可能对广东航道灯塔产生一定的影响，因此，施工时，应加强盾构施工控制，避免开挖面失稳或产生较大的地层损失。加强对地表沉降、深层土体沉降、围护结构水平位移监测等相关工作，将对广东航道灯塔产生的影响降至最低。

2. 对海洋功能区的影响分析

根据《广东省海洋功能区划（2011—2020年）》，项目所占用的海洋功能区为横琴岛港口航运区。项目周边评价范围内海域的海洋功能区主要有香洲保留区、九洲洋特殊利用区、横琴岛工业与城镇用海区等。项目所在海域及周边海域海洋功能区分布表见表10-2-1。

项目所在海域及周边海域海洋功能区分布表　　　　表10-2-1

序号	功能区名称	与项目位置关系	功能区
1	横琴岛港口航运区	项目占用	港口航运区区
2	香洲保留区	东侧，708m	保留区
3	九洲洋特殊利用区	西北侧，5173m	特殊利用区
4	横琴岛工业与城镇用海区	南侧，6693m	工业与城镇用海区

本项目隧道施工不会对海域环境及海床表层造成影响，无需占用过流断面，不会对项目及其附近海域的水质水动力环境、通航安全和防洪纳潮产生明显的影响，可保障通航需求，维持航道畅通，维护防洪纳潮功能，因此，本项目的建设对项目附近海洋功能区的影响较小。

3. 工程对航道条件的影响分析

（1）工程对水流条件的影响

盾构施工不会改变河床地形，不会加重水流对海床及左、右岸坡的冲刷或淤积，基本不影响水道水流条件。

（2）工程建设对其所在水域冲淤变化的影响

施工河段河床平面形态稳定，河道深泓线走向相对稳定。盾构施工不改变河床地形，不会加重水流对河床及左、右岸坡的冲刷或淤积。因此，基本不影响工程水域冲淤变化情况。

（3）工程对航道的影响分析

拟建隧道工程河段河宽，满足隧道埋深的长度要求，基本涵盖现有整个河面，满足不小于3倍航槽宽度的要求，对工程水域船舶通航安全影响不大。

（4）工程对航标设置、维护及功能发挥的影响分析

盾构施工不涉及水上施工，整体对助航设施影响不大。由于隧道敷设在河床下，不方便辨识，过江隧道建成后必须按有关规定在隧道过江水域的两岸设立管线标。管线标具体设置应与当地航标主管部门协商，结合实际情况配布。

（5）工程对航道维护和整治的影响分析

拟建隧道所在航道规划为3000t级海轮航道，目前航道维护等级为1000t级航道，日后将进行3000t级的航道整治。本隧道工程埋设深度和长度均按3000t级海轮航道考虑，预留了3000t级的航道整治的空间，满足3000t级埋深要求的隧道宽度基本涵盖了整个河宽，因此，本工程建成后对航道尺度维护和航道整治影响较小。

4. 工程对通航安全的影响分析

（1）工程对交通组织的影响分析

1）对船舶航路设置的影响

对船舶航路设置影响较小。

2）对船舶航行影响

对船舶通航影响不大。

3）对船舶交通流及通航秩序的影响

对船舶交通流及通航秩序影响较小。

（2）对有关通航设施的影响分析

1）对码头影响

对附近码头影响不大。

2）对桥梁影响

拟建隧道上游约1.2km处为横琴大桥，有一定安全距离，对其影响不大。

3）对邻近过河建筑物影响

拟建隧道上游约700m处为广珠城际洪湾隧道，下游约100m处为对澳门供电管线线路，拟建隧道与其在水中没有交汇，对其影响不大。

10.3 海洋生态环境保护措施

10.3.1 直接污染物防治

1. 施工期污染防治措施

（1）废水污染防治措施

1）合理规划施工场地的临时供（排）水设施，采取有效措施消除跑、冒、滴、漏现象。

2）施工期在项目施工营地配套设置临时厕所和化粪池，化粪池出水已接入附近市政管网，项目施工人员产生的生活污水经化粪池预处理后排入市政管网，最终进入污水处理厂进行后续处理，禁止直接向项目及其附近海域直接排放。

3）对于施工现场产生的废水如混凝土养护冲洗水、砂石料冲洗水等，拟在南岸附近的陆域施工场地（地表径流不易冲刷）设置 2 个沉淀池。由于项目施工工地污水仅来自于陆上预制场，污水产生量较小，建议设置的沉淀池单个容积为 $10m^3$，废水经沉淀处理后回用于陆域段施工工程洒水抑尘等环节，不得直接向项目及其附近海域直接排放。

4）施工物料堆场应远离水体，并设置在径流不易冲刷处。粉状物料堆场应配有草包等遮盖物，并在周围挖明沟，防止雨水侵蚀造成水体污染。

5）施工作业需按规程操作，加强施工期的环境监督、监理和监测，禁止随意扩大施工作业面，禁止污水直接排海。

（2）施工期间固体废物处理措施

在施工期间，建筑垃圾由各施工单位负责处理，弃渣由施工单位运至指定地点，不得乱抛、乱倒或填埋。施工区应设置杂物停滞区、垃圾箱和卫生责任区，并定期清理。生活垃圾实行分类收集，可回收的生活垃圾送往处理，不可回收的生活垃圾由环卫部门处理。严禁将施工垃圾排入附近海域，强化对施工单位的监督管理。工程竣工后，施工单位一个月内清理工地，建设单位负责督促。

（3）施工期间其他污染防治措施

施工区的正常排水和雨天地面径流会携带大量污染物和悬浮固体，若随意排放，将对环境造成污染。因此，在陆域施工区建设排水明沟，确保施工区域的雨水等被引导至事先设计的排水明沟中。此外，在施工散料堆场周围应设置 0.5m 高的石块防冲墙，有效防止雨水冲刷散料流失，减少水土流失。

2. 营运期污染防治措施

（1）水污染防治措施

本项目全路段应设计完善的路面雨水、污水收集、排放系统，根据项目设计方案，在隧道盾构段最低处设废水泵房一座，盾构隧道内废水通过人行通道边沟排入盾构段最低点废水泵房，盾构段废水泵房集水池位于隧道下层车道板下，废水泵房安装 3 台潜水排污泵。水泵出水汇集到 2 根 $DN250$ 的出水总管，沿隧道盾构段内疏散通道盖板下管沟内纵向敷设，将江中废水送到南工作井内废水泵房，后排入市政管网。提高排污管道的强度等级，防止该路段发生污水管爆裂、污水溢流的事故。加强隧道路面的打扫清洁，及时清除运输车辆抛撒在路面的污染物，减缓隧道路面冲洗污水中污染物的数量。

（2）固体废物污染防治措施

运营期固体废物主要为过往车辆和行人撒落形成的路面垃圾，应加强道路的打扫清洁，及时清除运输车辆及行人抛撒在路面的垃圾。

10.3.2　间接污染物防治

（1）建立海洋环境监测体系，对施工期间造成的海洋环境影响进行全面监测，及时掌握海洋环境状态。

（2）在施工过程中尽量避免对穿越土层的过大扰动，按规程施工。注意对工程附近河道岸坡的监测。施工过程中以及工程完成后应做好河道岸坡的变形监测，同时做好防护措施和应急预案，发现问题立即采取措施，避免发生影响防洪工程安全的事故。

（3）工程建设单位应向当地航道主管部门提出申请，经相关部门同意后，在拟建隧道上、下游两岸适当位置建设管线标。

（4）盾构施工应尽可能选用低噪声盾构设备，减少噪声对上覆水体中海洋生物的影响。

（5）制定风险防范措施和应急预案，防止事故发生。

10.3.3　环境保护设施与对策

1. 施工期环境保护设施和对策

针对施工生活污水，我们合理规划施工场地的临时供（排）水设施，设立临时厕所和化粪池用于收集预处理，后将污水排入市政管网送至污水处理厂。对工地污水设置沉淀池。建筑垃圾由施工单位集中定点收集并及时清运处理，生活垃圾采取分类集中定点收集，由环卫部门清运处理，弃渣由施工单位定期清运至指定场地。针对雨水地面径流，可在施工区建设排水明沟，确保雨水经过预先设计的排水明沟得到有效处理，不直接排入海域。同时，在施工散料堆场四周设置防冲墙，防止雨水冲刷散料流失。

2. 营运期环境保护设施和对策

本项目营运期产生的污染物主要为隧道路面冲洗废水和路面垃圾，针对路面冲洗废水，通过加强道路的清洁工作并设置完善的雨水和污水排水系统，有效减小路面冲洗废水对环境的影响。对于路面垃圾，强化道路的清洁工作，并由环卫部门及时清运处理，确保废物得到有效处置，不会直接排放到海域中。

3. 生态保护对策

可采取一系列措施保护底栖生境、底栖生物、渔业资源和渔业生存空间。首先，尽量避免超出施工范围的施工，避免不可逆的破坏和影响。在盾构施工过程中，优先选择低噪声的盾构设备，减少噪声对上覆水体中海洋生物的影响。严禁施工超出范围，确保施工废水和废物不会排入海洋。同时，建设完善的雨水和污水排放系统，确保运营期间产生的废水排入市政管网，不直接进入项目所在的海域。为提高人员的生态环境保护意识，施工前期对人员进行充分的宣传教育，制定海洋生态环境保护的奖惩制度，明确岗位责任。

10.4 本章小结

本章对海底隧道海洋生态环境影响进行评价，能够全面了解海底隧道建设和运营对海洋生态环境的影响，提出科学合理的保护和修复措施，实现海底隧道工程与海洋生态环境的协调发展。

（1）对海底隧道工程施工期与营运期的海洋生态环境的直接和间接影响进行了详细分析。对潮流变化、底质改变、水动力效应、水质变化和海洋生态等因素进行评估，最终确定环境影响要素和评价因子。

（2）通过确定海洋生态环境影响预测与评价的方法和指标体系，对海底隧道建设和运营过程中可能产生的环境影响进行预测和评估，提供科学依据和决策支持，减少不利影响并优化工程方案。

（3）介绍针对海底隧道建设和运营对海洋生态环境影响的环境保护对策和措施。包括采取预防性措施减少对海洋生态环境的影响，建立监测系统对影响进行实时监测，采取生态修复和保护措施促进生态系统的恢复。

参 考 文 献

[1] 钱七虎. 水下隧道工程实践面临的挑战、对策及思考[J]. 隧道建设, 2014, 34(06): 503-507.

[2] 竺维彬, 鞠世健, 王晖. 复合地层中的盾构施工技术(新版)[M]. 北京: 中国建筑工业出版社, 2020.

[3] 洪开荣, 孔少波. 汕头海湾隧道超大直径泥水盾构施工关键技术研究[M]. 北京: 人民交通出版社, 2022.

[4] 陈湘生, 李克, 包小华, 等. 城市盾构隧道数字化智能建造发展概述[J]. 应用基础与工程科学学报, 2021, 29(05): 1057-1074.

[5] 张焕城, 杨少宏. 软土隧道综合施工技术[J]. 铁道工程学报, 2001(04): 96-99.

[6] 姜功良. 浅埋软土隧道稳定性极限分析[J]. 土木工程学报, 1998(05): 65-72.

[7] 姚宏波, 李冰河, 童磊, 等. 考虑空间效应的软土隧道上方卸荷变形分析[J]. 岩土力学, 2020, 41(07): 2453-2460.

[8] 魏纲, 郭志威, 魏新江, 等. 软土隧道盾构出洞灾害的渗流应力耦合分析[J]. 岩土力学, 2010, 31(S1): 383-387.

[9] 包小华, 付艳斌, 黄宏伟. 深基坑开挖过程中的风险评估及案例分析[J]. 岩土工程学报, 2014, 36(S1): 192-197.

[10] 包小华, 喻益亮, 陈湘生, 等. 可液化地层-隧道-桩-地上结构地震相互作用响应研究[J]. 建筑结构学报, 2022, 43(S1): 275-286.

[11] 王胜年, 曾俊杰, 范志宏. 基于长期暴露试验的海工高性能混凝土耐久性分析[J]. 土木工程学报, 2021, 54(10): 82-89.

[12] 金祖权, 赵铁军, 张鹏, 等. 海底隧道混凝土结构耐久性监测(英文)[J]. 硅酸盐学报, 2013, 41(02): 205-210.

[13] 宋超业, 贺维国. 氯化物环境暗挖海底隧道支护结构的耐久性设计[J]. 现代隧道技术, 2016, 53(02): 165-172.

[14] 黄俊, 陈喜坤, 李宏, 等. 结构智能健康监测系统在水下隧道中的应用[J]. 地下空间与工程学报, 2017, 13(S1): 306-313.

[15] 王德弘, 周雁峰, 鞠彦忠, 等. 矿物掺合料高性能混凝土氯离子扩散特性研究[J]. 建筑结构学报, 2021, 42(S1): 378-385.

[16] 晏启祥, 陆志明, 彭旸, 等. 浅埋盾构始发地层纵向合理加固长度计算式[J]. 中国铁道科学, 2022, 43(06): 65-75.

[17] 李元海, 袁锐, 杨世东, 等. 基于Internet的地铁盾构始发与到达工程信息系统开发[J]. 中国矿业大学学报, 2022, 51(04): 651-660.

[18] 李雪, 龚子邦, 张玉申, 等. 砂卵石地层重叠盾构隧道掘进加固方案比选研究[J]. 现代隧道技术, 2022, 59(S1): 918-927.

参考文献

[19] 黄永亮，陈文明，丁爽，等. 基于特征增强的盾构掘进参数显式预测分析[J]. 土木工程学报，2022，55（S2）：49-57.

[20] 徐进，林良宇，章龙管，等. 基于深度学习的盾构掘进姿态预测模型[J]. 地下空间与工程学报，2022，18（S2）：813-821.

[21] 干聪豫，苏伟林，刘泓志，等. 复合地层盾构掘进滚刀荷载试验研究[J]. 地下空间与工程学报，2022，18（S1）：133-139+155.

[22] 杨果林，徐明煌，刘欢，等. 富水石地层盾构掘进衡盾泥渣土改良试验研究[J]. 华中科技大学学报（自然科学版），2023，51（07）：36-41.

[23] 陈仁朋，邹聂，吴怀娜，等. 盾构掘进地表沉降机器学习预测与控制研究综述[J]. 华中科技大学学报（自然科学版），2022，50（08）：56-65.

[24] 李红岩，李文博. 盾构掘进振动对既有隧道结构的动力影响研究[J]. 铁道科学与工程学报，2022，19（07）：2005-2014.

[25] 黄昌富，龙文，宋棋龙，等. 加固范围对软土浅埋超大直径盾构掘进地表沉降的影响[J]. 岩土工程学报，2021，43（S2）：76-79.

[26] 袁大军，毛家骅，王将，等. 软岩地层泥水盾构掘进刀盘堵塞现象研究[J]. 中国公路学报，2022，35（04）：177-185.

[27] 林春金，杨晓达，龚英杰，等. 基于PSO-BP的土压盾构土仓压力预测模型及掘进参数敏感性分析[J]. 应用基础与工程科学学报，2021，29（05）：1220-1233.

[28] 江杰，龙逸航，邢轩伟，等. 富水圆砾地层盾构下穿既有地铁隧道掘进参数研究[J]. 铁道科学与工程学报，2021，18（07）：1828-1836.

[29] 施有志，王晨飞，赵花丽，等. 海底盾构隧道掘进过程数值模拟研究[J]. 工程地质学报，2021，29（06）：1887-1897.

[30] 孙庆田，王新宇，杨壮志. 复杂环境超小间距隧道盾构掘进施工技术[J]. 现代隧道技术，2022，59（01）：200-206.

[31] 吴奔，刘维，史培新，等. 盾构隧道掘进面失稳螺旋破坏机制分析[J]. 岩土力学，2021，42（03）：767-774.

[32] 朱向阳，钱伟丰，朱和跃，等. 滨海孤石地层盾构掘进的稳定性数值分析[J]. 铁道科学与工程学报，2021，18（01）：172-183.

[33] 李先进，张文新，陈海军. 海域围堰孤石地层超大直径泥水盾构掘进变形规律分析——以汕头海湾隧道盾构段为例[J]. 隧道建设（中英文），2021，41（01）：28-36.

[34] 李启彬. 公路隧道环境影响评价中存在的问题与对策建议[J]. 现代隧道技术，2010，47（01）：7-10+16.

[35] 宋建，刘霖，樊赟赟. 地下工程保护生态环境的优越性[J]. 地下空间与工程学报，2013，9（03）：675-679.

[36] 郑邦友，陈富东，雷明锋，等. 考虑生态环境效应的止水帷幕设计方法初探[J]. 现代隧道技术，2020，57（02）：68-72+116.

[37] 万炳彤，鲍学英，李爱春. 基于环境承载力的隧道工程环境影响评价体系及应用[J]. 铁道科学与工程学报，2020，17（01）：258-265.

[38] 王军, 张旭, 张荣鹏. 城市长大隧道集中排放的环境影响分析[J]. 地下空间与工程学报, 2009, 5(01): 196-200.

[39] 陈七林. 海湾沉管隧道建设方案的环境条件及环境影响[J]. 现代隧道技术, 2006(06): 9-12.

[40] 杨文波, 李林桂, 戴志仁, 等. 富水卵石土地层盾构隧道运营对环境影响分析[J]. 地下空间与工程学报, 2018, 14(06): 1709-1716.

[41] 白李妍, 张弥. 隧道工程环境影响的动态优化控制[J]. 岩石力学与工程学报, 2002(03): 393-397.

[42] 梁波, 牛佳安, 李硕, 等. 考虑能见度影响的公路隧道照明动态优化与智能控制[J]. 控制理论与应用, 2022: 1-10.

[43] 郑昍, 李雪, 丁婷, 等. 公路隧道入口环境亮度安全临界阈值分析[J]. 浙江大学学报(工学版), 2015, 49(02): 360-365.

[44] 朱合华, 李谈词, 冯守中, 等. 城市隧道不同照明段的灯具色温选取分析[J]. 现代隧道技术, 2020, 57(S1): 277-284.

[45] 韩直, 王晶晶, 关雨嫣. LED灯曲线隧道照明间距[J]. 西南交通大学学报, 2022, 57(02): 434-439.